JN069287

検証・群馬の森 朝鮮人追悼碑裁判

歴史修正主義とは?

群馬大学准教授
藤井正希 著

雄山閣

【目次】

はじめに ―本書の目的・意図―

本書は、前橋地裁、東京高裁、最高裁にわたって、あしかけ8年もの間、争われたいわゆる群馬の森朝鮮人追悼碑裁判の事案と判旨を概観するとともに、その問題点を指摘し、それに対して私のいくばくかのコメントを付したものです。私は群馬在住であり、群馬大学で憲法を教えていますが、原告である市民団体「追悼碑を守る会」から意見書の執筆を依頼された関係で、裁判所にもたびたび足を運び、裁判を傍聴しました。この裁判は、非常に多くの問題点を含んでおり、社会的にも、歴史的にも、法的にもきわめて注目に値するものですが、マスメディアでは単に裁判の概略が報道されているにとどまり、いまだ広く人びとの関心を集めるものとはなっていません。

そのため、この裁判の持つ意義を人びとに知らしめ、積極的な議論を促すためにも、また、日本人の正しい歴史認識の形成に寄与するためにも、その経緯と問題点を考察しておくことは非常に有意義であると考えます。本件に類似した事例は、これまでにも全国各地において多数発生しており、本件の検証は今後発生するであろう類似事例の解決にも大いに役立つと思います。この点、裁判所の判決文は抽象的で難解なので一読しただけではなかなかその内容を理解できませんので、僭越ながら不肖・私が理解の助けとなるように不十分ながらもコメントを付けました。

また、本書の巻末には、資料として①訴状、②意見書（私・藤井が作成し、実際に前橋地裁に提出されたもの）、および③前橋地裁、④東京高裁、⑤最高裁それぞれの判決文をつけました。訴状と意見書については原告である市民団体「追悼碑を守る会」が冊子として刊行しており、また、前橋地裁判決については、裁判所のホームページからダウンロードできますが、東京高裁と最高裁の判決文は一般には公開されておらず、全文を読むことは通常できません。

ひとつの裁判について、訴状から意見書、一審判決、控訴審判決、最高裁判決と読み進め、読み比べることができる機会はあまりないと思います。しかもこの裁判は先の大戦についての歴史認識が大きな争点となり、日本人の歴史観そのものを問うものとして、非常に示唆に富み、深く考えさせられる点も多く、学び取る教材としては最適です。ぜひ通読して大いに学んでいただきたいと思います。これらの資料をまとめた本書が存在する限り、この〝群馬の森朝鮮人追悼碑裁判〟が歴史の闇に消え去ることは絶対にないでしょう。

第1章　群馬の森公園とは？

群馬県高崎市にある県立の〝群馬の森公園〟は、上州人（群馬県民）であれば知らない人はいないほど有名な都市公園です。広大な公園内（東京ドームの約5・6倍、約26・2ha）には鬱蒼とした森林が広がり、季節ごとに様ざまな野鳥のさえずりを聴くことができます。また、子どもの遊具を備えた〝あそびの広場〟、〝わんぱくの丘〟、〝かたらいの丘〟、日本庭園、サイクリングロードやウォーキングコースなど設備も充実しており、その中心となる大芝生広場には、多くの市民が集い、思い思いのレクリエーション活動や憩いの場となっています。

例えば、平日には小学生や幼稚園児の遠足の場となり、休日ともなれば、家族連れが遊び、弁当を食べる家族団らんの場となり、また、安全で手軽にジョギングなどの軽スポーツができる健康づくりの場にもなっています。その広場の北側には、ピエール・オーギュスト・ルノワール作の名画「読書するふたり」や、パブロ・ピカソの大作「ゲルニカ」をもとに製作された世界に三つしかないとされるゲルニカ・タペストリーを所蔵する県立近代美術館、国宝に指定された「群馬県綿貫観音山古墳出土品」を展示している県立歴史博物館なども設けられており、自然と文化が融合した都市型森林公園と言えます。

この公園の設置目的が、「都市における良好な景観の形成、緑とオープンスペースの確保を通じて豊かな人間性の確保と都市住民の公共の福祉増進をはかること」にあり、また、「群馬の歴史、文化を広く県民に伝える機能を有し、歴史と文化を基調としている」ことは、あとで詳しく見ていくことになる裁判所の判決文のなかにも明示されています。実際、県内のみならず県外からの来訪者も多く、年間来園者数は通常50万人以上となっています。

この群馬の森公園に、戦時中、群馬県内に勤労動員されて犠牲になった朝鮮人労働者の追悼碑があることは県民にもあまり知られてはいません。それは、正面入口からは離れた公園内の北西、樹木が生い茂る散歩道のわきにあり、周辺に公園利用者の姿は少ないです。このような、あまり人の訪れないひっそりとした一角に、失明した人たちに角膜を提供した無名の人びとを讃える記念碑である〝献眼顕彰碑〟と並んで静かにたたずんでいます。それと知らない人であれば何の意識をすることもなく通り過ぎるのが当然とも言える施設であり、実際、立ち止まる人はきわめてまれです。

本件追悼碑は、直径7・2mの円形の台座の上に設置された高さ1・95m、幅4・5mの碑文壁、最高高さ3・98mの塔および同台座の外周に沿う形で設置された複数の円柱形の構造物によって構成され、鉄筋コンクリート造のモニュメントの外観をもっています。

この碑は、2004年4月に設置されたものであり、碑文壁の正面（西側）には、日本語とハングル語、そして英語で「記憶　反省　そして友好」と記載された文字盤とレリーフ（絵）が取り付けられており、碑文壁の裏面（東側）には、日本語とハングル語で以下のように記載された碑文が取りつけられています。

「追悼碑建立にあたって　20世紀の一時期、わが国は朝鮮を植民地として支配した。また、先の大戦のさなか、政府の労務動員計画により、多くの朝鮮人が全国の鉱山や軍需工場などに動員され、この群馬の地においても、事故や過労などで尊い命を失った人も少なくなかった。21世紀を迎えたいま、私たちは、かつてわが国が朝鮮人に対し、多大の損害と苦痛を与えた歴史の事実を深く記憶にとどめ、心から反省し、二度と過ちを繰り返さない決意を表明する。過去を忘れることなく、未来を見つめ、新しい相互の理解と友好を深めていきたいと考え、ここに労務動員による朝鮮人犠牲者を心から追悼するためにこの碑を建立する。この碑に込められた私たちのおもいを次の世代に引き継ぎ、さらなるアジアの平和と友好の発展を願うものである。

２００４年４月24日『記憶　反省　そして友好』の追悼碑を建てる会」

この点、群馬の森公園の一帯は、近くに烏川と井野川が流れ、水運の便がよく、また、水車の動力も入手しやすかったことから、かつては陸軍の火薬製造所がつくられていました（「陸軍造兵廠火工廠岩鼻火薬製造所」）。ここでは日本初のダイナマイトが製造され、１９４５年に終戦を迎え、その歴史に幕を閉じるまで、軍用・民間用を問わず広く火薬の生産、供給が

おこなわれてきました。公園内に存在する日本のダイナマイト発祥の地であることを示す記念碑（「我が国ダイナマイト発祥の地」の碑）がその歴史を今に伝えるものとなっています。

このような歴史的沿革がある地に戦時中、勤労動員されて犠牲になった朝鮮人労働者の追悼碑があることは非常に意味深いものです。しかし、現在、この碑の存続が、碑を設置・管理している市民団体と群馬県との間で争われ、最高裁にまで持ち込まれるような大きな法的紛争になっています。この紛争には、歴史認識の問題、近時の社会の右傾化の問題、憲法・行政法をはじめとする法的問題、あるべき行政的対応の問題等、きわめて興味深い多くの論点が含まれています。まずは、事件の概要から見ていくことにしましょう。

第2章　追悼碑設置の経緯

群馬県内には、戦前・戦中、吾妻郡中之条町の群馬鉄山などの鉱山や、太田市にあった特攻機製造拠点・中島飛行機地下工場などの軍需工場がたくさんあり、中国や朝鮮半島から「強制連行」されてきた者が苛烈な労働をさせられただけではなく、虐待を受け、場合によっては死にいたることもあったと言われてきました。例えば、沼田市にあった日発岩本発電所で地下導水路工事を請け負った間組(はざまぐみ)が1989年に刊行した『間組百年史　1889-1945』（間組百年史編纂委員会編）では、

「朝鮮人に関しては、当社の労務課が朝鮮に数回募集にいった。動員された朝鮮人の数は、約1000人に達した」

と記載されるなど、動員されてきた約1000人の朝鮮人と600人余りの中国人捕虜が働かされていた事実が述べられています。また、群馬県六合村（2010年に中之条町に編入合併）の役場が発行した『六合村誌』（1973年）では、群馬鉄山の労務課員の手記として

「群馬鉄山開発工事の主力は、請負組と徴用工で、大体千数百人に及んだ。作業は昼夜

三交代制で、当初は労務加配米を含めて一日当り米四合、麦二合の割当が行われた。食糧事情もはじめこそ規定量に基づいて給与されたが、次第に、米が麦に、麦が大豆となり、高菜に代り、ついには、ドングリ団子にまで下った。作業衣も受入当初は、純綿の服が渡ったが、三次、四次の受入には、紙製品となり、五次の受入者にはそれすら出来ず、故郷から着てきた一張羅のよそ行着をそのまま作業衣としてボロボロに着切らしてしまった」

と記されています。これをまさに「強制連行」であると考える人びとは、日本政府や日本人は朝鮮や朝鮮人に対して謝罪と反省が必要であると主張しています。

これに対して、追悼碑の設置や存続に反対する人びとは、強制連行されたり、虐待死したりした朝鮮人の人数が公的記録には残されていないとして、「強制連行」などなかったのであり、それはデマだと一貫して主張しています。そして、群馬の森公園の朝鮮人追悼碑に死者の名前がまったく刻まれていないのもその証拠であるとします。この歴史認識の対立がこの裁判の根本原因とも言え、あとで述べるように、「強制連行」の有無は裁判の結果にも大きな影響を与えます。

日本人による朝鮮人に対する強制連行の事実を信じる人びとが中心となり、群馬県内の強制連行先で無念の死を遂げた朝鮮人を追悼する碑を設置することをめざして市民団体「記憶反省そして友好」の追悼碑を建てる会（以下、建てる会）が設立されました。同会は、

１９９９年12月、群馬県知事にあてて、群馬県における朝鮮人の強制連行犠牲者を追悼する碑を建てる運動への支援を求める書面とともに、追悼碑の建立地として、戦時中の岩鼻火薬製造所の跡地である群馬の森公園を希望する旨の要望書を提出しました。

さらに、建てる会は、２００１年２月、群馬県議会議長あてに、追悼碑建立のため、県有地を貸与してもらいたい旨の請願書を提出し、この請願は、同年６月、群馬県議会において全会一致で「趣旨採択」されました。趣旨採択とは、請願の願意は十分に理解できるものの、当面の間は実現が困難である場合等に、便宜的に趣旨には賛成するという意味でおこなわれる議決のことです。このように、この追悼碑は、とにかく群馬県議会の決議をえて設置されたものなのです。

群馬県は、同年10月、建てる会に対して、朝鮮人追悼碑の群馬の森公園への設置に関しては、「宗教的あるいは政治的な行事や管理を追悼碑の前では一切行わないこと」を含む11項目の条件を提案し、建てる会と合意しています。ここで「宗教的あるいは政治的な行事や管理を追悼碑の前では一切行わないこと」が設置の条件とされたのは、前に書いたように群馬の森は県民の憩いの場となっている都市公園であり、その機能を損なわないようにしようと県側が考えたからです。ただし、この「政治的行事」の意味が後の裁判で大きく争われることになります。

また、建てる会は、２００２年４月、群馬県知事あてに、碑文の案を提出しましたが、それには、①「強制連行」という言葉が使用され、②政府が朝鮮人の強制的動員や国民徴用令による徴用をおこなったことや、③群馬県内の軍需工場等にも数千人の朝鮮人強制連行労働者が投入され、多数の犠牲者を生んだことを訴える内容が含まれていました。これに対して、群馬県は、同年11月、①「強制連行」の文言を「労務動員」に改めること、②政府による朝鮮人の強制的動員や国民徴用令による徴用、数千人の朝鮮人強制連行労働者や多数の犠牲者の記述を削除すること、②碑名を「朝鮮人追悼碑」など単純、明快なものとすること等を提案し、建てる会はそれを受け入れました。

ご存じの通り、①「強制連行」があったのか、②政府による強制的動員や国民徴用令による徴用があったのか、③数千人規模の強制連行労働者や多数の犠牲者が本当にいたのかどうかは、歴史学的にはいまだに真実が明らかにならず解決されていない問題です。県としてはその点をふまえて、後日の紛争等を回避するために建てる会にこのような提案をしたのだと思います。

それらにつき、追悼碑の設置・存続に反対する人びとが一貫してデマだと主張していることについては前に書きました。この点、日本政府もそれを認めていません。すなわち、当時の安倍晋三内閣は、２０２１月４月27日の閣議で、第二次世界大戦中に行われた朝鮮半島から日本本土への労務動員について「強制連行」との表現は不適切であるとする政府答弁書を決定しています。すなわち、労働者の動員に関しては「移入の経緯はさまざまであり『強制連行された』『強制的に連行された』『連行された』とひとくくりに表現することは適切ではない」と指摘しています。その上で、国民徴用令により行われた労務動員は、「強制労働ニ関スル条約」（1932年発効）で定義された「強制労働」には該当しないとして「『強制労働』と表現することは適切ではない」としました（この点はあとで詳しく検討します）。やはり県としては、政府がそのような見解にたっている以上、建てる会が提出した「強制連行」の文言の入った碑文案の採用を認めることはできないのは当然でしょう。

そこで、日本が過去に「国策を誤り」、「植民地支配と侵略によって、多くの国々、とりわけアジア諸国の人々に対して多大の損害と苦痛を与え」たとして、「痛切な反省の意」と「心からのおわびの気持ち」を表明した村山談話、あるいは、日本が「過去の植民地支配によって、朝鮮の人々に多大の損害と苦痛を与えたという歴史の事実を謙虚に受け止め、痛切な反省と心からのお詫びの気持ちを表明」した日朝平壌宣言の範囲内で、碑文の文言をすり合わせたのです。

この村山談話は、戦後50年の終戦記念日である1995年8月15日に、当時の社会党・村山富市内閣がおこなった閣議決定で、現在も日本政府の公式見解ですし、日朝平壌宣言は、2002年9月17日、当時の小泉純一郎首相と金正日朝鮮民主主義人民共和国国防委員長が平壌での会談後にだしたものです。もちろんこのような碑文の文言のすり合わせは、きわめて妥当なことでしょう。このように、追悼碑の碑文の内容については、政府見解に反しないように、建てる会と群馬県とで事前の慎重なやり取りをへて決定されているのです。

そして、最終的には、建てる会は、２００4年2月、当時の群馬県知事・小寺弘之に対し、設置期間を10年間として、群馬の森公園に「記憶　反省　そして友好」の追悼碑の設置許可を申請しました。これに対して、小寺知事は、同年3月、建てる会に対し、「追悼碑の前で宗教的・政治的な行事や管理を一切行わない」との条件をつけた上で、設置を許可する処分をしたのです。この点、許可が取り消された場合は、自己の負担により追悼碑を撤去し原状回復して返還しなければならないとされていました。

その後、建てる会は、合計約５７０万円をかけて追悼碑を建設し、同年4月に完成しました。その際、建てる会を発展させ、追悼碑の維持管理団体として、「記憶反省そして友好」の追悼碑を守る会（以下、守る会）が結成されたのです。「宗教的・政治的な行事や管理を一切行わない」という条件がのちの裁判で大きな争点となったことは前に述べた通りです。

第３章　追悼碑が紛争の種に⁉

守る会は、①２００４年４月24日、群馬県知事の代理人としての県職員のほか、朝鮮人関連団体（例えば、在日本朝鮮人総聯合会）などの支援団体の代表者を招いて、追悼碑前で除幕式を開催しました。そこでは、参加者が追悼の言葉を述べたり、献花をしたり、朝鮮学校生徒による追悼歌の合唱等がおこなわれたりしましたが、そのとき守る会の運営委員のひとりが「碑文に謝罪の言葉がない。今後も活動を続けていこう」という発言をしました。また、②２００５年４月23日に開催された追悼碑前の追悼式でも、守る会の事務局長が「強制連行の事実を訴え、正しい歴史認識を持てるようにしたい」との発言をしました。

さらに、③２００６年４月22日に開催された追悼碑前の追悼式でも、守る会の共同代表が「戦争中に強制的に連れてこられた朝鮮人がいた事実を刻むことは大事」、「アジアに侵略した日本が今もアジアで孤立している」、「このような運動を群馬の森から始め広めていこう」との発言をするとともに、朝鮮人関連団体（在日本朝鮮人総聯合会）の代表が、朝・日国交正常化の早期実現、朝鮮の自主的平和統一、東北アジアの平和のために「ともに手を携えて力強く前進していく」との発言をしました。

そして、2007年から2011年まで毎年1回、追悼碑前で追悼式が続けて開催された後、④2012年4月21日に開催された追悼碑前の追悼式においては、朝鮮人関連団体（在日本朝鮮人総聯合会）の代表が「日本政府は戦後67年が経とうとする今日においても、強制連行の真相究明に誠実に取り組んでおらず、民族差別だけが引き継がれ、朝鮮学校だけを高校無償化制度から除外するなど、国際的にも例のない不当で非常な差別を続け民族教育を抹殺しようとしている」、「日本政府の謝罪と賠償、朝・日国交正常化の一日も早い実現」のために活動していくとの発言をしました。

このように2004年から2012年までの9年間、毎年開催された守る会主催の追悼碑前の追悼式典において、複数の「政治的発言」が守る会の関係者や招待された関連団体の代表者によってなされたという事実を県は主張し、追悼碑の設置期間の更新不許可の理由としています。確かに、そのうちのいくつかは、後に見るように裁判官によって「政治的発言」と認定されてはいます。しかし、たとえそれらの発言が「政治的発言」と言えるとしても、追悼碑の撤去を強制しなければならないほどの発言かどうかは大いに疑問であるのみならず、それらの発言が発言者の口から出た時点では、何らの弊害もまったく生じてはいないのです。すなわち、当時、公園に来園していた市民に何らかの悪影響や危害が加えられたりしたことはもちろん、会場たる公園が多少なりとも混乱したことすらないのです。事実、2004年の除幕式には、県の職員が招待され参加していたにもかかわらず、その発言はまったく問題とされていなかったのです。

それでは、なんで県から追悼碑の撤去が求められるような事態になってしまったのかというと、在日本朝鮮人総聯合会の機関紙である『朝鮮新報』にそれらの発言が記事として掲載されたからなのです。すなわち、①２００４年5月8日付けの朝鮮新報ＷＥＢ版は、同年４月24日開催の除幕式における守る会運営委員の発言記事を、②２００５年5月14日付けの朝鮮新報は、同年4月23日開催の追悼式における守る会事務局長の発言記事を、③２００６年４月25日付けの朝鮮新報は、同月22日開催の追悼式における守る会共同代表と関連団体代表の発言記事を、④２０１２年5月15日付けの朝鮮新報は、同年4月21日開催の追悼式における関連団体代表の発言記事を、それぞれ掲載しました。ただし、この記事掲載の時点では、県は『朝鮮新報』の記事をまったく認識していなかったのであり、もちろん記事自体が群馬の森公園になんらかの悪影響をあたえたこともなかった点はぜひ確認しておいてほしいところです。

これが大騒動になったのは、２０１２年5月15日付けの『朝鮮新報』の刊行直後、県に対して記事を読んだ県民から発言内容を問題視する声がよせられ、さらに、同月以降、追悼碑の碑文の内容が事実でない、追悼碑は即刻撤去すべきであるなどの抗議や意見の電話やメールがあいついで寄せられるようになり、また、抗議団体の構成員らが県庁に押しかけて、追悼碑の碑文の内容について抗議したからなのです。この時、県は「碑文の内容には問題がない」と回答しましたが、同年11月4日には、抗議団体の構成員らが、群馬県高崎駅前で追悼碑の撤去を求める街宣活動を行い、その後、公園に来園して園内にプラカードを持ち込むなどしたため、公園職員との間で小競り合いとなり、警察が駆けつける騒ぎにまで発展しています。その後、抗議団体の構成員らは、２０１４年４月19日にも、公園の正面入口付近で追悼碑の撤去を求める街宣活動をおこなっています。

２０１３年９月20日には、群馬県内在住の男性から、追悼碑の碑文の内容が事実と異なり、これにより県民財産である県立公園の利用に関し県民の利益が阻害されているだけでなく、虚偽の内容により県民の名誉感情が大きく侵害されているなどとして、設置許可処分を取消し、原状回復のための必要な措置を講ずべきことを求める住民監査請求がなされましたが、却下されています。また、２０１４年３月以降、市民団体の代表者や県内在住の市民から群馬県議会議長あてに、設置許可処分の取消や更新不許可を求める請願書が提出され、各請願は、いずれも同年６月16日、群馬県議会において採択されました。この点、県議会が一転して設置許可処分の取消や更新不許可を求める請願書を採択したのは、県に対する抗議の電話やメール、抗議団体の構成員の来庁や高崎駅前・公園入口での街宣活動、とりわけ公園内で公園職員と小競りあいとなり、警察が駆けつける騒ぎにまで発展したことを重く見たからです。

しかし、ここで確認してほしいことは、騒動のきっかけは追悼碑前の式典で参加者がおこなった発言が掲載された雑誌を読んだ県民が追悼碑の存在と碑文の内容を知り、碑文の内容は反日的で事実ではないと声をあげたことです。問題としているのは、追悼碑前の式典における政治的発言というよりも、追悼碑の碑文の内容なのです。しかし、前に書いた通り、碑文の内容は、日本が過去に植民地支配と侵略によってアジア諸国の人びとに対して多大の損害と苦痛を与えた反省とおわびを表明した村山談話、あるいは、日本が過去の植民地支配によって朝鮮の人びとに多大の損害と苦痛を与えた歴史の事実を謙虚に受け止め反省とおわびを表明した日朝平壌宣言に沿ったものなのです。とするならば、「碑文の内容が反日的で事実ではない」として県に追悼碑の撤去を求めること自体が筋違いであり、それより先にまずは政府に対して村山談話や日朝平壌宣言の撤回を求めなければならないはずなのです。

県は、２０１３年3月頃、守る会に対して、追悼碑をめぐって様ざまな抗議や意見が集中しており、追悼式を追悼碑前で開催した場合に公園利用者の安全を確保できないおそれがあるため、追悼式は延期してもらいたい旨を要請し、守る会は、要請を受けて、追悼式を他所で開催することとし、追悼碑前の追悼式は中止しました。それ以降、追悼碑前の追悼式は開催されてはいません。

守る会は、２０１３年12月18日、群馬県知事に対し、追悼碑の設置期間を２０１４年２月１日から２０２４年１月31日までとする更新申請をおこないました。

これに対して当時の群馬県知事・大澤正明が、2013年12月24日頃、守る会に対し、『朝鮮新報』記載の記事が事実と相違ないか否かについて報告を求めたところ、守る会は、2014年1月6日、大澤知事に対し、報告書を提出し、『朝鮮新報』記載の記事はいずれも事実と「相違ない」と回答し、2012年4月21日開催の追悼式における関連団体代表者の発言について「在日朝鮮人の立場から行われたもので、表現の激越さなど、日本人の私達から見ると違和感を覚えるものがある」、2004年5月8日付けの朝鮮新報WEB版の記事の中には「取材した記者の主観が表出し、極論ととられるおそれのある記述」があると回答しました。

さらに大澤知事は、2014年1月10日、守る会に対し、『朝鮮新報』に記載された発言を政治的発言と考えるか、また、2012年4月21日開催の追悼式における関連団体代表者の発言について発言の停止や抗議をおこなったかなどについて報告を求めました。それに対して、守る会は、同年5月9日、県に対し、「追悼集会のなかで、一部来賓の挨拶に、不適切な発言があったことは認めざるを得ないと思いますし、私たち、日本人の感覚からは、一部違和感を抱く部分もありました」としつつ、更新については、できるだけ早い許可を決断してもらいたい旨を求める回答書を提出しました。このように、守る会も追悼集会で「不適切な発言」があったこと自体は認めており、だからこそそれ以降、碑前では追悼集会を開催しなかったのです。

守る会と県はその後、複数回、意見交換会を開催し、副知事によって『朝鮮新報』の記事内容について、事実確認等もなされました。そして、同年７月11日の意見交換会において、副知事は更新を許可することは困難であるとして追悼碑を自主的に公園外に移転することを提案しました。これに対し、守る会は、提案を拒否し、①守る会が本件追悼碑の敷地部分を買い取ること、②県が追悼碑の更新期間を１年ないし２年に短縮して更新許可処分をすること、③県が10年の更新期間の更新申請を許可する代わりに、守る会は当分の間、本件追悼碑前での追悼式の開催を自粛することを内容とする３つの代替案を提示したのです。

しかし、副知事は、同月22日開催の意見交換会において、代替案はいずれも受け入れることができない旨を回答し、その後、追悼碑の公園外移転の再提案を守る会が拒否したことを理由に、大澤知事は最終的に更新不許可処分をしたのです。そしてそれに対して、守る会が県に対して更新不許可処分の取消を求めて前橋地裁に提訴したことにより、「群馬の森朝鮮人追悼碑裁判」が始まることになりました。以上がこの裁判における事実の概略です。

阿弥陀仏とは、阿弥陀仏という名前の仏に帰依するという意味です。つまり、「阿弥陀仏の精神に賛成です」と自分にも人にも聞こえるように言うことです。阿弥陀仏の精神は、今の言葉で言えば自由と平等と平和ですから、「阿弥陀さんの自由と平等と平和に賛成です」と表明することが「ただ念仏して」ということの意味です。

わたしはこのことを「それっていいですね」と声に出すことだと思っています。これは、阿弥陀の精神を深く心に刻むとか、平和と平等を熱心に祈るというのとは少し違います。また、平和と平等の世界を実現するために人びとを動員するということとはかなり違います。単なる賛意の表明にすぎません。だから、「ただ念仏」というのは、熱心に祈るというような普通の宗教のイメージとも異なるし、組織を作り上げていく社会運動のイメージでもありません。つまり、「ただ念仏」というのはずいぶん頼りない感じのする実践です。でも、親鸞と法然はこれが一番勝れた実践だといっています。

どうしてそんなことがいえるのか、それを何とか説明しようとしたのがこの本です。

親鸞と法然に直接興味がある方ばかりでなく、はじめて接する方にもこのユニークな実践「ただ念仏」とは何であるかを知ってもらえればと思って書きました。でも、うまくいったかどうかは手にとってくださった方にゆだねるしかありません。

本書がなるうえで、お世話になった人の名を挙げればそれこそきりがありません。父母や叔父叔母たちの念仏、学校で寺で教えてくださった諸先輩・諸先生、学校や寺や市民集会で私の話を聞いてくれたり、話しかけてくださったすべての人、親鸞風に言えば、「御同行・御同朋」の皆様のおかげです。新装版の編集にあたり山内小夜子さんにご尽力いただきました。心から感謝します。

本書発行元の白澤社の吉田朋子さんと坂本信弘さんには、巻頭の口絵の写真の差替えの手配をしていただきました。ありがとうございます。初版に続き写真を提供してくださった、フリージャーナリストの志葉玲さん、新たに沖縄の写真を提供してくださった共同通信社に感謝します。

二〇二三年六月二四日　高木顕明（一八六四―一九一四）獄死の日に

ただ念仏して〔新装版〕——親鸞・法然からの励まし＊目次

すべての者(もの)は暴力(ぼうりょく)におびえ、
すべての者(もの)は死(し)をおそれる。
己(おの)が身(み)をひきくらべて、殺(ころ)してはならぬ。
殺(ころ)させてはならぬ。

［1］

釈迦『ダンマパダ』（第一二九偈(げ)・他(た)を思(おも)いやる慈悲(じひ)）

↓45頁

イスラエル軍に破壊された家から枕と花束を持って避難する少女
（パレスチナ自治区ガザ、2014.7.27）［撮影＝志葉玲］

[2]

セコイアの大木（セコイア公園）

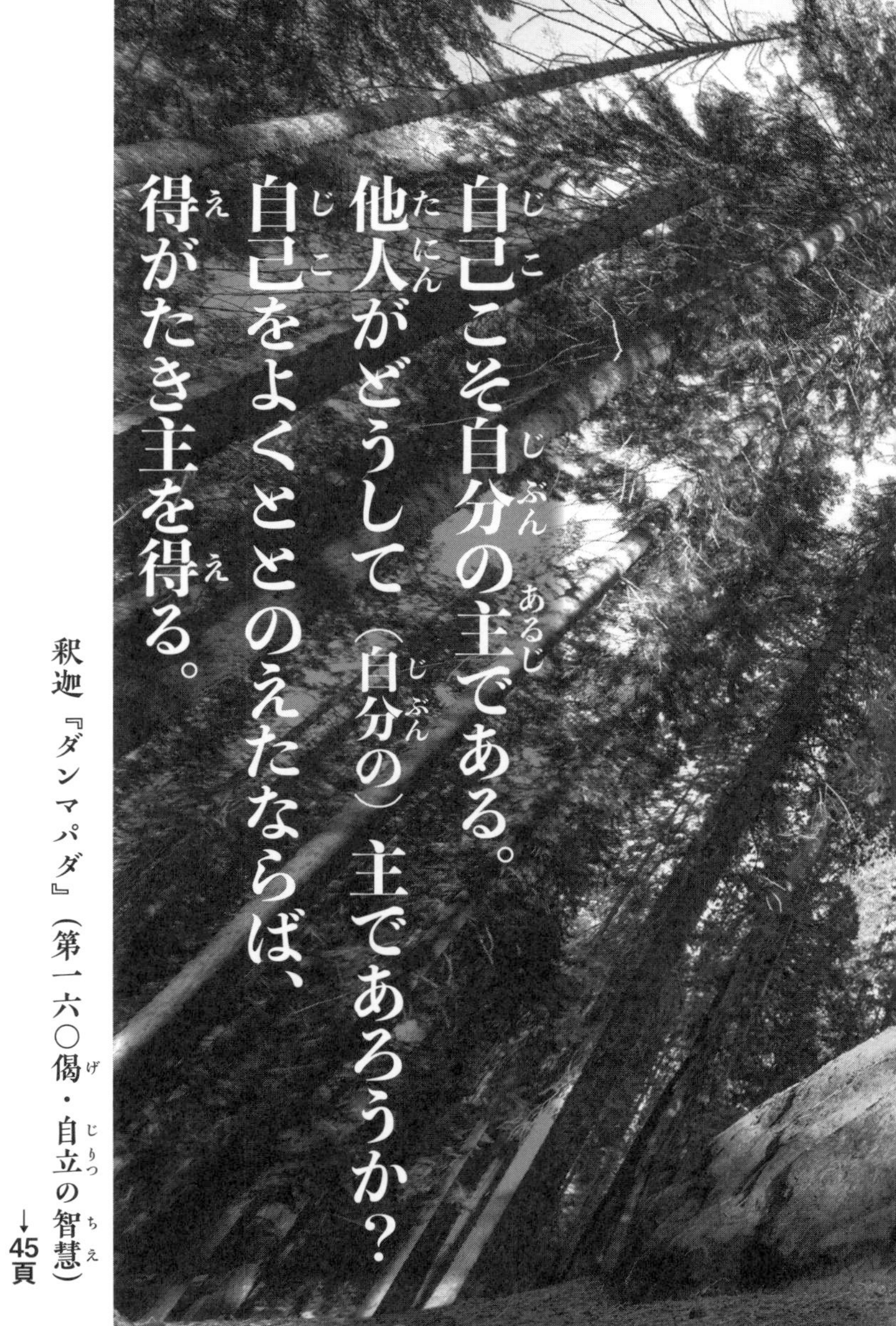

自己こそ自分の主である。
他人がどうして（自分の）主であろうか？
自己をよくととのえたならば、
得がたき主を得る。

釈迦『ダンマパダ』（第一六〇偈・自立の智慧）

↓45頁

［3］

たとい我、仏を得んに、国に地獄・餓鬼・畜生あらば、正覚を取らじ。

（第一の願）

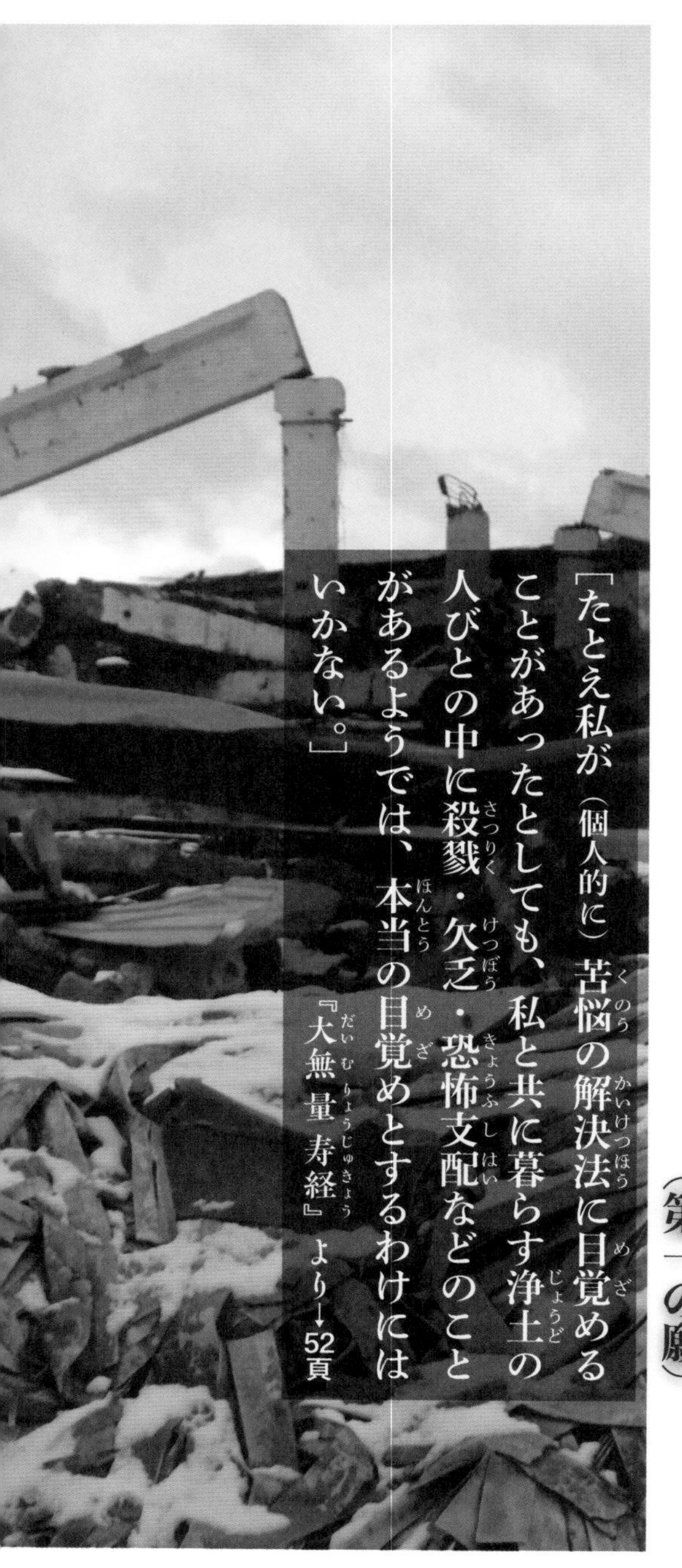

「たとえ私が（個人的に）苦悩の解決法に目覚めることがあったとしても、私と共に暮らす浄土の人びとの中に殺戮・欠乏・恐怖支配などのことがあるようでは、本当の目覚めとするわけにはいかない。」

『大無量寿経』より→52頁

爆撃されたスーパーマーケット
ロシア軍は民間施設も無差別に攻撃し続けている、と訴える男性
（ウクライナ東部クラマトルスク、2023.2.15）［撮影＝志葉玲］

かくのごときの愚人、命終の時に臨みて、
善知識の、種種に安慰して、ために妙法を説き、
教えて念仏せしむるに遇わん。
この人、苦に逼められて念仏するに遑あらず。
善友告げて言わく、
「汝もし念ずるに能わずは、無量寿仏と称すべし」と。

『観無量寿経』より
↓56～57頁

［4］

「このような愚かな人が、臨終に際してよき指導者が来て憐れんで奥深い法を説いて精神集中して仏をイメージすることを教えたとしても、悪業の苦しみで惑乱し精神集中するいとまもないだろう。この時、よき友が彼に告げる。「君、もし念ずることができないなら、無量寿仏と称えなさい」。」

[5]

「称名念仏という方法は容易であるからすべての人に通用する。他のさまざまな方法は困難であるからさまざまな人に通用するというわけにはいかない。だから阿弥陀如来はすべての人びとを浄土往生させるために困難な方法を捨てて容易な方法を採用して本願となさったのだろう。

念仏は易きがゆゑに一切に通ず。諸行は難きがゆゑに諸機に通ぜず。しかればすなはち一切衆生をして平等に往生せしめんがために、難を捨て易を取りて、本願となしたまへるか。もしそれ造像起塔をもつて本願となさば、貧窮困乏の類はさだめて往生の

望みを絶たん。（中略）しかればすなはち弥陀如来、法蔵比丘の昔平等の慈悲に催されて、あまねく一切を摂せんがために、造像起塔等の諸行をもつて往生の本願となしたまはず。ただ称名念仏一行をもつてその本願となしたまへり。

法然『選択集』より →66〜67頁

もし、浄土往生の条件に、たくさんの灯明料を払って仏像をつくるとか、寺院・塔を建立する（造像起塔）ということだったら、貧しいものは往生できない。（中略）それでは、すべてのものを平等に救おうという阿弥陀如来の本願の趣旨に反するじゃないか。だから、阿弥陀は、たくさんの灯明料を払って「造像起塔」なんてする必要がない、だれにでもできる称名念仏以外は捨ててしまえといっているのだ。」

善人なおもて往生をとぐ、いわんや悪人をや。しかるを、世のひとつねにいわく、悪人なお往生す、いかにいわんや善人をや。この条、一旦そのいわれあるににたれども、本願他力の意趣にそむけり。

[6]

「善人でさえ浄土往生を遂げることができる。悪人が往生できるのは当然のことである。なのに世間の人は、しょっちゅう「悪人でさえ往生できるのだから、善人が往生できるのは当然のことだ」と言う。この言い方は一見もっともであるように思えるが、本願他力の趣旨に反している。

そのゆえは、自力作善のひとは、ひとえに他力をたのむこころかけたるあいだ、弥陀の本願にあらず。しかれども、自力のこころをひるがえして、他力をたのみたてまつれば、真実報土の往生をとぐるなり。

『歎異抄』より→86頁

なぜなら、自分の力で善を成し遂げることができると思っている人は、ひとえに他力を頼むということがないから、弥陀の本願の対象ではない。だが、そんな者でも思い上がった自力のこころをひるがえして他力を頼む者に変われば真実の浄土に往生できるのである。」

それ、もろもろの修多羅に拠って真偽を勘決して、外教邪偽の異執を教誡せば、『涅槃経』に言わく、仏に帰依せば、終にまたその余の諸天神に帰依せざれ、と。

［7］

「多くの経典によって真実なるものと偽ものを明瞭に区別し、仏教の体裁をとっていても仏教とは言えない邪な執着を教え戒めよう。読者諸君！『涅槃経』にあるように専修念仏の真の仏道を歩むものは、天の神、地の神をあがめるようなことはしてはならない。」

『菩薩戒経』に述べられている。仏道を目指すものがしてはならぬことは、主君（天皇や国王の類）や父母を崇めたり、家族の役割にしがみついたり、先祖にひれ伏したり、死者を神として祀ることである。」

『菩薩戒経』に言わく、出家の人の法は、国王に向かいて礼拝せず、父母に向かいて礼拝せず、六親に務えず、鬼神を礼せず、と。

親鸞『教行信証』（化身土巻）より

↓104〜105頁

[8]

たとい、法然聖人にすかされまいらせて、
念仏して地獄におちたりとも、
さらに後悔すべからずそうろう。（中略）
詮ずるところ、愚身の信心におきては
かくのごとし。
このうえは、念仏をとりて
信じたてまつらんとも、またすてんとも、
面々の御はからいなりと云々

［私は、たとえ法然上人にだまされて念仏して地獄に落ちても一向に後悔しない。（中略）結局のところ、私の信心とはこのようなものだ。このうえは、念仏をとって信じなさろうとも、また、お捨てなさろうとも、各々の主体的な決断である。］

『歎異抄』より→115頁

欣求浄刹の道俗、深く信不具足の金言を了知し、永く聞不具足の邪心を離るべきなり。

親鸞『教行信証』（信巻）より→118頁

［9］

「浄土往生（によって自利利他円満の仏道の成就）を求めるものは、凡夫に確実な信仰など生ずるはずがないという「信不具足」の指摘をしっかりと心に刻み（自分の信仰の不足などというあたりまえのことを気にすることなく、互いに励ましあい、響きあう声明と聞名の響流をつづけよう）、この交流を怠る「聞不具足」の邪に陥るようなことだけはけっしてあってはならない。」

25　釈迦・法然・親鸞の言葉から

[10]

念仏せんひとびとは、かのさまたげをなさんひとをば、あわれみをなし、不便におもうて、念仏をもねんごろにもうして、さまたげなさんを、たすけさせたまうべしとこそ、ふるきひとはもうされそうらいしか。

よくよく御たずねあるべきことなり。

「「それっていいですね、南無阿弥陀仏」と言えた人は、それが言えなくて、「制裁だ」「報復だ」と恨みと怒りの大合唱となって念仏の妨げをしてしまう人たちにこそ、「それっていいですね」と言えるように助けてあげることが大切です。今は亡き法然上人も常々そう仰っておられました。
よくよくかみしめてください。」

親鸞『御消息集・広本九通』より →120頁

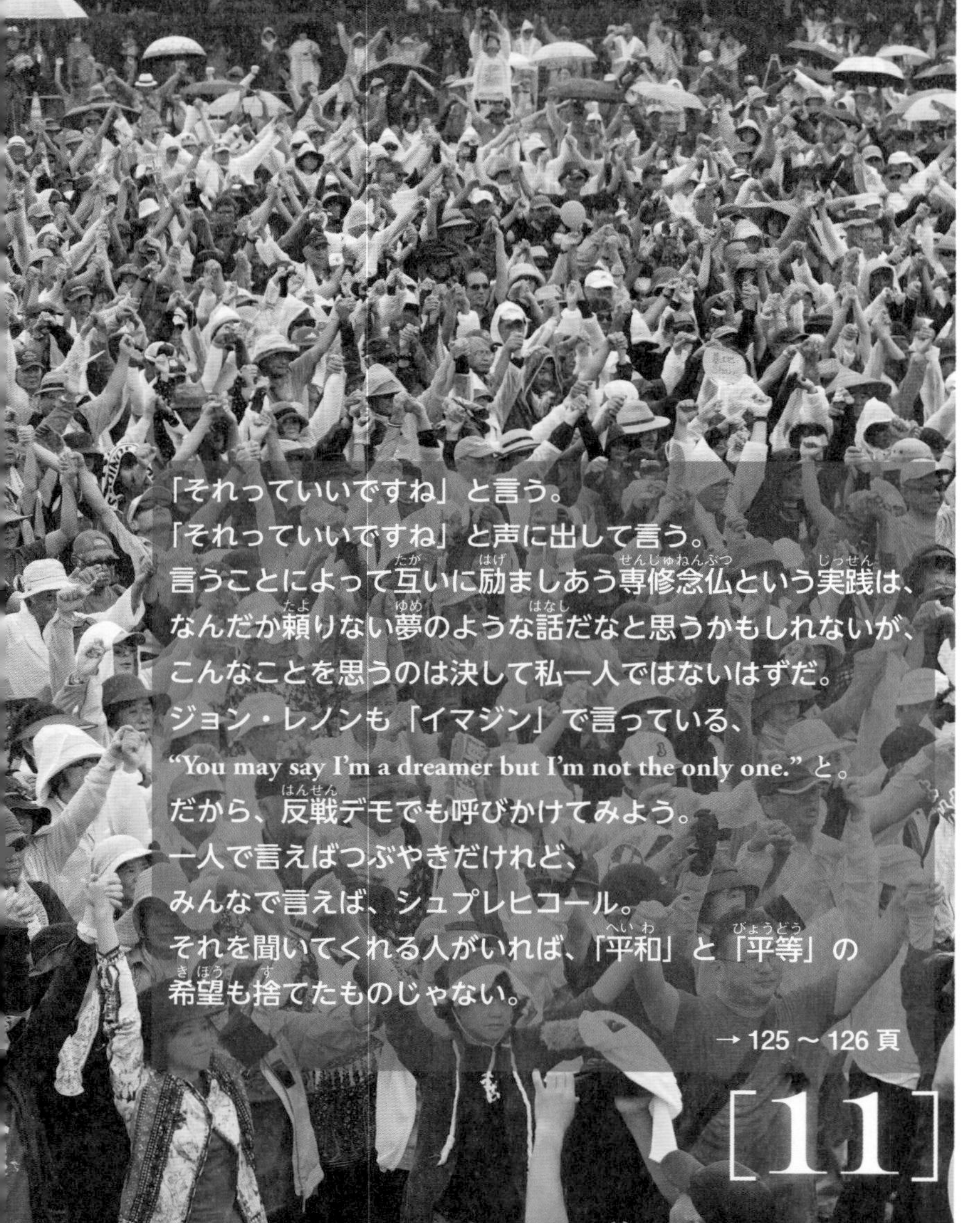

「それっていいですね」と言う。
「それっていいですね」と声に出して言う。
言うことによって互いに励ましあう専修念仏という実践は、
なんだか頼りない夢のような話だなと思うかもしれないが、
こんなことを思うのは決して私一人ではないはずだ。
ジョン・レノンも「イマジン」で言っている、
“You may say I'm a dreamer but I'm not the only one.”と。
だから、反戦デモでも呼びかけてみよう。
一人で言えばつぶやきだけれど、
みんなで言えば、シュプレヒコール。
それを聞いてくれる人がいれば、「平和」と「平等」の
希望も捨てたものじゃない。

→ 125～126 頁

[11]

第4章　法廷での争い

（1）前橋地裁判決の検証——守る会の一部勝訴

前橋地裁では、判決までに16回の口頭弁論が開かれましたが、毎回、開廷前に追悼碑の撤去を求める市民団体が裁判所の前で集会を開催していたのが印象的でした。私も何回か実際に現場でその主張に耳を傾けました。その際に撮られた動画のいくつかは現在でもインターネットで視聴できますが、主張の要旨はいつも「追悼碑の碑文の内容は反日的で真実ではない。デタラメだ！　このような碑を存置することは子どもたちの教育のためにも将来の日本の国益のためにもよくない」ということです。裁判期日には、追悼碑を守ろうとする市民と碑の撤去を求める市民とが傍聴券を求めて並びあい、法廷はいつも満席でした。

㋐「政治的発言」「政治的行事」はあったのか？

まず、前橋地裁は、つぎのように述べて「宗教的・政治的行事を行わないものとする」という許可条件を合理的なものとして認めています。

「群馬の森公園は、都市住民全般の休息、鑑賞、散歩、遊戯、運動等総合的な利用に供することを目的とする総合公園であり、都市における良好な景観の形成、緑とオープンスペースの確保を通じて豊かな人間性の確保と都市住民の公共の福祉増進をはかることが設置目的とされている。このような公園の設置目的を踏まえれば、都市公園の効用を全うするために設けられる『公園施設』も一般公衆の多種多様で自由な利用に供する目的をもって設置されるべきであり、公園管理者は、公園管理者以外の者に対して公園施設の設置を許可するに当たり、公園施設が一般公衆の多種多様で自由な利用に供されるために必要な条件を付することもできる。今回、問題となっている許可条件は、『設置許可施設については、宗教的・政治的行事及び管理を行わないものとする』というものである。公園施設が政治または宗教上の目的に利用された場合には、政治または宗教上の意見、考え方と異なる意見、考え方をもつ者が安心して心身を休めたり、自由な時間を楽しむことができなくなったり、ときには紛争の原因となるなどして、公園施設を一般公衆の多種多様で自由な利用に供することが困難ないし不可能となることも想定されることからすれば、この許可条件は追悼碑が一般公衆の多種多様で自由な利用に供されるための条件としての合理性が認められる」。

そして、追悼碑前の追悼式で「政治的発言」がなされたことにより、追悼式の一部が「政治的行事」となり、「政治的行事及び管理」を禁止した許可条件に反する行為がおこなわれたとする県の主張について前橋地裁はつぎのように述べています。
「追悼碑の設置許可申請にいたる経緯によれば、少なくとも、追悼碑に関して『強制連行』の文言を使用して、歴史認識に関する主義主張を訴えることを目的とする行事は、『政治的行事』に含まれ、そのことを原告も認識していたのであるから、『政治的発言』には、追悼碑に関して『強制連行』の文言を使用して、歴史認識に関する主義主張を訴える発言が含まれる」。

裁判官の書く判決文は非常に抽象的でわかりにくいのですが、要するに、追悼式で「強制連行」という言葉を使って自分の意見を述べれば、それは「政治的発言」であり、それゆえ追悼式自体が「政治的行事」になるということです。

具体的には、②２００５年４月23日開催の追悼式における守る会事務局長の発言のうち「強制連行の事実を訴え、正しい歴史認識を持てるようにしたい」との部分、③２００６年４月22日開催の追悼式における守る会共同代表の発言のうち「戦争中に強制的に連れてこられた朝鮮人がいた事実を刻むことは大事」との部分、⑤２０１２年４月21日開催の追悼式における関連団体代表の発言のうち「日本政府は戦後67年が経とうとする今日においても、強制連行の真相究明に誠実に取り組んでおらず」との部分は、いずれも「強制連行」の文言を使用しており、歴史認識に関する主義主張を訴える発言といえるから、「政治的発言」に該当すると判決は言います。

そして、「各政治的発言は、いずれも追悼式において、事務局長、共同代表または来賓としての立場からなされたものであり、発言に含まれる歴史認識に関する主義主張を推進する効果を持つものであるから、各政治的発言がなされた結果、追悼式自体が死者を悼む目的を超えて、政治性を帯びることは否定できない」のであり、②２００５年４月23日開催の追悼式、③２００６年４月22日開催の追悼式および⑤２０１２年４月21日開催の追悼式は、いずれも「政治的行事」に該当すると判決は結論づけました。

この点、守る会は、発言における「強制連行」という言葉は、確立した歴史学上の用語として一般的に使用されている上、過去の歴史的事実を表現する意味合いを超えるものではないから、「強制連行」という言葉が含まれることをもって、「政治的発言」と評価することはできないと裁判で主張していました。

これに対して、前橋地裁は、

「申請団体名や碑文の文面から、あえて『強制連行』の文言を削除した経緯からすれば、少なくとも守る会と県との間では、『強制連行』の文言を使用して、歴史認識に関する主義主張を訴える行為が、追悼碑の内容とは異なる主義主張を訴える行為に当たることについて、共通の認識となっており、その意味では『強制連行』という言葉が、歴史学上の用語としていかなる意味で用いられ、いかなる歴史的事実を指すものであるかに重要性はない」

としました。

また、守る会は、関連団体代表の発言は、追悼式に参加した来賓の発言であって、守る会がその発言に対して、抗議しなかったことをもって、その発言を利用したと評価することはできず、よって追悼碑を政治的に利用したと評価することもできないと裁判で主張していました。

これに対して、前橋地裁は、

「2004年の除幕式以後、この関連団体の代表者は、何度も追悼式に出席して挨拶をしており、追悼式で来賓のうち誰に挨拶をしてもらうのかについては、主催者である守る会が決定して依頼していたことからすれば、この関連団体の代表者の挨拶は、守る会の事務局長や共同代表がおこなう挨拶と同様に、毎年の追悼式の通例となっていた」

と認定します。そして、

「守る会がこの発言に何らの抗議もしていないことをあわせて考えれば、この発言が来賓の発言であるからといって、追悼式自体が政治性を帯びることを否定できない」

としました。

さらに、守る会は、追悼式に参加した関係者から社会情勢や政治に関する単発的な発言があったとしても、追悼式自体の目的が政治的な目的に変化するものではないから、追悼碑に関する政治的発言がなされたことをもって、追悼式を「政治的行事」と評価することはできないと裁判で主張していました。

これに対して、前橋地裁は、

「追悼式において政治的発言がなされた結果、追悼式自体が当該発言に含まれる歴史認識に関する主義主張を推進する集会としての性質を帯び、死者を悼む目的を超えて、政治性を帯びることは否定できない」

としました。

以上を前提にして、前橋地裁は、これらの発言はいずれも「政治的発言」に該当し、②2005年4月23日開催の追悼式、③2006年4月22日開催の追悼式、および⑤2012年4月21日開催の追悼式は、いずれも「政治的行事」に該当するものであるから、

「これらの追悼式を開催した守る会は、許可条件に違反したと言わざるをえない」

と結論づけました。

前橋地裁の主張は、要するに「強制連行」があったかなかったかは「政治的発言」だから、追悼碑前の追悼式で「強制連行」の有無について主催者が自分の意見を主張すれば、あるいは、来賓が自分の意見を主張するのを主催者が容認すれば、その式典は「政治的行事」になるということです。

「政治的発言」「政治的行為」「政治的行事」等、〝政治的〟であることを理由にして行政が市民の行動を規制しようとすることはよくあることで、のちに紹介するように、それに抵抗

する市民によってこれまで多くの裁判がおこされてきました。皆さんは、朝鮮人追悼碑の前で「朝鮮人の強制連行は事実である」と主張することが「政治的発言」にあたると思いますか？　また、そもそも市民公園で「政治的発言」をすることは禁じられるべきでしょうか？　この点、あとでゆっくり考えてみたいと思います。

㋑「公園施設」でなくなるのか？

前橋地裁は、このように「守る会は『政治的行事』をおこない、許可条件に違反した」と結論づけたものの、守る会の主張を一部取り入れ、結果的に県の更新不許可処分を違法として取消しました。この点、その最大の根拠は、

「『政治的発言』に該当する発言がなされたにもかかわらず、２０１２年5月15日付けの『朝鮮新報』が同年４月21日開催の追悼式に関する記事を掲載するまでは、県に対して追悼碑に関する抗議や意見の電話およびメールが寄せられたことはなかったのであり、守る会が追悼式を開催および運営するに当たって支障や混乱が生じたことを認めるに足りる証拠もないから、……守る会が、追悼式について政治的行事をおこなった事実があることをもって、（追悼碑が）直ちに公園の効用を全うする機能を喪失していたということはできない」

というところにあります。この点は非常に重要ですので、もう少しかみ砕いて、簡単に説明

してみましょう。

まず、県は、更新を不許可にした理由として、許可条件違反の事実が認められた場合には、例外なく、追悼碑が「都市公園の効用を全うする機能」を喪失し、「公園施設」（都市公園法2条2項）に該当しなくなるからだと裁判で主張していました。この点、もし追悼碑が「公園施設」に該当しないのであれば、法的に都市公園である群馬の森公園に追悼碑を存置できなくなることは県の主張する通りです。

しかし、これに対して前橋地裁はつぎのように述べて、それを否定しました。

「ある施設が都市公園の効用を全うするかどうかは、それぞれの公園の特殊性に応じて、具体的に決すべきである。そして、群馬の森公園は、都市住民全般の休息、鑑賞、散歩、遊戯、運動等総合的な利用に供することを目的とする総合公園であり、都市における良好な景観の形成、緑とオープンスペースの確保を通じて豊かな人間性の確保と都市住民の公共の福祉増進をはかることを設置目的としている。そして、追悼碑は、わが国と近隣諸国、特に、日韓、日朝との過去の歴史的関係を想起し、相互の理解と信頼を深め、友好を推進するために有意義であり、歴史と文化を基調とする群馬の森公園の効用を全うするものとして設置されたものである。守る会は、２００４年以降、毎年追悼式を開催し、２００５年および２００６年の追悼式では、さきに書いたような政治的発言がなされていたにもかかわらず、２０１２年5月15日付けの『朝鮮新報』が同年4月21

日開催の追悼式に関する記事を掲載するまでは、県に対しても追悼碑に関する抗議や意見の電話およびメールが寄せられたことはなかった。また、守る会が追悼式を開催、運営するに当たって支障や混乱が生じたことを認めるに足りる証拠もない。よって、許可条件違反の事実、すなわち、守る会が、追悼式について政治的行事をおこなった事実があることをもって、直ちに公園の効用を全うする機能を喪失していたということはできない」。

要するに、前橋地裁が言いたいことはつぎの通りです。すなわち、「強制連行」という言葉を使用した「政治的行事」と評価できる追悼式がおこなわれた後も、毎年、問題なく追悼式は開催されていたし、２０１２年5月までは県に対する抗議もまったくなかったのです。よって、政治的行事により直ちに「追悼碑が公園の効用を全うする機能を喪失し、『公園施設』ではなくなった」とは言えないということです。確かに、追悼碑に対する批判が県に寄せられるようになったのは２０１２年5月の『朝鮮新報』の記事がきっかけなので、前橋地裁の指摘はその通りでしょう。

また、前橋地裁は、県の対応の不自然さをつぎのように指摘しています。

「かりに県が、許可条件違反の事実が認められた場合には直ちに追悼碑が都市公園の効用を全うする機能を喪失するとの認識を有していたのであれば、許可条件違反をうかがわせる事実を認識した時点で、事実関係の調査や守る会に対する事実確認をおこなうなどの対応をとるのが自然である。しかし、県は、２０１２年５月頃には、すでに同月15日付けの『朝鮮新報』の記事を確認していたのに、２０１３年10月頃に２００５年５月14日付けの『朝鮮新報』、２００６年４月25日付けの『朝鮮新報』を確認するまで何らの調査を行わず、２０１３年12月24日頃まで守る会に対する事実確認もおこなっていない。そうすると、県自身、許可条件違反の事実が認められた場合には直ちに追悼碑が都市公園の効用を全うする機能を喪失するとは考えていなかったというべきである」。

要するに、県が式典で「政治的発言」がおこなわれたことを認識した後、すぐに調査や事実確認をしていないのは、県はこの発言を大した問題とは考えていなかったからに違いないということです。事実、県が対応を開始したのは、追悼碑に関する抗議や意見の電話およびメールが寄せられたからであり、それ以前には公園に何の問題も生じてはいないのです。この点、私は〝県の本音〟をこのように推察します。

「追悼碑の撤去を求める市民団体の抗議がうるさくてたまらない。いちいち対応するのはめんどくさい。追悼式における政治的発言なんて本当は些細なことでどうでもいいことだけど、これを口実に許可条件違反ということにして、追悼碑なんか撤去してしまえば楽でいい……」。

さらに、前橋地裁は、県の対応の問題点をつぎのように指摘しています。

「かりに追悼碑について政治的行事がおこなわれたことにより、追悼碑が歴史認識に関する主義主張を伝達するための施設に該当すると評価される場合であっても、その後、追悼碑について政治的行事がおこなわれることなく、時間が経過するなどの事情により、追悼碑の歴史認識に関する主義主張を伝達するための施設としての性質が消失し、日韓、日朝の友好推進という追悼碑本来の機能を回復することもありうる。しかし、県は、守る会が提案した①守る会が追悼碑の敷地部分を買い取ること、②県が追悼碑の更新期間を１年ないし２年に短縮して更新許可処分をすること、③県が10年の更新期間の更新申請を許可する代わりに、守る会は当分の間、追悼碑前での追悼式の開催を自粛することを内容とする３つの代替案について、受け入れができるかを具体的に検討することなく拒否している。よって、群馬県知事は、追悼碑が公園の効用を全うする機能を喪失したと判断するにつき、当然考慮すべき事項を十分考慮しておらず、更新不許可処分には裁量権を逸脱した違法がある」。

前橋地裁は、追悼碑がいったんは「歴史認識に関する主義主張を伝達するための施設」として「公園施設」ではなくなったとしても、事情の変化により、「日韓、日朝の友好推進という追悼碑本来の機能」を回復して「公園施設」に戻ることもありうるという理解を前提にして、県が守る会の提案した代替案について受け入れができるかを具体的に検討することなく拒否したことは、「裁量権を逸脱した違法」と判断しています。確かに、追悼碑前の追悼式が「政治的行事」に該当すれば、追悼碑がいったんは「公園施設」でなくなるとしても、その後、追悼碑前で政治的行事がおこなわれることなく一定の時間が経過すれば、追悼碑が再び「公園施設」に戻ると考えることはできます。なぜなら、碑文の内容は終始一貫、変わってはいないのですから。それにもかかわらず、県は最初から撤去ありきの立場であり、守る会と時間をかけて追悼碑に「日韓、日朝の友好推進という本来の機能」を回復させる方法を議論した形跡がまったくありません。少なくとも前橋地裁が指摘しているように、県は守る会が提案した3つの代替案を十分に検討するべきでしょう。追悼碑の撤去を求める前に、行政としてはもっとやるべきことをやれ、誠意を尽くせというのが前橋地裁の立場なのです。そして、それはもっともなことでしょう。

また、前橋地裁は、県の対応について、つぎのようにも批判しています。

「抗議団体の抗議活動や街宣活動の内容は、主として、追悼碑の碑文の内容が真実でないため、追悼碑は即刻撤去すべきであることを求めるものであった。しかし、群馬県知事は、設置許可処分にあたって、守る会に対し、追悼碑の碑文の内容の修正を求め、修正後の碑文の内容は相当であると認めたうえで設置許可処分をおこなった。また、現に、県は、抗議団体の構成員らが来庁した際にも、追悼碑の碑文の内容には問題ないと回答している。そうすると、県自身、追悼碑の碑文の内容は相当であると認めているのである。とするならば、県としては、追悼碑の碑文の内容に関する抗議活動や街宣活動をおこなう抗議団体に対しても、追悼碑の碑文の内容を説明し、抗議団体が碑文の内容を誤解していると認められる事情があれば、その点を指摘して追悼碑の碑文の内容は相当であることの理解を求めるのが望ましい。それをしないで、直ちに公園の効用が阻害されると判断することはできない」。

前に述べた通り、群馬の森に追悼碑を建てるにあたっては、村山談話や日朝平壌宣言等の政府見解の趣旨に沿うように県と守る会（旧建てる会）で碑文の文言のすり合わせをおこない、県もその内容を認め、合意していたのです。とするならば、前橋地裁が言うように、追悼碑の碑文の内容が真実でないことを理由にして、追悼碑を即刻撤去すべきであるという抗議が県に寄せられたならば、県としては碑文の内容が正当であることを真摯に説明し、その理解を求めるべきなのです。しかし、県は撤去ありきの立場で、そのような真摯な努力をまったくしていません。朝鮮人追悼碑に強硬に反対する人びとは、街宣車を使用して大声で街頭演説をして強硬に自説を主張する〝強い人びと〟（いわゆる右翼）が多いので、できれば関わりあいになりたくないという行政の〝事なかれ主義〟がミエミエです。

さらに、前橋地裁は、「2012年11月4日、抗議団体の構成員らが、群馬県高崎駅前で追悼碑の撤去を求める街宣活動を行い、その後、公園に来園して園内にプラカードを持ち込むなどしたため、公園職員との間で小競り合いとなり、警察が駆けつける騒ぎが発生したが、県は、具体的にいかなる小競り合いが生じ、公園の利用にいかなる影響が生じたのかについて何らの調査もしていない」点についても、疑問を提起しています。

県は、「追悼碑の存在自体が論争の対象となり、街宣活動、抗議活動などの紛争の原因となっている」と主張しながら、具体的にどのような害悪が群馬の森公園に発生し、それがどのような悪影響を来園者や周辺住民等に及ぼしたのかを調査すらしていません。碑の撤去まで求めるのであれば、その点の立証も必要不可欠でしょう。この点、それをふまえて、前橋地裁はつぎのように述べています。

「群馬の森公園の年間利用者は、2010年度が54万2871人、2011年度が55万5278人、2012年度は54万2586人、2013年度は50万4236人とされており、このうち2013年度の利用者数が減少した理由は台風と雪の影響によるものである。また、追悼碑が設置されている公園の北側西寄りの場所一帯は、樹木が生い茂る散歩道であり、正面入口からは距離があるため、公園利用者の姿が少ないのであって、追悼碑をめぐる抗議活動や街宣活動によって公園の利用者数が減少したということもできない。そうすると、そもそも抗議団体による抗議活動や街宣活動の結果、公園周辺で都市公園としてふさわしくない混乱が生じるなどの具体的支障が生じていたと認めることもできない」。

実際、追悼碑の存在により、具体的な不利益を受けた公園利用者は一人も報告されていません。私は、県が主張している害悪や悪影響は、単なる推測、言いがかり、碑の撤去を実現するための口実に過ぎないと思います。

前橋地裁は、以上のように述べて、抗議団体による抗議活動や街宣活動の結果、追悼碑が「公園の効用を全うする機能を喪失した」ということはできないから、更新不許可処分は違法な処分であり、取消されるべきであると判断しました。

判決が言い渡され、閉廷となった直後、碑の撤去を支持する傍聴人のひとりが「不当判決だ！」とつぶやき、「速やかに退出して下さい」と裁判所職員から注意を受けていたのが非常に印象的でした。また、裁判所を出るときに、追悼碑の撤去を求める市民団体のメンバーが正門前で「不当判決　ここは平壌か？」というプラカードを掲げて抗議していたのも非常にインパクトの強いものでした。

(2)　東京高裁判決の検証——県の全面勝訴

前橋地裁判決を覆し、県の主張を全面的に是認し、追悼碑の設置期間更新を不許可とした東京高裁判決の要旨は、つぎの通りです。

「(1)管理者である守る会が、追悼碑の前でおこなわれた追悼式で『強制連行』という言葉を使ったことが『政治的発言』に当たり、それにより追悼式が、碑文に記された事実の歴史認識に関する主義主張を訴えるための『政治的行事』となった。そのため、(2)追悼碑が政治的争点（歴史認識）に係る一方の主義主張と密接に関係する存在とみられるに至り、『中立的な性格』を失った。しかも、(3)追悼碑をめぐって街宣活動・抗議活動などが活発化した。よって、(4)㋐日韓・日朝の相互の理解と信頼を深め、友好を促進するために有意義であり、歴史と文化を基調とする公園にふさわしいという設置の効用も損なわれ、また、㋑追悼碑の存在自体が論争の対象となり、紛争の原因にもなっており、都市公園にあるべき施設としてふさわしくない。以上を理由として、群馬県知事は更新不許可処分をしたのであり、その判断に違法はない」。

それでは、この点も、もう少しかみ砕いて、わかりやすく簡単に説明してみましょう。

㋐「政治的発言」「政治的行事」はあったのか？

この点、東京高裁は、つぎのように述べています。

「群馬県知事が許可条件を付したのは、群馬の森公園が地方自治体である群馬県の設置、管理する都市公園であり、その効用を全うするために設けられる公園施設（都市公園法2条2項）も一般公衆の自由な利用に供する目的をもって設置されるべきだからである。すなわち、追悼碑は、設置許可処分により公園の敷地の一部を相当長期にわたり占有するから、宗教的・政治的に利用されないことが必要不可欠だと判断したのである。この点は、裁判において県が、『県立公園は県民一般の皆さんが遊びに来る憩いの場であるのに、それが特定の人の考え方を発表する場であったり、特定の宗教のために利用される場であったりすると、それを不快に感ずる方たちも出てくるから、公園管理者の県としては、それを防ぐため、あらかじめ特定の政治活動、特定の宗教活動に使われないようにする趣旨の条件を付した』、また、『都市公園が、一般公衆の自由な利用に供する目的をもって設置される公共施設であることや、関係法令において、都市公園を住民の思想伝達の場として機能させることに着目した規定が見当たらないことから、政治上の目的または宗教上の目的等、特定の目的のために利用される記念碑は、一般的に都市公園の効用を全うしない』と主張していることからも、理解できる」。

要するに、都市公園の効用を全うするために設けられる「公園施設」は、一般公衆の自由な利用に供する目的をもって設置されるべきだから、宗教的・政治的に利用されないこと（すなわち、〝宗教的中立性〟〝政治的中立性〟）が必要不可欠だということです。確かに、東京高裁が言う通り、都市公園が「特定の宗教や政治のために利用される場」であったりすると、それを「不快に感ずる方たち」も出てくるかもしれません。そのような人たちが多数発生することは、都市公園として決して望ましいものではないことは確かでしょう。

そこから東京高裁は、県が付与した許可条件の適法性をつぎのように導きます。

「①市民団体である守る会が公園管理者以外の者として公園施設である追悼碑の管理をすることになること、②追悼碑が群馬の森公園の敷地の一部を相当長期にわたり占有することになること、③公園管理者である県としては、追悼碑について、宗教的・政治的に中立な存在であることや都市公園内にある教養施設としての効用を全うすることを確保する必要があること等の事情に照らせば、群馬県知事が設置許可処分をするに当たり『設置許可施設については、宗教的・政治的行事及び管理を行わないものとする』との許可条件を付したことには十分な根拠があり、許可条件の付与は適法なものということができる」。

それにもかかわらず、

「守る会が2005年、2006年および2012年に追悼碑の前で開催した各追悼式において、守る会の事務局長、共同代表または来賓が、『強制連行』という文言またはその趣旨が含まれる発言をしたものであり、これらが『政治的発言』に当たり、追悼碑を管理する守る会自身が、その碑文に記された事実の歴史認識に関する主義主張を訴えるための行事である『政治的行事』をおこなったものといえる」。

このように、

「守る会が『強制連行』という文言またはその趣旨が含まれる発言をしたことが、『政治的発言』に当たり、守る会自身が、碑文に記された事実の歴史認識に関する主義主張を訴えるための行事である『政治的行事』をしたことになる」

という東京高裁の論理は、前橋地裁の論理と同様なものです。

㋑「公園施設」でなくなるのか？

これに対して、東京高裁は、前橋地裁と異なり、県が「追悼碑が公園の効用を全うする機能を喪失し、『公園施設』（都市公園法2条2項）に該当するものではなくなったと判断したことに違法はない」と判断しています。この点、その理由として、つぎのように述べています。この部分は、東京高裁の考え方を非常に明確に表しており、とても重要なところです。

「ある施設が都市公園の効用を全うするか否かは、個々の公園の特殊性に応じて、具体的に決すべきである。そして、群馬の森公園は、都市住民全般の休息、鑑賞、散歩、遊戯、運動等総合的な利用に供することを目的とする総合公園であり、都市における良好な景観の形成、緑とオープンスペースの確保を通じて豊かな人間性の確保と都市住民の公共の福祉増進をはかることを設置目的としており、また、追悼碑は、わが国と近隣諸国、特に日韓・日朝との過去の歴史的関係を想起し、相互の理解と信頼を深め、友好を推進するために有意義であり、歴史と文化を基調とする本件公園の効用を全うするものとして設置されたものである」。

そして、

「守る会が2005年、2006年および2012年に追悼碑の前で開催した各追悼式において、守る会の事務局長、共同代表または来賓が、『強制連行』という文言またはその趣旨が含まれる発言をしたものであり、これらが『政治的発言』に当たり、追悼碑を管理する守る会自身が、その碑文に記された事実の歴史認識に関する主義主張を訴えるための行事である『政治的行事』をおこなったといえることは既述のとおりである」と前橋地裁と同様の立場にたちつつも、

「このような守る会の行為により、追悼碑は、政治的争点に係る一方の主義主張と密接に関係する存在とみられるようになり、『中立的な性格』を失うに至ったというべきであって、その結果、追悼碑の設置期間が満了する2014年1月31日の時点において、『公園施設』（都市公園法2条2項6号にいう教養施設）として存立する上での前提を失うとともに、『設置の効用』（日韓、日朝の相互の理解と信頼を深め、友好を促進するために有意義であり、歴史と文化を基調とする都市公園にふさわしいもの）も損なわれた」

と前橋地裁と真逆の結論を導いています。

ここでもっとも注目すべきことは、東京高裁判決には前橋地裁判決にはなかった「『中立的な性格』を失った」という新たな不許可理由が付加されていることです。ここにいう「中立性」はもちろん〝政治的中立性〟のことだと思いますが、追悼碑自体には何ら客観的・物理的改変が加えられていないにもかかわらず、追悼碑前の追悼式で参加者が政治的発言をしただけで、追悼碑の政治的性格が変わるものでしょうか？　確かに、百歩譲って、そのように解することもできないわけではないかもしれませんが、もしそう解するならば、今度はその政治的発言を撤回すれば、政治的性格は〝元に戻る〟ことになるはずではないでしょうか⁉

この点、前橋地裁が、追悼碑がいったんは「歴史認識に関する主義主張を伝達するための施設」として「公園施設」ではなくなったとしても、事情の変化により、「日韓、日朝の友好推進という追悼碑本来の機能」を回復して「公園施設」に戻ることもありうるという理解を前提にしていたことを思いだしてください。このような理解をもとに、前橋地裁は、県が守る会の提案した代替案について受け入れができるかを具体的に検討することなく拒否したことを裁量権の逸脱であり違法として、県の更新不許可処分を取消したのでした。前橋地裁判決と東京高裁判決の結論の違いは、まさにこの点の考え方の違いにもとづいています。

私は、追悼碑前の式典で参加者がなした発言が政治的で不適切だというのであれば、式典を主催した守る会にその旨を認めさせるとともに、もし可能であれば発言者に撤回をさせ、今後は追悼碑前での式典を禁止すれば十分だと思います。碑文はまったく変わっていないのですから、それ以上、碑の撤去まで強制しなければならない理由がまったくわかりません。

以上のような経緯を踏まえ、東京高裁はつぎのような結論を導いています。

「群馬県知事は、①更新不許可処分において、各発言が『政治的行事及び管理』を禁止した許可条件に違反する行為であること、②このような違反行為が繰り返し行われた結果、追悼碑の目的は、『日韓、日朝の友好の推進という当初の目的』から外れてきたこと、③追悼碑は、存在自体が論争の対象となり、『街宣活動、抗議活動などの紛争の原因』になっており、都市公園にあるべき施設としてふさわしくないことを理由として、追悼碑が『公園施設』に該当しないと判断したものであるが、追悼碑はその設置期間が満了する2014年1月31日の時点で既に『公園施設』に該当しないものとなっていたから、群馬県知事の判断には正当な理由がある」。

そして、

「その他、更新不許可処分について、群馬県知事がその裁量権を逸脱したことを基礎付けるような事情を認めることはできない。よって、追悼碑は、公園の効用を全うする機能を喪失し、『公園施設』（都市公園法2条2項）に該当するものではなくなっていたから、更新不許可処分は適法である」。

ここが東京高裁判決のポイントなので繰り返し確認しますが、守る会が「政治的行事」をおこなったことにより、①追悼碑が政治的争点に係る一方の主義主張と密接に関係する存在とみられるようになり、「中立的な性格」を失った。また、②その結果、日韓、日朝の相互の理解と信頼を深め、友好を促進するために有意義であり、歴史と文化を基調とする都市公園にふさわしいという「設置の効用」も損なわれた。さらに、③追悼碑の存在自体が論争の対象となり、「街宣活動、抗議活動などの紛争の原因」になっており、都市公園にあるべき施設としてふさわしくなくなった。その結果、追悼碑の設置期間が満了した2014年1月31日の時点において「公園施設」ではなくなった。これらを主要根拠として、東京高裁は前橋地裁と真逆の判決を下しているのです。

しかし、追悼碑前の追悼式で「政治的発言」をして、追悼式が「政治的行事」になったからといって、①追悼碑までが「政治的中立性」を失うのでしょうか？　また、②追悼碑の碑文にはまったく変化がないのに「日韓、日朝の相互の理解と信頼、友好を促進する」という追悼碑の意義（「設置の効用」）がなくなるものでしょうか？　さらに、③前橋地裁が言うように、今後は一切、追悼碑の前で「政治的発言」をしないならば、いったん失われた「設置の効用」は復活するのではないでしょうか？　④これも前橋地裁が言うように、少なくとも守る会が提案した3つの代替案を具体的に検討するべきだったのではないでしょうか？　⑤「街宣活動、抗議活動などの紛争の原因」をつくりだしているのはむしろ政府の公式見解に異を唱えて追悼碑の撤去を要求している人びとの方ではないでしょうか？

この点、東京高裁は、

「守る会が許可条件違反をした後の2012年5月以降、追悼碑をめぐって街宣活動、抗議活動等が活発化し、公園内および公園付近でも街宣活動等がおこなわれ、2013年の追悼式については公園利用者の安全の確保の観点から追悼碑の前で行うことを回避せざるを得ない状況に陥ったことが認められるが、これらの事態は、守る会が許可条件に違反する行為をしたことに起因して招来されたものである」

と判示しています。しかし、追悼碑に反対している人びとは、守る会が追悼碑前で政治的行事をしたことに異を唱えているわけではなく、終始一貫して「強制連行」はなかったのでありデタラメだから、「碑文の内容は真実ではない」と主張しているのです。よって、たとえ追悼碑前の追悼式における発言がなかったとしても、「街宣活動、抗議活動などの紛争」は生じていたのではないでしょうか?

東京高裁判決は実にツッコミどころ満載です。私は、客観的、物理的にはまったく変化のない追悼碑の性格や存在意義が、周囲の状況の変化によってそう簡単に変わるとはとても思えません。この点は、群馬の森追悼碑裁判の最大のポイント、争点ですので、あとでより詳しく考えていきましょう。

東京高裁はそれ以外の点についても、守る会の主張に対して、県を擁護する立場から逐一反論をしています。本項の最後にそれらをいくつか見ていきましょう。東京高裁が〝撤去ありき〟の立場にたって、形式論理を振りかざす姿が実感できるでしょう。

まず、この追悼碑は過去の歴史を学び将来の平和に役立てようという記念碑であり、都市公園に設置する「教養施設」としてふさわしく、歴史と文化を基調とする群馬の森公園の効用を全うするという機能は失われていないという守る会の反論に東京高裁はつぎのように答えています。

「追悼碑が設置された当時にこのような性格や機能を有しており、また、条件違反があっても追悼碑に刻まれた碑文の文言に変わりがないとしても、その管理者である守る会が、追悼碑の前で、強制連行またはこれと同趣旨の文言を用い、その碑文に記された事実の歴史認識に関わる主義主張を訴える行事を繰り返しおこなったことにより、追悼碑が政治的争点（歴史認識）に係る一方の主義主張と密接に関係する存在とみられるに至り、中立的な性格を失ったものということができる。そうすると、許可条件違反および追悼碑をめぐるその後の経緯によっても、追悼碑がなお教養施設としてふさわしく、群馬の森公園の効用を全うする機能を有するという守る会の主張は採用することができない」。

また、守る会は、追悼碑の公共性や存在意義を示すため、証拠を提出して、広島市の平和記念公園内にある「韓国人原爆犠牲者慰霊碑」や、長崎市の平和公園内にある「長崎原爆朝鮮人犠牲者追悼碑」、沖縄県糸満市摩文仁の平和祈念公園内にある「韓国人慰霊塔」等、特定の民族の犠牲者に対する記念碑は、多くの公立公園に存在し、地方自治体の管理する敷地にも存在することを主張・立証しました。これに対しても、東京高裁はつぎのように答えています。

「追悼碑を管理する団体である守る会が、繰り返し追悼碑の前で政治的行事を行うという許可条件に違反する行為をしたことにより、追悼碑が、政治的争点（歴史認識）に係る一方の主義主張と密接に関係する存在とみられるようになり、中立的な性格を失うに至ったものであること、しかも、追悼碑をめぐって街宣活動等が活発化したことから、群馬県知事は、追悼碑の目的が、日韓、日朝の友好の推進という当初の目的から外れてきたこと、追悼碑は、存在自体が論争の対象となり、街宣活動、抗議活動などの紛争の原因になっており、都市公園にあるべき施設としてふさわしくないことを理由として、更新不許可処分をしたものである。このように、更新不許可処分は追悼碑に係る個別具体的な事情に基づいてされたものであるから、守る会の主張によっても、その公園施設該当性に係る結論が左右されるものではない」。

このように東京高裁は、すでに述べた形式的な論理をただただ繰り返すだけなのです。個別具体的な事情を丹念に検証し、説得的に論証しようという姿勢はまったく見られません。これで碑の撤去を甘受しろと言われても、なかなか承服しかねるのは当然でしょう。

さらに、守る会は、県に示した代替案には、当分の間、追悼碑前での追悼式の開催を自粛するという案が含まれていたから、県は代替案を真摯に検討すべきであったと主張しました。しかし、東京高裁は、

「追悼式を契機として現実化した政治的な紛争がその後の時の経過により落着していたとは認められないこと、追悼碑がもともと政治的な対立をもたらす潜在的な危険性を有するものであることからすれば、県が守る会の代替案を採用しなかったことをもって、更新不許可処分に裁量権の逸脱濫用の違法があるということはできない」

と判示しました。

この点、追悼式を契機として現実化した政治的な紛争がその後の時の経過により落着して

いたかどうかは、前橋地裁も指摘しているように、具体的な調査や検証が必要なはずです。それにもかかわらず、そのような調査や検証は一切なされていません。また、「追悼碑がもともと政治的な対立をもたらす潜在的な危険性を有する」という判示には特に違和感をかんじます。繰り返し述べているように、追悼碑に書かれている碑文は政府見解に沿ったものなのです。それに「政治的な対立をもたらす潜在的な危険」があるというのであれば、公的な場で政治的な意見は一切、言うことができないことにもなりかねません。

さらに守る会は、追悼碑の撤去は村山談話や日朝平壌宣言において示された過去の植民地支配に対する謝罪と反省の意思を否定する行為であると主張しました。しかし、東京高裁は、

「追悼碑が公園施設としての効用を失い、公園施設に該当しなくなったことに基づいて県が更新不許可処分をしたことは、群馬の森公園の公園管理者として法律に従った行為をしたにすぎないのであり、村山談話や日朝平壌宣言の内容についての賛否を示す行為をしたものではない。また、村山談話および日朝平壌宣言の内容を検討しても、公園の設置目的または効用を損なう存在となり、公園施設に該当するものでなくなった追悼碑について、更新不許可処分の結果、守る会においてその撤去を余儀なくされることになったとしても、村山談話及び日朝平壌宣言の趣旨に反するということはできない」

と判示しました。

この点、追悼碑が客観的、物理的にはまったく変化していない以上、過去の植民地支配に

対する謝罪と反省の意思を示した村山談話や日朝平壌宣言が撤回されない限り、追悼碑の性格や存在意義が変化することはないと考えるのが自然だと思います。少なくとも行政が追悼碑の設置をいったん認めたからには、たとえ追悼碑をとりまく周囲の状況が時代の進展により変化したとしても、安易に追悼碑の撤去を求めるのではなく、存置のために状況を整備すべきです。そのためには、県と守る会との時間をかけた話し合いが必要不可欠ですが、今回はそれがなされているとはとても言えません。

それでは最後の最後に、たびたびでてくる村山談話と日朝平壌宣言の全文を確認しておきましょう。

〈I〉「戦後50周年の終戦記念日にあたって」(いわゆる村山談話)

平成7年8月15日

先の大戦が終わりを告げてから、五十年の歳月が流れました。今、あらためて、あの戦争によって犠牲となられた内外の多くの人々に思いを馳せるとき、万感胸に迫るものがあります。

敗戦後、日本は、あの焼け野原から、幾多の困難を乗りこえて、今日の平和と繁栄を築いてまいりました。このことは私たちの誇りであり、そのために注がれた国民の皆様一人一人の英知とたゆみない努力に、私は心から敬意の念を表わすものであります。ここに至るまで、米国をはじめ、世界の国々から寄せられた支援と協力に対し、あらためて深甚な謝意を表明いたします。また、アジア太平洋近隣諸国、米国、さらには欧州諸国との間に今日のような友好関係を築き上げるに至ったことを、心から喜びたいと思います。

平和で豊かな日本となった今日、私たちはややもすればこの平和の尊さ、有難さを忘れがちになります。私たちは過去のあやまちを二度と繰り返すことのないよう、戦争の悲惨さを若い世代に語り伝えていかなければなりません。とくに近隣諸国の人々と手を携えて、アジア太平洋地域ひいては世界の平和を確かなものとしていくためには、なによりも、これらの諸国との間に深い理解と信頼にもとづいた関係を培っていくことが不可欠と考えます。政府は、この考えにもとづき、特に近現代における日本と近隣アジア諸国との関係にかかわる歴史研究を支援し、各国との交流の飛躍的な拡大をはかるために、この二つを柱とした平和友好交流事業を展開しております。また、現在取り組んでいる戦後処理問題についても、わが国とこれらの国々との信頼関係を一層強化するため、私は、ひき続き誠実に対応してまいります。

いま、戦後五十周年の節目に当たり、われわれが銘記すべきことは、来し方を訪ねて歴史の教訓に学び、未来を望んで、人類社会の平和と繁栄への道を誤らないことであります。

わが国は、遠くない過去の一時期、国策を誤り、戦争への道を歩んで国民を存亡の危機に陥れ、植民地支配と侵略によって、多くの国々、とりわけアジア諸国の人々に対して多大の損害と苦痛を与えました。私は、未来に誤ち無からしめんとするが故に、疑うべくもないこの歴史の事実を謙虚に受け止め、ここにあらためて痛切な反省の意を表し、心からのお詫びの気持ちを表明いたします。また、この歴史がもたらした内外すべての犠牲者に深い哀悼の念を捧げます。

敗戦の日から五十周年を迎えた今日、わが国は、深い反省に立ち、独善的なナショナリズムを排し、責任ある国際社会の一員として国際協調を促進し、それを通じて、平和の理念と民主主義とを押し広めていかなければなりません。同時に、わが国は、唯一の被爆国としての体験を踏まえて、核兵器の究極の廃絶を目指し、核不拡散体制の強化など、国際的な軍縮を積極的に推進していくことが肝要であります。これこそ、過去に対するつぐないとなり、犠牲となられた方々の御霊を鎮めるゆえんとなると、私は信じております。

「杖(よ)るは信に如(し)くは莫(な)し」と申します。この記念すべき時に当たり、信義を施政の根幹とすることを内外に表明し、私の誓いの言葉といたします。

〈Ⅱ〉 日朝平壌宣言

平成14年9月17日

小泉純一郎日本国総理大臣と金正日朝鮮民主主義人民共和国国防委員長は、二〇〇二年九月十七日、平壌で出会い会談を行った。

両首脳は、日朝間の不幸な過去を清算し、懸案事項を解決し、実りある政治、経済、文化的関係を樹立することが、双方の基本利益に合致するとともに、地域の平和と安定に大きく寄与するものとなるとの共通の認識を確認した。

（１）双方は、この宣言に示された精神及び基本原則に従い、国交正常化を早期に実現させるため、あらゆる努力を傾注することとし、そのために二〇〇二年十月中に日朝国交正常化交渉を再開することとした。

双方は、相互の信頼関係に基づき、国交正常化の実現に至る過程においても、日朝間に存在する諸問題に誠意をもって取り組む強い決意を表明した。

（２）日本側は、過去の植民地支配によって、朝鮮の人々に多大の損害と苦痛を与えたという歴史の事実を謙虚に受け止め、痛切な反省と心からのお詫びの気持ちを表明した。

双方は、日本側が朝鮮民主主義人民共和国側に対して、国交正常化の後、双方が適切と考える期間にわたり、無償資金協力、低金利の長期借款供与及び国際機関を通じた人道主義的支援等の経済協力を実施し、また、民間経済活動を支援する見地から国際協力銀行等による融資、信用供与等が実施されることが、この宣言の精神に合致するとの基本認識の下、国交正常化交渉において、経済協力の具体的な規模と内容を誠実に協議することとした。

双方は、国交正常化を実現するにあたっては、一九四五年八月十五日以前に生じた事由に基づく両国及びその国民のすべての財産及び請求権を相互に放棄するとの基本原則に従い、国交正常化交渉においてこれを具体的に協議することとした。

双方は、在日朝鮮人の地位に関する問題及び文化財の問題については、国交正常化交渉において誠実に協議することとした。

（3）双方は、国際法を遵守し、互いの安全を脅かす行動をとらないことを確認した。また、日本国民の生命と安全にかかわる懸案問題については、朝鮮民主主義人民共和国側は、日朝が不正常な関係にある中で生じたこのような遺憾な問題が今後再び生じることがないよう適切な措置をとることを確認した。

（4）双方は、北東アジア地域の平和と安定を維持、強化するため、互いに協力していくことを確認した。

双方は、この地域の関係各国の間に、相互の信頼に基づく協力関係が構築されることの重要性を確認するとともに、この地域の関係国間の関係が正常化されるにつれ、地域の信頼醸成を図るための枠組みを整備していくことが重要であるとの認識を一にした。

双方は、朝鮮半島の核問題の包括的な解決のため、関連するすべての国際的合意を遵守することを確認した。また、双方は、核問題及びミサイル問題を含む安全保障上の諸問題に関し、関係諸国間の対話を促進し、問題解決を図ることの必要性を確認した。

朝鮮民主主義人民共和国側は、この宣言の精神に従い、ミサイル発射のモラトリアムを２００３年以降も更に延長していく意向を表明した。

双方は、安全保障にかかわる問題について協議を行っていくこととした。

日本国　総理大臣

小泉　純一郎

朝鮮民主主義人民共和国　国防委員会　委員長

金　正　日

(3) 前橋地裁と東京高裁の考え方の違いのポイント

除幕式および追悼式においてなされた「強制連行」という発言がそもそも「政治的発言」かどうか、さらには、それにより除幕式および追悼式が「政治的行事」となるかどうかという点については、両判決ともに肯定しています。それにもかかわらず、前橋地裁と東京高裁で結論が分かれた最大の根拠は、「除幕式及び追悼式においてなされた政治的発言」によって、追悼碑が「都市公園の効用を全うする機能」（前橋地裁）を喪失したり、あるいは、「中立的な性格」（東京高裁）を失ったりしたと考えるかどうかという点にあります。すなわち、前橋地裁は、追悼碑が「直ちに都市公園の効用を全うする機能を喪失していたということはできない」とするとともに、追悼碑が「主義主張を伝達するための施設」として都市公園の効用を全うする機能をいったんは喪失したとしても、「友好推進という追悼碑本来の機能」を回復して都市公園の効用を全うすることもありうるとして、碑の性格の普遍性を肯定しています。これに対して、東京高裁は、追悼碑が「政治的争点（具体的には、歴史認識）に係る一方の主義主張と密接に関係する存在とみられるに至り、中立的な性格を失った」として碑の性格の普遍性を否定したのです。すなわち、東京高裁は、追悼碑の前で政治的行事がおこなわれれば追悼碑は公園施設ではなくなり、碑の存在意義は永遠に絶対的に失われると考えているのです。

しかし、たとえ除幕式や追悼式において政治的発言がなされたとしても、追悼碑自体には何ら客観的・物理的改変が加えられていない以上、追悼碑が「中立的な性格」を失ったり、「都市公園の効用を全うする機能」を喪失したりすることはありえません。追悼碑の客観的価値・意義は不変であり、この点で東京高裁判決には大きな問題があると言わざるをえません。この東京高裁判決の論理に従えば、追悼碑の文面には何の問題もないのに、碑の前で開かれる集会での発言が規制を受けることになります。さらには、碑の前での発言で碑の撤去までが強いられることになります。また、日本の侵略・強制占領による強制連行問題を道路や公園、広場などのオープンスペースで、あるいは集会所や公民館、図書館などの公共施設で議論することが「政治的発言」として禁止されることにもなりかねません。もしそうなれば、自宅の密室の中でしか政治的発言や政治議論ができなくなってしまうでしょう。

第５章　東京高裁判決の背後にある基本思想――歴史修正主義

私は、東京高裁判決の背後にあり、それを支える基本思想は、いわゆる〝歴史修正主義〟（Historical revisionism）だと思います。そもそも歴史学は、過去におきた事実を史料にもとづき確定・検証・評価するとともに、新たに発見される史料をもとにそれを批判的に再検証して、再評価・再構成する学問です。よって、ある時点での歴史学的通説が、時代の変化や新たな史料の発見などにより順次「修正」されるのはむしろ当然のことであり、それだからこそ歴史学は学問たりえ、終わりはないと言えるのでしょう。すなわち、歴史には修正がつきものなのです。

しかし、私がここでいう歴史修正主義とは、それとはまったく意味が違います。すなわち、戦後の検証により認められた第二次世界大戦に関わる日本の戦争犯罪や戦争責任について、それを否定または相対化する言説のことです。具体的には、「南京大虐殺はなかった」「日本は中国を侵略していない」「朝鮮人の強制連行はなかった」「従軍慰安婦なんていなかった」「沖縄地上戦では日本軍による『集団自決』命令はなかった」として、日本の中国に対する侵略戦争や朝鮮や台湾等、アジアにおける植民地支配、日本軍による組織的残虐行為など、戦後の検証により批判的な評価が定着している事象について、何らの検証や証明なく一方的にその存在を否定したり、それを肯定的なものとして再評価したりすることです。

この点、戦後のドイツで「ナチスによるユダヤ人大量殺りくはでっちあげ」とホロコーストを否定したり、いわゆるネオナチのようにハーケンクロイツ（かぎ十字）を振り回してナチスを賛美・礼賛したりすることが盛んにおこなわれて、現在、ドイツではホロコーストの否定やハーケンクロイツの展示は犯罪となっていることは広く知られています。また、イタリアでも、第二次世界大戦下でファシズムに対抗したレジスタンス闘争の意義を否定し、レジスタンスや戦後の新憲法を詳述した教科書を偏向しているものとして排斥する議論があります。

この点、終戦直後のフランスにおいて、この意味での歴史修正主義者として歴史に名を残しているのが、モーリス・バルデシュ（１９０７－１９９８）です。バルデシュは、ジャーナリスト、文学者であり、ソルボンヌ大学で教壇にも立っていた人物ですが、１９４８年に出版した『ニュルンベルクあるいは約束の土地』という著書のなかで、つぎのように主張しました。すなわち、第二次世界大戦中にヒトラーによるホロコーストでユダヤ人が６００万人も死んだという事実はない。第二次世界大戦におけるユダヤ人の強制収容所について証言する者は、多くの場合、ユダヤ人か共産主義者であり、信用できない。むしろ第二次世界大戦の責任は、主にユダヤ人にあり、ユダヤ人は自らの罪を隠蔽するために、連合軍と共謀して強制収容所を捏造した。ヒトラーがユダヤ人を地上から完全に絶滅することを命じた証拠はなく、ヒトラーはホロコーストなどしていない。これが真実であり、ドイツの戦争責任を認めた戦後のニュルンベルク裁判は間違いである。

本書の出版によってバルデシュは、戦争犯罪を擁護した罪に問われ、禁固一年の有罪判決を受け、本書は発禁処分となり、大学の職も追われました。しかし、その後、当時の大統領の力添えで恩赦となり、短期間の拘禁で釈放されています。

日本では、１９９０年代後半以降、いわゆる「新しい歴史教科書をつくる会」が、日中戦争や太平洋戦争などの歴史において、日本を肯定的に再評価することを主張し、一部の市民から歴史修正主義と批判されました。同会は、戦後の日本の歴史教育では、中国や朝鮮のプロパガンダをそのまま事実として、日本の歴史の負の面ばかりを強調し、日本人を子々孫々まで謝罪し続けることを運命づけられた罪悪人のように扱ってきた結果、日本人に「日本は悪である」、「日本は反省と謝罪をすべきだ」「日本の歴史は誇れない」という意識を植えつけてしまったとします。そして、このような歴史教育をおこなっている国は世界には日本以外にないとし、これを〝自虐史観〟と呼んで批判しました。具体的には、「朝鮮人の強制連行はなかった」「従軍慰安婦はいなかった」として、教科書の修正を要求するとともに、みずから教科書を作成しました。

また、自虐史観と同様に歴史修正主義として批判されることが多いのが、先の太平洋戦争を賛美・肯定する、いわゆる〝靖国史観〟です。まず、太平洋戦争は、欧米の植民地支配に苦しむ〝アジアを解放〟するための聖なる戦い、すなわち〝聖戦〟であったとします。

また、明治開国以来、欧米列強の植民地化を回避し、彼らと同等の国力をやしなうべく努力していた日本をじゃまもの扱いにし始めた米英の抑圧、とりわけ中国の激烈な排日運動を利用して日本民族の息の根を止めようとするアメリカの強硬な要求に対して、極東の小国・日本が立ち上がり、国家と民族の生存をかけ、一億国民が悲壮な決意で戦った〝自存自衛の戦争〟だったとします。このように述べて、１９３１年の満州事変以後、日本が中国大陸や朝鮮半島、東南アジア・太平洋地域でおこなった植民地支配や戦争を必要やむをえないものであったとして正当化します。

私は歴史学者ではないので（憲法学者）、朝鮮人の強制連行があったのかなかったのか、あるいは、従軍慰安婦がいたのかいなかったのかについては、確信をもって答えることができません。その真実は、歴史学者が中心となって、国民的な議論と検証のもとで認定・確定していくしかありません。そして、そのような作業を通して確定された学説が〝通説〟と呼ばれることになります。

前に述べたように、通説はあくまでその時点での正解に過ぎず、可変的であることは言うまでもありません。しかし、ここで確認しなければならないのは、そのようにして確定された通説を否定しようとする場合には、それを史料や証拠によって証明する責任は、それを否定する側にあるということです。

すなわち、１９１０年の韓国併合から１９４５年の終戦まで、日本が朝鮮を植民地として支配し、戦時中には政府の労務動員計画により、自発的動員・強制的動員を含め、多くの朝鮮人が全国の鉱山や軍需工場などに動員され、群馬の地においても、事故や過労などで尊い命を失った人も少なくなかったということは、歴史学上、通説的見解であり、それゆえ政府も認める事実です。群馬の森の朝鮮人追悼碑はただそれを素直に文章化しただけなのです。よって、それを真実ではなくデマだと否定し碑の撤去を求めようとする場合には、それを史料や証拠によって証明する責任は、撤去を求める側にあるということです。

ちなみに、群馬で追悼碑が建立された２００４年頃に実際に使用されていた教科書である実教出版『高校日本史Ｂ』の本文と注書き、および巻末にはつぎのように記述されていました。すなわち、本文では、

「朝鮮・台湾で日本は、皇民化政策を実施した。日中戦争開戦後、日本式の神社に参拝させ、日本語の使用を強制した。日本式の氏を創り、日本名を名のらせる創氏改名を強要するなど、現地住民の民族性を否定する政策をおしすすめた。また現地住民を戦争に協力させるために志願兵制度をつくり、さらに日本軍の兵力不足を補うため徴兵制を実

施した。そして軍も設置に関与した慰安所には、日本軍の監理のもとで兵士の性の相手として、朝鮮を中心に、中国・インドネシア・フィリピン・オランダなどの多数の女性を慰安婦として動員した。経済面では国家総動員法などの統制法を適用し、軍需生産をおこなったが、現地労働者の賃金は日本人の半額ほどであった。国民徴用令を植民地にまで適用し、多くの人々を工場や炭鉱などへ強制的に連行した」

とされています。

また、注書きとしては、

「労働力不足を補うため、１９３９年からは集団募集で、42年からは官斡旋で、44年からは国民徴用令によって約80万人の朝鮮人を、日本内地や樺太・アジア太平洋地域などに強制連行した。また同時期に４１５万人の朝鮮人を朝鮮内の鉱山や工場に、11万人を軍隊内での労務要員に強制連行した。さらに約４万人の中国人も日本などに強制連行した。過酷な労働のなかで多くの死者を出し、秋田県では中国人の蜂起もおこり約４２０人の死者を出した（花岡事件）」

とあります。

さらに、巻末のテーマ学習として「戦後補償を考える」の表題のもとに、

「１９８７（昭和62）年、韓国で太平洋戦争犠牲者遺族会が結成され、１９９１（平成３）年８月、日本政府に対し、公式謝罪、強制連行者の名簿公開、韓国人犠牲者の遺骨送還、

犠牲者への賠償、未払い賃金の支払いを要求した。「従軍慰安婦」問題についても、韓国の女性団体を中心に真相究明と謝罪、補償を求める動きがおこり、1990年に韓国挺身隊問題対策協議会が発足した。そのなかで、元「慰安婦」、旧日本軍軍人軍属らが1991年、日本政府への補償を求める裁判を東京地方裁判所に提訴した。戦時中、日本軍の軍属として連合国捕虜の監視員となり、戦後、B・C級戦犯として処刑、服役させられた韓国・朝鮮人とその遺族も、同年、国家補償と謝罪を求める裁判をおこした。しかし、補償請求を認めない判決が続いている。1967年に結成された韓国原爆被爆者協会は、雇用主の三菱重工業に対し、死亡者への補償や未払い賃金の支払い、遺骨の送還などを要求するとともに、1987年、23億ドル（3450億円）の補償要求を日本政府に出したが、政府は、40億円の在韓被爆者医療支援を決め、解決をはかろうとしている」

と述べられていました。

そもそも歴史修正主義には、私はつぎのような特徴があると思います。

まず、①あるイデオロギーや作為的意図をもってなされる。すなわち、例えば、日本の社会を少しでも戦前の明治憲法時代に戻そうという復古主義的イデオロギーや本来ならば負わなければならない道義的・法的責任を回避しようという意図などです。また、②一方的に主張し、議論をしようとしない。例えば、「朝鮮人の強制連行はなかった」「従軍慰安婦はいなかった」と声高かつ一方的に主張して、冷静かつ建設的な議論をしようとはしません。自分の主張にとって都合のいい意見や証拠にだけ目を向け、都合の悪いものはすべて無視します。歴史的事実が可変的であるとは考えません。③証拠や証明が乏しいか、まったくない。例えば、追悼碑の碑文が真実ではなくデマだと言うのであれば、その証拠を歴史学者や有識者、マスメディアに提示して、国民的な議論による検証を求めるべきです。④当事者の生の声を聴こうとしない。例えば、強制連行された、あるいは、従軍慰安婦にされたと主張する朝鮮人の主張を最初からまったく聴こうとはしません。

繰り返し述べている通り、追悼碑の撤去を主張する人びとは、碑文の内容が反日的で事実ではなく、デマであることを理由にして、追悼碑を即刻撤去すべきであると主張しているのですから、前橋地裁が判示しているように、県としては「追悼碑の碑文の内容に関する抗議活動や街宣活動をおこなう抗議団体に対しても、追悼碑の碑文の内容を説明し、抗議団体が碑文の内容を誤解していると認められる事情があれば、その点を指摘して追悼碑の碑文の内容は相当であることの理解を求めるのが望ましい」のです。

この点、例えば、守る会と撤去を求める市民、群馬県の三者が一堂に会して、碑文の内容がどうあるべきか十分に議論を重ねるべきです。これがまさに調整的行政指導と言えるでしょう。場合によっては、そこに国の機関が関与することもあっていいでしょう。碑文の内容が事実でなくデマだと碑の撤去を求める人びとに対して、碑文の内容が正当なものであることの理解を求める努力を県はまったくしていませんし、むしろ不要であるとさえ考えているように思われます。まさに〝撤去ありき〟なのです。その点で、県も、県にそれを求めなかった東京高裁も、歴史修正主義に加担するものと言えるでしょう。

私は、「朝鮮人の強制連行はなかった」「従軍慰安婦はいなかった」と主張することがダメだと言うつもりはありません。もしかしたらそれが真実かもしれません。歴史の修正はつねにありうるからです。しかし、「朝鮮人の強制連行がなされたこと」「従軍慰安婦がいたこと」が中学校の教科書にさえ記述されていたような歴史学上の通説だったのですから、それを否定しようとするならば、強制連行された、あるいは、従軍慰安婦にされたと主張する朝鮮人の主張にまずはしっかり耳を傾け、その主張の根拠を検証する必要があります。そして、それを前提にして、みずからの主張を証明する証拠を歴史学者や有識者、マスメディアに提示して、国民的な議論による検証を求めるべきです。

その際には、歴史的事実が可変的であり、歴史の修正はつねにありうることを念頭に置かなければなりません。すなわち、自分の主張が絶対的に正しいと考えてはいけないのです。

そして、もし「朝鮮人の強制連行はなかった」としても、それを理由に群馬県に追悼碑の撤去を要求することはお門違いであることにも注意すべきです。なぜならば、追悼碑の碑文の内容は村山談話や日朝平壌宣言を維持する政府見解に沿ったものだからです。政府がその見解を維持している限り、群馬県としては碑文の内容を理由にして碑の撤去を求めることはできません。それはまさに政府見解に逆らう行為になってしまいます。よって、群馬県に碑文の内容を理由にして追悼碑の撤去を求めたいのならば、まずは日本政府に村山談話や日朝平壌宣言を撤回させる必要があります。その際には、戦後、韓国に対して土下座外交を続けてきた歴代の日本政府の基本姿勢をこそ批判する必要があるかもしれません。

公刊されているこの裁判の「訴状」には、この裁判の社会的、歴史的意義を明らかにするために、戦時中の朝鮮人の労働者や戦争犠牲者を追悼する碑や史跡の説明板について行政が設置許可の更新を拒んだり、撤去したりする等、全国的に起こっている歴史修正主義の動きが紹介されています。このような問題は群馬県だけではなく、全国各地で起きており、国際問題にまで発展しているものもあるといいます。以下、訴状の記載を引用する形で紹介していきます。

① 奈良県天理市、柳本飛行場・朝鮮人強制連行の説明板問題

天理市は、1995年、戦時中の軍事施設である柳本飛行場跡において、飛行場建設で朝鮮人労働者の強制連行が行われ、朝鮮人女性の慰安所が置かれていたと記載した説明板を設置しました。ところが、天理市は、近年、説明板に対する批判のメールがあったことから、2014年4月18日、「強制性については議論があり、説明板を設置しておくと市の公式見解と誤解される」として、説明板を撤去しました。

②　福岡県飯塚市、飯塚霊園内・朝鮮人追悼碑問題

福岡県飯塚市は、２０００年12月、飯塚霊園内に納骨堂「無窮花（ムグンファ）堂」と追悼碑を設置することの許可をしました。これに対し、地域住民の一部は、近年に至り、営飯塚霊園内の朝鮮人追悼施設にある碑に根拠もないまま強制連行など日本の戦争責任を非難する内容が盛り込まれており、「慰霊目的を外れて政治利用されている」として追悼施設の改訂や撤去を求め、市議会への請願提出の検討を開始しました。

③　大阪府茨木市、戦争の傷あと銘板問題

大阪府茨木市は、１９９５年、大阪府の戦後50周年事業として、「大阪警備府軍需部安威倉庫跡地」に「戦争の傷あと銘板」を設置しました。この「戦争の傷あと銘板」は、茨木市のほかにも大阪府内で11か所に設置されています。茨木市の「戦争の傷あと銘板」には、地下倉庫の建設にあたって「強制連行された朝鮮人が苛酷な労働に従事させられていました」などと記されており、「強制連行」の文字が記載されている銘板は、茨木市のほかにも大阪府内に3か所存在していましたが、茨木市は、２０１４年7月25日、銘板の内容を変更することとし、茨木市の木本保平市長は「銘板には歴史的根拠が不明確に記述されている。（銘板を）撤去したいので特段の配慮をお願いしたい」とする申し入れ書を大阪府知事宛てに提出しました。

④ 長崎県長崎市、長崎原爆朝鮮人犠牲者追悼碑と説明板問題

長崎県長崎市は、１９７９年、平和公園内において長崎在日朝鮮人の人権を守る会が「長崎原爆朝鮮人犠牲者追悼碑」を設置することを許可し、１９８８年には説明板を設置することを許可しました。説明板には日本語、英語、韓国語の３カ国語で「日本が朝鮮を武力で威かくし、植民化し、その民族を強制連行し、虐待酷使し、強制労働の果てに遂に悲惨な原爆死に至らしめた戦争責任を、彼らにおわびする」などと記載されています。これに対し、長崎市在住の男性が、設置許可を得た団体が毎年8月9日に追悼碑前において集会を開催しており、「慰霊以外の政治的目的で使用されている」として、２０１３年11月、監査委員に監査請求を行い、私設資料館の看板撤去や慰霊・追悼目的に反する使用を認めないことなどを求めました。しかし、２０１４年1月の監査結果では請求は棄却され、同年7月15日、上記施設の更新は許可されました。

⑤ 国際問題にも発展していること

２０１４年7月23日、日本外務省のアジア大洋州局長と韓国外交部の東北アジア局長は、ソウル市内において慰安婦問題などについて話し合う第3回日韓局長級協議を行い、その際、東北アジア局長は本件追悼碑の問題にも触れ、賢明な対応を要請しました。また、在日韓国大使館の総領事は、２０１４年8月7日、群馬県庁を訪れ、副知事に対し、本件追悼碑につ

いて「県による強制撤去は避けてほしい」と要請しました。

碑文の内容は村山談話や日朝平壌宣言に沿ったものとなっており日本政府の公式見解である以上、碑文の内容が真実であるかどうかは別にして、碑文の内容を撤去の理由にすることは不当であり、外交問題さえ発生させかねないのです。

第６章　表現の自由論

この裁判の事例について考える際に、必ず押さえておかなければならないことは、碑文が書かれた追悼碑それ自体がまさに表現行為として表現の自由（憲法21条）で保障されているということです。すなわち、この裁判はまさに憲法問題であり、とりわけ人権体系のなかでも優越的地位をしめる人権とされ、いわば人権のチャンピオンと位置づけられる表現の自由が争点なのです。この点、特に東京高裁判決は、この裁判が表現の自由に関する憲法問題であるとの認識がきわめて希薄であると言わざるをえません。その認識の欠如が、この裁判を単なる行政手続における裁量の問題として処理しようとする裁判所の発想をもたらしているのです。それでは、なぜ表現の自由は人権のチャンピオンなのでしょうか?

それには大きく二つの理由があります。まず、そもそも表現の自由が最大限に保障されることによってこそ、①個人は人格を形成し、発展させることができるからです。人間は、学術的には、哺乳類のなかの、霊長類であり、そのヒト科に属します。そもそも人間というものは、一番高度な動物です。すなわち、文明があるのは人間だけです。しかし、生まれる時には一番未熟です。牛や豚の子どもならば、親が生みっぱなしでほっといても生きられるかもしれませんが、人間は赤ちゃんを産みっぱなしでほっといたら絶対に死んでしまいます。一人前の大人になるには、少なくとも18年から20年、手塩にかけて育てないとなりません。このように、一番高度な動物なのに生まれてきた時には一番未熟な人間が、どのように自己を発展、向上させて一人前の大人になるかと言えば、まず「パパ」「ママ」「ゴハン」等のカタコトの言葉をおぼえ、それを使用してコミュニケーションを取ることによってなのです。すなわち、〝言葉によるコミュニケーション〟です。それが、自己を発展、向上させるために人間が最初にやり、そして一番基礎的で大事な行為であることは確かでしょう。それは赤ちゃんに限らず、我われ大人だって、自分の能力をレベルアップするには、まず他人と言葉によるコミュニケーションをとります。人間が自己を発展、向上させるために、もっとも基礎的かつ簡易であり、必要不可欠な人権が表現の自由なのです。だから、表現の自由は人権のチャンピオンと呼ばれるのです。

また、表現の自由によって、②民意にもとづく民主政治も実現されるからです。そもそも民主主義というものは、国民の意思にもとづく政治のことです。よって、国民に政治についての情報が十分に与えられ、国民が政治について自由に議論できなければ民主主義はありえません。とりわけ選挙の時に、それがきわめて重要となります。そして、情報発信、情報受領、情報収集という〝情報の自由な流れ〟を保障している人権が表現の自由です。とするならば、表現の自由は民主主義と表裏一体であり、表現の自由がとりわけ選挙の時に保障されなければ民主主義は実現しえないのです。すなわち、表現の自由がない民主主義はありえず、表現の自由が保障された独裁政権もありえません。このように、表現の自由は民主主義と特別の関係にあることから、人権のチャンピオンと呼ばれるのです。

よって、表現の自由を安易に規制することは許されず、その制約は必要最小限度でなければなりません。すなわち、原則的に表現は自由でなければならず、あくまで規制は例外であり、やむにやまれぬ理由がある場合にのみ許されるものなのです。とするならば、本件においても県は原則的に設置期間更新を許可しなければならない立場にあり、その判断は決して恣意的であってはならないのです。それにもかかわらず、実際にとられた県の対応にはこのような認識がきわめて乏しいです。まず、裁判所も県も、本件が人権のチャンピオンである表現の自由の問題であり、憲法問題であるという自覚を持つ必要があります。

最高裁も、表現の自由に関する憲法裁判において、表現の自由が民主主義社会において特に重要な権利として尊重されなければならないことは一般論としては認めてはいます。しかし、表現の自由も絶対無制限に保障されるものではなく、「公共の福祉」（いわゆる社会公共の利益、すなわち、みんなの幸福）のために「必要かつ合理的な制限」は許されるのであって、他人の権利を不当に害するような表現活動は許されないという抽象的な論理で、表現の自由の制約を安易に認める傾向にあるのは大いに問題です。

例えば、イラク戦争がおこなわれている際、立川自衛隊監視テント村のメンバーが、関係者以外の立入りやビラ等の配布を禁止する旨が記載された出入り口の貼札を無視し、「自衛隊のイラク派兵反対！」等と書かれた反戦ビラ（A４版）一枚を自衛隊駐屯地の官舎の各戸別郵便受けに投函した立川反戦ビラ配布事件では、このような抽象的な論理を前提として述べたうえで、最高裁は、被告人が立ち入った動機や態様、居住者や管理者の法益侵害の程度等の個別事情を一切、考慮することなく、「たとえ表現の自由の行使とはいっても、このような場所に管理権者の意思に反して立ち入ることは、管理権者の管理権を侵害するのみならず、そこで私的生活を営む者の私生活の平穏を侵害する」と述べ、被告人を有罪（罰金刑）としています（２００８年4月11日）。

表現の自由の保障度によって、その国の人権保障の達成度がわかるとよく言われますが、現在の香港やミャンマーを見るにつけそのことを実感します。やはり裁判官がどこまで表現の自由を大事にして裁判をするのかを、市民が不断に監視し、時には反対や批判の声をあげていくことがぜひとも必要なのです。この点、日本国憲法の模範となっているアメリカ合衆国憲法のもとにおいて、人権のチャンピオンである表現の自由を最大限に保障するために主張されている憲法理論をいくつか紹介したいと思います。これらの理論は、権力者が市民の表現の自由を不当に侵害しようとした場合には、市民がそれに抵抗するための大きな武器となるでしょう。

①「思想の自由市場」論

アメリカにおける表現の自由についての伝統的な憲法理論として、「思想の自由市場」論というものがあります。これは、「市民社会の中で市民に表現の自由を保障して十分に議論させれば、やがて生き残る価値のある正しい思想のみが生き残り、生き残る価値のない悪い思想や間違った思想は消えていく」というように、市民社会の中における表現の自由には、そのような思想の選別機能があるという理論です。例えば、「お金のためなら人を殺してもいい」というのも一つの思想ですが、一人だけで考えていると正しいと思ってしまうかもしれませんが（だからこそ強盗殺人犯がいるのです）、市民社会の中で表現の自由の下に十分に議論するならば、やがてそれは間違った思想だという烙印が押されて市民社会から消えていくでしょう。それに対して、例えば、「電車に乗ったらお年寄りに席を譲りましょう」というのも一つの思想ですが、一人だけで考えていると正しいか分からないかもしれませんが（席を譲らなくても処罰はされませんから）、市民社会の中で表現の自由の下に十分に議論するならば、やがてそれは正しい思想だという烙印が押されて市民社会に受容されていくでしょう。そういう機能が市民社会にはあり、それを支えているのが表現の自由だから、表現の自由は人権のチャンピオンだと言うのです。

しかし、この思想の自由市場論は、近時、強い批判を受けています。すなわち、そのような単純なことは言えないのではないかということです。実際、表現の自由の下で十分に議論したからといって、必ずしも正しい思想のみが勝つわけではありません。かえって表現の自由を過度に与えると、嘘やごまかし、詭弁やレトリックで、悪い思想の方が生き残って、良い思想が悪い思想と烙印を押されて消えてしまうのではないか、あるいは、口のうまい人とか、声のでかい人の間違った意見が通ってしまうのではないか、そういう批判があるのです。確かにそのような批判も一理ありますが、表現の自由の下で十分に議論すれば、正しい判断に行き着くことの方が多いと思われますので、思想の自由市場論を完全に否定し去る必要はないでしょう。

このような思想の自由市場論の立場からすれば、過去、群馬県において追悼碑に書かれているような朝鮮人の強制連行があったのか、それともなかったのかについては、表現の自由が十分に保障された状況のもとで、両者（追悼碑を守ろうとする人びとと碑の撤去を要求する人びと）が徹底的な議論をして結論をだすべきです。その際には、群馬県は調整的な行政指導として両者の間に立って、冷静かつ有意義な議論になるように努め、行政としての責務を果たすべきなのです。しかし、今回、群馬県は市民間の紛争解決を図るための調整的な役割をまったく果たそうとせず、めんどくさいと言わんばかりに、抗議者の主張を唯々諾々そのまま受け入れ、臭い物に蓋をするように追悼碑の撤去を要求したのです。前橋地裁も判示しているように、群馬県は行政としての配慮が足りないと言わざるをえません。

②　パブリック・フォーラム論

アメリカでは、連邦最高裁の判例において、「パブリック・フォーラム論」という憲法理論が主張されてきました。

パブリック・フォーラム論とは、道路や公園、広場など伝統的に集会や討論に捧げられてきた場所（パブリック・フォーラム）における思想伝達をともなう表現の自由は、道路交通法等の法制度の創設以前から市民の特権や権利であり続けてきたのだから、特に保護されなければならないという法理論をいいます。

一般公衆が自由に出入りできる道路や公園、広場などにおいて、思想伝達をともなう表現活動（とりわけ政治的言論）が自由に認められることが、民主主義や国民主権の健全な発達に必要不可欠であることは言うまでもありません。道路や公園、広場などで自由に政治的言論が認められる独裁国家はありえないのです。よって、この理論を前提にすれば、パブリック・フォーラムにおける思想の表現活動を規制することはきわめて慎重でなければならないことになります。

この点、日本の最高裁においても、駅構内でのビラ配布を規制することの合憲性が争われた吉祥寺駅ビラ配布事件において、パブリック・フォーラム論について言及がなされています（1984年12月18日）。すなわち、著名な憲法学者でもある伊藤正己裁判官は、

「ある主張や意見を社会に伝達する自由を保障する場合に、その表現の場を確保するこ

とが重要な意味をもっている。特に表現の自由の行使が行動を伴うときには表現のための物理的な場所が必要となってくる。この場所が提供されないときには、多くの意見は受け手に伝達することができない。一般公衆が自由に出入りできる場所は、それぞれその本来の利用目的を備えているが、それは同時に、表現のための場として役立つことが少なくない。道路、公園、広場などは、その例である。これを『パブリック・フォーラム』と呼ぶことができよう。このパブリック・フォーラムが表現の場所として用いられるときには、所有権や、本来の利用目的のための管理権に基づく制約を受けざるをえないとしても、その機能にかんがみ、表現の自由の保障を可能な限り配慮する必要がある」

と判示しています。この見解は、最高裁の多数意見としては採用されてはいませんが、日本の憲法学界では通説的見解となっています。

とするならば、群馬の森は県立公園ですから、もちろんパブリック・フォーラムに該当します。確かに、都市公園で政治集会や政治デモが無秩序に行われるならば、市民が前述したレクリエーション活動や憩いの場、遠足の場、家族団らんの場、健康づくりの場として公園を利用することができなくなり、この公園の設置目的である「緑とオープンスペースの確保を通じて豊かな人間性の確保と都市住民の公共の福祉増進をはかること」ができなくなりかねません。

しかし、パブリック・フォーラム論からすれば、一般公衆が自由に出入りできる都市公園は、表現のための場として、思想伝達をともなう表現の自由が最大限に尊重されなければならないのです。この点、例えば、イギリスの首都ロンドンにある都市公園・ハイドパークには、19世紀半ばから続く「スピーカーズ・コーナー」があり、誰でも自由に演説ができるそうです。そのように公的な空間で、なんでも自由に議論ができる自由の気風がイギリスの民主主義の根幹となっているのです。

このような見解にたてば、群馬県と建てる会が合意した「宗教的・政治的行事及び管理は一切行わない」という許可条件それ自体、不適切ということになります。また、もし百歩譲って、この合意が許されるとしても、これを文字どおり解するのは妥当ではなく、禁じることができる「政治的行事」は、市民の公園利用にいちじるしい不利益を与えることが明白であり、豊かな人間性の確保と都市住民の公共の福祉増進という観点から許されないものに限られるべきなのです。このように、パブリック・フォーラム論を前提にして考えるならば、表現の自由の保障が可能な限り配慮されなければならず、県の対応はとうてい認めがたいものと考えざるをえないのです。

③　敵意ある聴衆の法理

パブリック・フォーラム論と同様、「敵意ある聴衆の法理」も、アメリカの連邦最高裁の判例の中で主張されてきた法理論です。この点、敵意ある聴衆の法理とは、正当な言論活動をおこなっている人間を、その言論に敵対する人間（すなわち敵意ある聴衆）が存在し、ただ混乱するという理由で、むやみに規制してはならないという原則をいいます。表現の自由と民主主義を守るためには、治安の維持を理由に正当な言論活動を制止してはならないことを根拠とします。例えば、ある演説が聴衆をあおり、聴衆が暴力をもって演説者を脅かしている場合、公権力としては、演説者の表現の自由を制約して聴衆を抑えるのではなく、聴衆を抑えて演説者の表現の自由を守るべきなのです。

この法理は、日本の最高裁の判例においても採用されています。まず、市福祉会館の使用不許可処分による集会の自由の制限が問題になった上尾市福祉会館事件（1996年3月15日）では、市福祉会館の使用不許可処分が認められる場合につき、最高裁はつぎのように判示しています。

「主催者が集会を平穏に行おうとしているのに、その集会の目的や主催者の思想、信条等に反対する者らが、これを実力で阻止し、妨害しようとして紛争を起こすおそれがあることを理由に公の施設の利用を拒むことができるのは、……公の施設の利用関係の性質に照らせば、警察の警備等によってもなお混乱を防止することができないなど特別な事情がある場合に限られる」。

また、市民会館の使用不許可処分による集会の自由の制限が問題になった泉佐野市民会館事件（1995年3月7日）では、市民会館の使用不許可処分が認められる場合につき、最高裁はつぎのように判示しています。

「施設をその集会のために利用させることによって、他の基本的人権が侵害され、公共の福祉が損なわれる危険がある場合に限られるものというべきであり」、「本件条例は、『公の秩序をみだすおそれがある場合』を本件会館の使用を許可してはならない事由として規定しているが、……本件会館における集会の自由を保障することの重要性よりも、本件会館で集会が開かれることによって、人の生命、身体又は財産が侵害され、公共の安全が損なわれる危険を回避し、防止することの必要性が優越する場合をいうものと限定して解すべきであり、その危険性の程度としては、単に危険な事態を生ずる蓋然性があるというだけでは足りず、明らかな差し迫った危険の発生が具体的に予見されることが必要」である。

これらの事案は、県立公園ではなく市福祉会館や市民会館において集会の自由が問題になった事案ですが、最高裁も公共の場での表現の自由について最大限の配慮を示しているのです。

２０１９年、愛知県名古屋市で開催された〝あいちトリエンナーレ２０１９〟において、「表現の不自由展・その後」と題して、慰安婦をモチーフにした「平和の少女像」や「昭和天皇の肖像画をバーナーで燃やし、その残灰を靴で踏みつける」映像（『遠近を抱えて　Part II』）

などが展示されましたが、反対派の猛抗議により、わずか3日間で中止になりました。

その後、2021年の夏にも、東京と名古屋と大阪で同様の展示「表現の不自由展」が企画されましたが、その時も東京と名古屋では抗議によって、開催中止に追い込まれてしまいました。

しかし、大阪では、開催予定施設である大阪府立労働センターの指定管理者が「管理上の支障が生じる」と施設の利用提供を拒否したものの、大阪地裁は、実行委員会の主張の通り、施設の利用提供の拒否について停止処分を認めました。施設の指定管理者は即時抗告したものの大阪高裁は棄却し、続く最高裁への特別抗告も棄却されました。その結果、2021年7月16日から18日にかけて、「表現の不自由展」は、大阪府立労働センターのエル・おおさかで、連日多くの人がつめかけ、予定通り開催されました。その際、大音響で叫ぶ黒塗りの街宣車が会場周囲を何度も巡回し、妨害行為がおこなわれたものの、施設職員による会場警備や警察のガードにより、衝突などのトラブルは起きず会期をまっとうすることができました。これはまさに「敵意ある聴衆の法理」が適用された事例と言えるでしょう。

これと同様に、群馬県も、市民団体に追悼碑の撤去を要求するのではなく、むしろ騒ぎ立てる排外主義者を抑え、表現を守る責任があったのです。すなわち、群馬県は、反対者との衝突や紛争により憩いの場としての都市公園の効用を確保できないことを不許可処分の理由にしていますが、県の指摘するような危険性が抽象的にあったとしても、敵意ある聴衆の法理からして、違法な第三者の妨害行為の危険を理由に設置期間更新を不許可とすることは、違法な妨害行為を助長して正当な権利行使（表現活動）を弾圧することになり妥当ではなく、このような危険は警察権力等の行使によって防ぐべきものなのです。この点、警察の警備等によっても混乱を防止することができない特別の事情は群馬の森では認められず、都市公園内における過激な抗議活動や街宣活動を禁止する管理規定を策定した上、警察が警備をおこなうなどの措置を講じれば、危険性は回避でき、憩いの場としての都市公園の効用を確保できるのですから、敵意ある聴衆の法理からして、県が更新を不許可とする理由を認めることはできないと考えます。

第７章　〝政治的中立性〟とは？

東京高裁の論理は、

「守る会が、『強制連行』という文言が含まれる発言をしたことが『政治的発言』に当たり、その碑文に記された事実の歴史認識に関する主義主張を訴えるための『政治的行事』をおこなったといえ、このような守る会の行為により、追悼碑は、政治的争点に係る一方の主義主張と密接に関係する存在とみられるようになり、『中立的な性格』を失った」

ということでした。そして、その結果、東京高裁は、追悼碑が「公園施設」ではなくなるとともに、「設置の効用」もなくなってしまったとしました。ここに言う「中立的な性格」とは〝政治的中立性〟のことと解せるので、要するに、東京高裁は、「県立公園という公共の場所に設置する施設には政治的中立性が必要である」と考えているといえます。政治的中立性については、これまで多くの事件で争点となってきました。この点、いくつかの重要な事例を検討しながら、この〝政治的中立性〟という要件の持つ意味を考えてみましょう。

前述したように、あいちトリエンナーレ２０１９の「表現の不自由展・その後」に出品された『遠近を抱えて　ＰａｒｔⅡ』という映像作品には、従軍看護婦の「内なる天皇」を昇華する方法として、「昭和天皇の肖像画をバーナーで燃やし、その残灰を靴で踏みつける」シーンが登場します。私もその映像作品を観ました。

この作品に対して、あいちトリエンナーレが開催された当時、名古屋市の河村たかし市長は「多くの日本人の心をも踏みつけた」「公共事業でこれはダメだ」などと発言して不快感をあらわにし、会場の前に座り込むなど、上映反対運動を強力におこないました。また、ＳＮＳ上でも、「これは人としてどうか？　天皇も私たちと同じ人だ。親の肖像画を燃やされていい気になるような奴は人じゃない。日本人の象徴でもある天皇を燃やして踏みつけるということは日本人への侮辱行為として捉えられても仕方ない」などと批判的な投稿が集中しました。

この上映に反対する人びとは、「昭和天皇の肖像画をバーナーで燃やし、その残灰を靴で踏みつける」シーンが伝える反天皇制という政治的メッセージを問題にしているのであり、そのような表現を禁止しようとする場合に使われるいわばマジックワードが〝政治的中立性〟なのです。それではこの場合、政治的中立性に反するとして、上映を禁止すべきでしょうか？

もちろん市民が個人としてこの映像作品に不快感を覚え、上映を批判することはまったくの自由です。しかし、市長などの行政の長をはじめとする権力者が表現内容にまで踏み込んでその是非を判断し、市民の表現行為を批判することには、強い疑問を持たざるをえません。そもそも行政の役割は、表現を取り締まるのではなく、広く市民に見せる機会を与えた上で、市民が主体的に議論をしていく場を提供することです。表現を規制することではなく、むしろ表現を最大限に保障することなのです。

この場合、前に書いた思想の自由市場論からして、市長は、この映像作品の上映も権利として認めたうえで、この上映に反対する市民にも十分に意見表明の場を保障して、この映像作品を公共の場で上映することが良いのか悪いのかを市民みずからに判断させるべきなのです。やはり市長としては、個人的に上映に賛成、反対いずれの立場であっても、原則的には上映を認める立場にたつべきなのです。

このとき、愛知県の大村秀章知事が、このような立場にたって市長の行為を批判していたのは、非常に印象的でした。政治的中立性を口実にして、公共の場における政治的表現を禁止できるならば、公然と政府を批判することはいっさいできなくなります。それでは、民主主義はありえませんし、前に書いた思想の自由市場も存在しえなくなってしまいます。

政治的中立性、政治的公平性ということに関しては、２０１６年2月8日の衆議院予算委員会で当時の高市早苗総務大臣は、「政治的公平」などを規定する放送法４条違反で電波停止（電波法76条）を命令する可能性について問われ、「行政指導してもまったく改善されず繰り返される場合、何の対応もしないと約束をするわけにはいかない」と答弁しました。同趣旨の発言は、２０１５年５月12日の参議院総務委員会や２０１５年11月10日の衆議院予算委員会でもおこなわれていました。

このように、放送局の免許権限を持つ総務大臣が、放送局の存廃につながる権限行使について国会で繰り返し触れ、「政治的公平性」を欠く放送を繰り返した放送局に電波停止を命令する可能性について明言したことに対して、憲法学者や放送業界は表現の自由の観点から強い批判の声をあげました。

この一件と呼応するかのように、２０１６年３月、ＮＨＫ「クローズアップ現代」の国谷裕子、ＴＢＳ「Ｎｅｗｓ 23」の岸井成格、そしてテレビ朝日「報道ステーション」の古舘伊知郎など、権力（とりわけ政権）に対して直言するリベラル系と言われてきたテレビ各局の人気看板キャスターが相次いで突然に降板しました。このとき、これらはすでに決定していた出演者交代であり、政権の意向を忖度したものではないと各放送局は説明していました。しかし、下衆の勘繰りかもしれませんが、どう見ても偶然とは言えず、政治的中立性、政治的公平性を口実にした権力の不当な圧力の存在を勘ぐらざるをえません。

もちろん権力者はどんなことを言われても文句を言うなというわけではありません。放送局は公共の電波で意見を言っているのですから、内閣や個々の国会議員がその報道に反論や批判をすること自体は自由です。よって、権力者から放送局に対する圧力は一定の限度では許されることになりますが、問題はその程度です。この点、権力者が権力をつかって、反体制的なキャスターを直接的に強制降板させることは絶対に許されませんが、実際にはそこまではいかず、権力者から文句を言われた放送局が権力者の意思を忖度してキャスターを降板させているものと考えられます。放送局にも表現の自由があり、キャスターの人選に放送局の意向が反映されるのは、むしろ当然なので、権力者の批判、圧力によってキャスターが降板したからといって、必ずしもすべてが悪いとは言えません。特にインターネットやＳＮＳが発達した今日では、番組を降板させられても、他の方法で表現活動は可能なので、以前よりは弊害は少ないといえます。しかし、権力者が報道に不当・過剰な圧力をかけてきた場合には、放送局がしっかりと抵抗したり、拒否したり、時には権力の圧力を暴露して、民意に問いかけたりすることが非常に重要になります。そこで放送局が引いてしまえば、まさにその存在意義が問われます。放送局はその時こそ権力に対して死ぬ気で抵抗するべきでしょう。

また、高等教育の現場でも、安保関連法の制定に対する反対運動のさなかの２０１５年７月、国立の福岡教育大学の准教授が、人権論の授業中に政権批判や安保関連法案に反対するデモの練習を学生にさせていたとして、政治的中立性を理由に授業担当を外されて内規にもとづき処分されました。具体的には、この准教授は、デモの練習として「戦争法案絶対反対」「首相は辞めろ」といった言葉を授業中に学生に言わせたとされます。確かに、これが事実ならばあまりにも極端な事例であり、政治的中立性が問題とされてもやむをえないかもしれません。

この点、文部科学省の担当者は、①２００４年の国立大学の法人化以来、国立大学の教職員は公務員ではないので、教育公務員特例法は適用されないこと（同法18条は、公立学校の教育公務員の政治的行為の制限を規定しています）、②教育基本法で教育の政治的中立性がうたわれているが（同法14条2項は、法律に定める学校が特定の政党を支持するための教育を行ってはならないとします）、罰則規定はないことを根拠に、各国立大学の規定にもとづいて判断されるべきこととしました。

しかし、テレビのニュース番組のキャスターと同様、国立大学の教授も、政治的中立性を口実にした権力の不当な圧力の存在をつねに意識せざるをえない立場にあるのは否定しえないところなのです。

２０１４年6月、当時、国会で安保法制の是非をめぐって激しい議論がおこなわれていましたが、さいたま市の公民館で開催される俳句の会に参加していた78歳の女性が集団的自衛権の行使容認に反対するデモに加わった経験から、「梅雨空に『九条守れ』の女性デモ」という俳句を詠みました。句会における秀句は「公民館だより」に掲載されるのが慣例でしたが、この句は句会で秀句とされたにもかかわらず、掲載されませんでした。さいたま市教育長は「掲載すべきではない」と明言し、市の担当者は女性に対して「別の俳句なら載せられる」と言いました。市が俳句の掲載を拒否した理由は、「集団的自衛権の問題は世論を二分するテーマで政治的中立に触れる」「中立、公正、公平の立場から好ましくない」「世論を二分するような俳句は、公民館の意見と誤解されるおそれがある」というものでした。女性は市の対応に納得せず、俳句の掲載を求めましたが、市が掲載を拒否し続けたため、１年後に「俳句が秀句に選出されたのにもかかわらず公民館だよりに掲載されず、精神的苦痛を受けた」として、さいたま市に２００万円の慰謝料と俳句の掲載を求めて訴訟を提起しました。これは一般に九条俳句訴訟と呼ばれ、マスメディアでも大きくとりあげられました。皆さんはこのような市の対応についてどのように思いますか？

この点、裁判の経緯は以下の通りです。まず、一審のさいたま地裁（２０１７年10月13日）は、それまで3年以上、秀句を公民館だよりに掲載し続けていたのだから、秀句を掲載しなかったことは、思想や信条を理由にした不公正な取り扱いで「句が掲載されると期待した女性の権利を侵害した」として、掲載請求は棄却したものの5万円の慰謝料を認めました。また、二審の東京高裁（２０１８年6月18日）も、集団的自衛権の行使について世論が分かれていても不掲載の正当な理由とはならないとし、「意見が対立する事柄についての意見を含む住民の学習成果を掲載しないことは不公正」「女性の人格的利益の侵害にあたる」と判断しました。ただし、一審と同様、掲載請求を棄却するとともに、不掲載の経緯などを踏まえ、慰謝料を減額し5千円としました。さらに、最高裁（２０１８年12月20日）も、集団的自衛権の行使について世論が分かれていても、不掲載の正当な理由とはならないとして、公民館だより不掲載の違法、女性の人格的利益の侵害を認め、東京高裁判決を支持しました。判決確定後、掲載を拒んできた市は、対応が不十分だったことを認めて女性に謝罪するとともに、自主的に俳句を公民館だよりに掲載しました。しかし、その後、公民館だよりに秀句を掲載することはなくなったそうです。

政治的中立性が、あらゆる政治的立場からの断絶あるいは等距離を要請するものだとすれば、かかる言論を想定すること自体、困難です。例えば「自衛隊は憲法9条に違反するか」という問題について考えてみましょう。この点、「自衛隊は憲法9条に違反する」という主張も、「自衛隊は憲法9条に違反しない」という主張も、いずれも党派性のある政治的な主張です。としますと、それらの主張のいずれにも偏しない政治的に中立な主張とは、いったいどのような主張なのでしょうか？　この場合、不偏不党で政治的に中立であろうとすれば、自分の政治的意見は封印し、合憲という意見と違憲という意見の両論を述べ、せいぜい外部の学者や専門家からのコメントで補足するくらいしかありません。これでは表現に主体性や個性、オリジナリティーがまったくなくなってしまいます。それが嫌なら、口をつぐむ以外にありません。これでは、政権批判などはまったく不可能になり、喜ぶのは権力者のみです。

そもそも政治的中立性、政治的公平性とは、決して自分の政治的意見を言わないことではありません。自分の政治的意見を言った上で反対意見も尊重し、無下に否定せず、最大限に配慮して十分に発言の機会を与えるということです。政治について議論する以上、中立なんてありえません。例えば、ある一人の政治家を高所から見下ろすように撮影すれば小さく弱々しく見えますが、反対に、低視線で見上げるように撮影すれば大きく権力者らしく見えます。どちらの姿も事実の一面ではありますが、同時にそこには撮影者の政治的主張も表現されています。よって、政治的な主張を禁止するためのマジックワードとして〝政治的中立性〟を持ちだすことは明確に誤りなのです。

この点、文部科学省の主権者教育推進会議が2021年にだした最終報告書でも、政治的中立性を確保しつつ、政治的教養に関する教育の取扱いを充実し、現実の具体的な政治的事象を扱うことを積極化すること、また、ともすれば政治的中立性を過度に意識するあまり教師が指導に躊躇する現状を乗り越え、学校における指導を充実させることが提案されています。

前述した九条俳句訴訟について言えば、「集団的自衛権の問題は世論を二分するテーマで政治的中立に触れる」「中立、公正、公平の立場から好ましくない」「世論を二分するような俳句は、公民館の意見と誤解されるおそれがある」というような理由で市が俳句を不掲載にすることはもちろん許されることではありません。この場合、集団的自衛権を支持する俳句も集団的自衛権に反対する俳句も、秀句であれば等しく掲載し、市民に集団的自衛権について考える機会と場所を提供するべきなのです。そしてその際には、市は、市民間で冷静な議論がおこなわれ、妥当な結論が導けるように最大限の配慮を尽くす必要があります。すなわち、市は、市民に対して十分な情報提供をするとともに、誤解をしている市民がいればそれを正す努力が必要でしょう。

東京高裁は、追悼碑前の追悼式で参加者が「強制連行」という「政治的発言」をして、追悼式が「政治的行事」になり、追悼碑が「政治的中立性」を失ったことを理由にして、追悼碑の強制撤去を命じました。しかし、この東京高裁の論理によれば、今度は追悼碑の前で「強制連行はなかった」と主張する人びとにも反対集会を認めれば、全体として追悼碑の政治的中立性が回復するはずです。そのような解決が表現の自由にとっても望ましいことは言うまでもありません。

また、追悼碑の碑文も碑前での追悼式も、まさに表現行為であり、表現の自由で保障されています。よって、追悼碑や碑前での追悼式に党派性や政治性があって、多くの人が訪れる公園の秩序を乱す原因になりうる場合、行政はそれらを禁止するのではなく、むしろそれらの表現を最大限に保障する対策を講じなければならないのです。

前に書いた「敵意ある聴衆の法理」からすれば、守る会が碑前で追悼式を開催するとその党派性や政治性のゆえに多くの反対者が来園して騒ぎ、騒動をおこし、公園が混乱するからといって、追悼式を禁止することはできません。この場合には、逆に、反対者を警察等で取り締まることによって、碑前での追悼式が安全に開催できるようにする必要が行政にはあるのです。よって、「排外主義者が抗議したから、憩いの場としての都市公園の効用を確保できなくなった」という不許可処分の理由は、正当なものとは言い難いのです。

第８章　「強制連行」「強制労働」「従軍慰安婦」は事実か？

１９９３年、韓国政府が日本政府に日本の教科書に慰安婦について記述するよう要求したことにより、中学や高校のすべての教科書に、従軍慰安婦に関する記述が掲載されるようになりました。具体的には、中学の歴史の教科書には「日本は戦争中、多数の朝鮮人を『強制連行』して『強制労働』させた」「朝鮮人の女性が『従軍慰安婦』として戦地に送られた」等と記述されました。確かに中学生にとっては、センセーショナルで刺激の強い言葉で、非常に耳に残りますので、おぼえている人も多いかと思います。

ですが、これらの言葉は現在、中学、高校の歴史の教科書からどんどん姿を消しているそうです。例えば、学び舎から発行されていた中学の歴史の教科書『ともに学ぶ人間の歴史』では、「日本に渡ってきた人たちや、炭鉱などに強制連行されてきた人たちです。」が「日本に渡った人たちや、炭鉱などに送り込まれて働かされた人たちです。」に修正されました。また、東京書籍から発行されていた高校の歴史の教科書『日本史Ａ　現代からの歴史』では、「戦時中に強制的に連行されたりした人たち」が「戦時中に強制的に動員されたりした人たち」に、「たとえば『従軍慰安婦』」が「たとえば『慰安婦』」に、それぞれ修正されました。なぜなら、2021年4月27日、当時の菅義偉内閣のもとで、二つの答弁書が閣議決定されたからです。その一つは、第二次世界大戦中に行われた朝鮮半島から日本本土への労働者動員について「強制連行」との表現が不適切だとする答弁書です。この答弁書は、労働者の動員に関しては「移入の経緯はさまざまであり『強制連行された』『強制的に連行された』『連行された』とひとくくりに表現することは適切ではない」と指摘した上で、国民徴用令に基づく徴用によりおこなわれた労務は、1932年発効の「強制労働ニ関スル条約」で定義された「強制労働」には該当しないとして「これらを『強制労働』と表現することは適切ではない」としました。

そして、もう一つは、いわゆる慰安婦問題に関して「従軍慰安婦」との表現は適切ではなく、単に「慰安婦」という用語をもちいるのが適切だとする答弁書です。この答弁書は、1993年の河野洋平官房長官談話でもちいられた「いわゆる従軍慰安婦」との表現に関して「当時は広く社会一般に用いられている状況にあった」と説明した上で、その後に朝日新聞が強制連行についての証言にもとづく報道を虚偽であるとして取消した経緯にかんがみるならば「『従軍慰安婦』という用語を用いることは誤解を招く恐れがある」から、「単に『慰安婦』という用語を用いることが適切だ」としました。しかし、「従軍慰安婦」という用語が誤解を招くとして、「慰安婦」という用語をもちいるべきとする政府答弁書に対しては、政府が現在でも「いわゆる従軍慰安婦」との表現がある河野談話を継承していることとの整合性を指摘する意見もでています。そのため、一部の教科書には「いわゆる『従軍慰安婦』」との記載が残されています。

この点、「朝日新聞が強制連行についての証言に基づく報道を虚偽であるとして取消した経緯」というのは、いわゆる「吉田証言」問題をさします。すなわち、吉田清治という人が、太平洋戦争中に日本軍の命令を受け、若い朝鮮人女性を慰安婦にするために自身が強制連行したとする証言や著書の出版を１９８０年代におこない（「吉田証言」）、朝日新聞がこれを真実のように報道したため、その後、〝慰安婦問題〟として日韓の大きな外交問題となりました。

例えば、１９９６年の国連人権委員会では、いわゆるクマラスワミ報告において、強制連行の証拠として、戦時中、１０００人もの朝鮮人女性を「慰安婦」として連行した奴隷狩りに加わっていたことを告白する吉田証言が採用されています。しかし、その証言は、現在では吉田の創作であり虚偽であったとされ、朝日新聞も２０１４年8月に慰安婦問題をめぐる報道の検証特集を掲載し、女性を狩り出したなどの吉田証言は虚偽だったとして記事を取消しました。また、慰安婦と挺身隊を混同した記事があったとも述べています。

２００７年、当時の安倍晋三首相は、いろいろと資料調査や聴取調査をやってみたものの「強制性を裏付ける証拠はなかった」、「吉田清治という人が慰安婦狩りをしたという証言をしたわけでありますが……後にでっち上げだったことが分かったわけでございます」、「官憲が家に押し入っていって人を人さらいのごとく連れていくという、そういう強制性はなかった」と国会答弁をし、慰安婦問題の認識に関する質問に対する答弁書でも、「軍や官憲による強制連行を示す資料がないことが確認された」としています。

しかし、ここで注意しなければならないことは、たとえ吉田証言が虚偽であったとしても、従軍慰安婦として名乗り出て体験を語る韓国人女性の全員が〝ほら吹き〟で、「強制連行による従軍慰安婦」が存在しなかったということにはならないことです。

責任逃れをしたい日本政府が単独でおこなう「調査」に限界があることは言うまでもないでしょう。また、日本政府は「戦時中、日本政府の組織的関与のもと日本軍や官憲によって『民家に押し入って女性を人さらいのごとく連れていく』強制性」を否定しているだけで、日本の軍人や民間人が女性に対して、売春をさせる目的で慰安所に連行して宿泊させ、脅迫などして売春を強要した事実を否定しているわけではないことです。この点、安倍晋三首相も、日本人の民間の斡旋業者が「事実上強制していたケースもあった。広義の解釈では強制性があった」と発言していますし、また、２０１３年の安倍内閣の政府答弁書でも、政府が発見した資料の中に「バタビア臨時軍法会議の記録」が含まれ、その中に「軍人や民間人が上記女性らに対し、売春をさせる目的で上記慰安所に連行し、宿泊させ、脅すなどして売春を強要するなどした」との記述が存在することを認めています。

ここにいうバタビアとは、オランダ植民地時代に使用されたインドネシアの首都ジャカルタの名称で、具体的には、日本軍がインドネシアの捕虜収容所から約35人のオランダ人女性を慰安所に強制連行し、慰安婦にしたとしています。

強制連行に対する日本政府の組織的関与が本当にあったのかなかったのか、私にはわかりません。しかし、１９９１年に、金学順さんという韓国人女性が初めて元慰安婦として名乗り出て、従軍体験を語って以降、何人もの韓国人女性が被害を訴えています。韓国政府認定の日本軍慰安婦は２００人以上います。確かにこの中には賠償金欲しさに嘘をついている人もいるかもしれませんが、日本政府として誠実な対応が必要なのは言うまでもありません。

もし日本政府による組織的関与があったとしても、そのような証拠を残さないように〝阿吽の呼吸〟でおこなわれたでしょうし、たとえ証拠があったとしても終戦直後、組織的隠蔽を図ったはずでしょうから、日本軍や官憲による組織的な強制連行を直接示すような証拠が見つからなかったとしてもまったく不思議ではありません。また、本当に日本政府による組織的関与がなかったとしても、戦争を開始したのは紛れもなく日本政府の国策なのですから、もし「日本の軍人や民間人が朝鮮人女性に対し、売春をさせる目的で慰安所に連行し、宿泊させ、脅して売春を強要した」のが事実であれば、日本政府のなんらかの謝罪と賠償（もしくは補償）が必要ではないでしょうか？　大学生が犯罪をおかした場合、その学生が所属する大学のお偉方が被害者や社会に対して「ご迷惑をおかけしてすいません」と謝罪するのが日本人の美徳だと思います。とりわけ今回は、さかのぼって考えてみれば、日本の韓国併合（1910年）がそもそも問題の始まりなのですから、日本政府の責任は否定しえません。

1965年に日韓基本条約が締結され、その協定において、韓国は日本に対して請求権を放棄する見返りに、日本人の個人財産を含むすべての日本資産の放棄、約11億ドルの無償資金援助と円借款を日本から受けることになりました。この日韓基本条約における韓国の日本に対する請求権の放棄を理由にして、日本政府は〝韓国との戦後賠償問題は解決済み〟として従軍慰安婦からの賠償請求を拒否し続けているのです。

しかし、日韓基本条約はあくまで国家間の約束であり、対個人責任まで放棄されていないと解することもできないわけではないでしょう。

また、考えてみれば、日韓基本条約が締結された1965年には、そもそも慰安婦問題はなかったのですから（慰安婦だった韓国人は精神的にも肉体的にも社会的にも声をあげられるような状況になかったのは想像に難くありません）、日韓基本条約で解決済みとすることは不合理と言わざるをえません。この点、韓国政府は日本との交渉で受けとった補償金の大半を道路やダム、工場の建設などの社会インフラ整備や企業投資のために使用し（そのため戦後、「漢江の奇跡」と呼ばれる急激な経済発展を実現しました）、韓国人の個別的な戦争被害の補償のためにはほとんど使用されませんでした。よって、韓国人の従軍慰安婦は日本からも韓国からも被害の補償を受けてはいないのです。

この点、１９９５年7月、当時の村山首相は、村山談話に先立ち、フィリピン、韓国、台湾、インドネシア、オランダの元慰安婦に対する償いの事業をおこなうことを目的として、財団法人「女性のためのアジア平和国民基金」（アジア女性基金）を設立しました。これは、先の大戦に係る賠償や財産、請求権の問題は法的に解決済みというのが日本政府の立場なので、政府による個人補償は否定した上で、民間の募金による「見舞金」を元慰安婦に対して支給することにしたものです。政府は、同基金の運営経費の全額を負担し、募金活動には全面的に協力しました。また、「見舞金」の支給に際しては、首相が「お詫びと反省」の気持ちを表す手紙を添えました。しかし、日本による国家としての正式な謝罪と法的な完全賠償を求める元慰安婦は、その受け取りを断固として拒否しました。それでは腹の虫がおさまらないということなのでしょう。

韓国との慰安婦問題をどうしたら解決できるのか、私はその解決策を提示することはできません。ですが、「戦後、70年以上もたっているのにいつまで謝罪だ、賠償だと言っているのだ、いいかげんにしてほしい」という立場にはたちたくはありません。そもそも日本と韓国の関係は、日本とそれ以外の国との関係と大きく異なると思います。というのは、今の韓国は１９１０年の韓国併合から１９４５年の終戦まで足掛け36年間、日本の一部であり、韓国人は日本人だったのです。そのような国は他にはありません。従軍慰安婦としての被害を訴える韓国人女性も当時は日本人であり、日本人として国策により戦争を始めた日本政府に人生を翻弄されたのです。その点では、戦争遂行で艱難辛苦を強いられた日本臣民と何ら変わりはありません。

しかも日本にとって韓国は、もっとも近い隣国で、歴史的にもきわめて深い関わりがあります（例えば、渡来人や朝鮮通信使など）。日本人がアメリカ人、イギリス人、フランス人、ドイツ人などの白人を見分けるのが難しいのと同様、白人も日本人、韓国人、中国人のアジア人を見分けるのは難しいそうです。つまり、白人から見たら日本人、韓国人、中国人はみな同じに見えるのです。私もヨーロッパを旅した際、「ニーハオ」と挨拶された経験があります。今でも根強く残る白人中心の世界観、白人中心主義に対して、アジアの価値や世界観、優位性を示すためにも、国家対立を超えたアジア人の草の根の連帯、団結が必要だと思います。たとえ国家同士が断絶しても、市民同士がいがみ合い、絶交する必要はまったくありません。

慰安婦問題で日本の市民と韓国の市民が離れてしまうのは、非常に惜しいと思います。少なくともこの問題を解決するにあたっては、責任逃れのための歴史の修正だけはあってはならず、国家間だけではなく市民同士における時間をかけた議論や検証が必要不可欠だと思います。

第９章　東京都立横網町公園にある朝鮮人犠牲者追悼碑の場合

県立群馬の森公園と同様に朝鮮人追悼碑の撤去が問題になっている事例として、東京都立横網町公園の関東大震災・朝鮮人犠牲者追悼碑があげられます。

東京都墨田区にある都立横網町公園は、以前は旧日本陸軍の軍服などの製造工場があった場所ですが、１９２３年９月１日の関東大震災の発生時には、公園をつくるために工場は取り壊され、広大な空き地でした。そのため、震災により発生した火災の火の手から避難するために多くの人びとが殺到しました。しかし、火の手は強い秋風に煽られ、火柱となって飛び火し、火炎に飲み込まれた約３万８千人もの人びとが命を落としたと言われています。それゆえ、横網町公園には、震災の犠牲者の霊を供養するための慰霊堂がつくられ、慰霊の場所となっています。また、公園の一角には、火災で焼けこげて原型をとどめないほど溶解した鉄の塊が安置され、震災の悲惨さを後世に伝えるものとなっています。防災の日ともされている９月１日の震災記念日には、毎年、ここで都慰霊協会主催による「関東大震災犠牲者追悼式典」が営まれて、歴代の都知事はその式典に追悼文を送付するのが通例となっています。

また、横網町公園には、この慰霊堂とは別に、1973年に「朝鮮人犠牲者追悼碑」が建立され、その翌年からは碑前において各種の市民団体による共催で「関東大震災朝鮮人犠牲者追悼式典」がおこなわれてきました。

震災直後、東京都内に限らず、関東一円で、朝鮮人が爆弾を使って放火したり、毒薬を井戸に入れたり、強盗や婦女暴行をはたらいたりしているという流言飛語が飛び交い、それを軽信した日本人の暴徒によって多くの朝鮮人が虐殺されたと言われています。震災直後に虐殺されたそれらの朝鮮人を追悼するために、この追悼碑が建立され、毎年、追悼式典がおこなわれているのです。第1回の追悼式典の当時は、美濃部亮吉都知事による革新都政の時代であり、美濃部都知事は、「51年前のむごい行為は、いまなお私たちの良心を鋭く刺します」との追悼文を送付しました。それ以来、歴代の都知事は、この朝鮮人犠牲者追悼式典にも追悼文を送付し続けてきたのです。

この横網町公園の朝鮮人犠牲者追悼碑は、主碑と2つの副碑から構成されていますが、その碑文は、つぎの通りです。すなわち、まず正面・主碑に「追悼　関東大震災朝鮮人犠牲者」。また正面・副碑に「この歴史　永遠に忘れず　在日朝鮮人と固く　手を握り　日朝親善アジア平和を打ちたてん　藤森成吉」。さらに、左側面・副碑に、

「1923年9月発生した関東大震災の混乱のなかで、あやまった策動と流言蜚語のた

め六千余名にのぼる朝鮮人が尊い生命を奪われました。私たちは、震災50周年をむかえ、朝鮮人犠牲者を心から追悼します。この事件の真実を識ることは不幸な歴史をくりかえさず、民族差別を無くし、人権を尊重し、善隣友好と平和の大道を拓く礎となると信じます。思想、信条の総意を越えて、この碑の建設に寄せられた日本人の誠意と献身が、日本と朝鮮両民族の永遠の親善の力となることを期待します。

１９７３年９月　関東大震災朝鮮人犠牲者追悼行事実行委員会」

と記されています。

しかし、２０１７年９月１日、小池百合子都知事は、突如、この朝鮮人犠牲者追悼式典に対して、追悼文の送付を取りやめました。小池都知事の送付の取りやめ決定に大きな影響を与えたと考えられるのが、同年３月２日の東京都議会・一般質問における自民党・K議員とのやり取りです。両者は、東京都立横網町公園にある朝鮮人犠牲者追悼碑について、つぎのような質疑応答を都議会でしています。少し長くなりますが、興味深いやり取りなので議事録からそのまま掲載してみます。

【K議員・質問①】

まず、都内墨田区に所在する東京都立横網町公園に建つ朝鮮人犠牲者追悼碑などの問題について質問を行います。本年は、10万人余が犠牲となった大正12年の関東大震災から94年になります。この震災の混乱の中での不幸な事件により生じたのが、朝鮮人犠牲者であります。横網町公園内に朝鮮人犠牲者を追悼する施設を設けることに、もとより異論はありませんが、そこに事実に反する一方的な政治的主張と文言を刻むことは、むしろ日本および日本人に対する主権および人権侵害が生じる可能性があり、今日的に表現すれば、ヘイトスピーチであって、到底容認できるものではありません。

追悼碑には、誤った策動と流言飛語のため6千余名に上る朝鮮人が尊い生命を奪われましたと記されています。この碑は、昭和48年、共産党の美濃部都知事時代に、関東大震災朝鮮人犠牲者追悼行事実行委員会が建てて、東京都に寄附したものでありますから、現在、碑文については東京都に全責任があります。本来は、当時、都が受領に際し、6千余名、あるいは流言飛語などの表記、主張に対しては、公的資料などによる根拠を求めるべきでありましたが、何せ共産党を中核とする革新都政でありましたから、相手の言うがままであったと思われます。

私は、小池知事にぜひ目を通してほしい本があります。ノンフィクション作家の工藤美代子さんの『関東大震災　朝鮮人虐殺の真実』であります。工藤さんは、警察、消防、公的機関に保管されている資料を詳細に調べ、震災での死者、行方不明者は2700人、そのうち不法行為を働いた朝鮮独立運動家と、彼らに扇動されて追従したために殺害されたと思われる朝鮮人は約800人、また、過剰防衛により誤って殺害されたと考えられている朝鮮人は

２３３人だと調べ上げています。この書籍は『ＳＡＰＩＯ』に連載され、現在、産経新聞から単行本として出版されています。

６千余名が根拠が希薄な数であることは、国勢調査からもわかります。日本で初めての国勢調査が、関東大震災の３年前、大正９年に実施されていますが、その中の国籍民籍別人口では、朝鮮人の人口は、埼玉県、千葉県、東京府、神奈川県全てを合わせて３３８５人なのであります。流言飛語に関しても、当時の我が国の治安状況を知るべきであり、震災の４年前に朝鮮半島で勃発した三・一独立運動に関与した朝鮮人活動家が多数日本に来て、ソビエトや日本人無政府主義者の支援を受けて頻繁に事件を起こしていたことは、現存する当時の新聞記事からも確認できるのであります。また、彼らは、当時皇太子殿下であった後の昭和天皇のご成婚に合わせての危害行動を準備していました。そのほか、現に震災に乗じて凶悪犯罪が引き起こされたことは、具体的に事件としてたくさん報道されています。こうした世相と治安状況の中で、日本人自警団が過敏になり、無関係の朝鮮人まで巻き添えになって殺害された旨の文言こそ、公平、中立な立場を保つべき東京都の姿勢ではないでしょうか。

ところで、６年後の平成35年は、関東大震災百周年に当たります。朝日新聞や詐話師であった吉田清治が捏造し、世界中に垂れ流し続けた慰安婦強制連行が完全な虚構であったことが判明した今、次に関東大震災百年を捉えて、朝鮮人犠牲者への我が国の謝罪と補償を言いつのってくる可能性があることは否定できません。だからこそ、知事の判断は国益にもかかわることであり、重大であるといわなければならないのです。都立横網町公園には、平成32年東京五輪に向けて多くの外国人が訪れます。また、公園施設を管理運営する公益財団法人東京都慰霊協会が発行している子供向けの冊子、「たんけん！　都立横網町公園」は、今はやりのポケモンが表紙を飾り、全てにルビが振られ、わかりやすく解説が加えられているのはよいのでありますが、当該追悼碑の写真と「誤った流言飛語」と表記されており、さらに、聞き覚えのない「アジア・太平洋戦争」なる左翼用語が使われています。これは見直すべきでしょう。歴史の事実と異なる数字や記述を東京都の公共施設に設置、展示すべきではなく、撤去を含む改善策を講ずるべきと考えますが、知事の所見を伺います。

【小池都知事・答弁①】

都立横網町公園におけます関東大震災朝鮮人犠牲者追悼碑についてのご質問でございます。この追悼碑は、ご指摘のように、昭和48年、民間の団体が資金を募集し、作成したものを受け入れる形で、犠牲者の追悼を目的に設置したものと聞いております。大震災の際に、大きな混乱の中で犠牲者が出たことは、大変不幸な出来事でございます。そして、追悼碑にある犠牲者数などについては、さまざまなご意見があることも承知はいたしております。都政におけますこれまでの経緯なども踏まえて、適切に対応したいと考えます。

【K議員・質問②】

また、小池知事は、昨年9月1日、同公園で行われた日朝協会が事務局を務める関東大震災犠牲者追悼式典に追悼の辞を寄せています。当組織の案内状には、6千余名、虐殺の文言があります。なお、この団体は、昨年は申請したようでありますけれども、過去、公園占用許可申請書を一度も提出することもなく公園を使用していたほか、都立公園条例で行為の制限条項により、改めて知事の許可を必要とする広告宣伝、物品販売を堂々とおこなっていました。東京都を代表する知事が歴史をゆがめる行為に加担することになりかねず、今後は追悼の辞の発信を再考すべきと考えますが、所見を伺います。

【小池都知事・答弁②】

そして、この追悼文についてでありますけれども、これまで毎年、慣例的に送付してきたものであり、昨年も事務方において、例に従って送付したとの報告を受けております。今後につきましては、私自身がよく目を通した上で、適切に判断をいたします。

このやり取りが行われた2017年の朝鮮人犠牲者追悼式典に対して、小池都知事は、突如として追悼文の送付を取りやめ、それ以降、一度も送付していません。小池知事はその理由について「関東大震災で亡くなったすべての犠牲者に追悼の意を表したい」と説明しています。同日に開催されている関東大震災犠牲者追悼式典に追悼文を送付すれば、「虐殺された朝鮮人を含めたすべての震災犠牲者」を追悼することになるのだから、それで十分という理屈です。それならば、なぜこれまで追悼文を送付していたのか、その理由を尋ねてみたいと思います。

また、都としては「流言蜚語」「六千余名」という碑文について、不当なものと考えているのでしょうか？　もしそうならK議員の言うように追悼碑を撤去するか、少なくとも碑文を修正するべきです。

確かに、関東大震災で亡くなったすべての犠牲者に追悼の意を表すのは至極、当然の感情でありまったく問題はありません。しかし、大震災による火災や建物倒壊などを原因に命を落とした人と、流言飛語を軽信した暴徒によって意図的に虐殺された人とはその死の性質や意味がまったく異なります。前者は「災害死」ですが、後者は「人災死」なのです。当然、後者の死者を追悼する場合には、反省や謝罪が伴わざるをえません。

さらに、犠牲者が日本人ではなく外国人の場合には、外交問題にも発展しかねません。やはり両者を一緒くたに扱ってはならず、流言飛語を軽信した暴徒によって意図的に虐殺された外国人犠牲者に対しては、特別な配慮が必要不可欠でしょう。この点で、小池都知事の理屈には強い違和感を覚えます。おそらく小池都知事は、前述の質疑応答から推測されるように、K議員が主張しているような歴史修正主義的な考え方にシンパシーを感じているのだと思います。

ある保守系団体は、2017年以降、毎年9月に、朝鮮人犠牲者追悼式とほぼ同時刻に、横網町公園内のわずか20m程度しか離れていない石原町犠牲者慰霊碑の前で、「真実の関東大震災　石原町犠牲者慰霊祭」（真実の慰霊祭）と題して参加者が20～30名程度の集会をおこなっています。その団体は、朝鮮人犠牲者には根拠がなく、「大虐殺はなかった」と朝鮮人虐殺を否定し、逆に、朝鮮人が放火や強盗をおこなって日本人を殺したと主張しています。

この点、確かに警視庁編『大正大震火災誌』（1925年）では、震災直後、都内においては「不逞鮮人等横浜方面より襲来し、或は爆弾を以て放火し、或は毒薬を井戸に投じて殺害を図れり（四谷）」、「鮮人等は爆弾を以て火災を起し、毒薬を井戸に投じて殺害を計れるのみならず、或は財物を掠め、或は婦女を姦する等、暴行甚しきものあり（浅草・南元町）」等と記載されています。2019年、その慰霊祭の際に参加者によってなされたとされる発言のいくつかは、つぎの通りです。

「96年前の今日、関東大震災で落命された10万5千人のみなさま、そして難を逃れてこの東京を見事に復興させてくださった父祖の皆さま、私たちがこの慰霊祭を行う目的はただ一つ、皆さまの名誉を回復することです」。

「この慰霊碑のすぐ前にある朝鮮人追悼碑には皆さまが震災に乗じて6千人の大虐殺を行ったと明記され、慰霊祭と称する政治集会では、その大虐殺の罪で、われわれに謝罪と賠償を求めてきています。私たちは、このような父祖へのゆえなき侮辱を許すことができません」。

「そもそも、この6千人という数字にはまったく根拠がありません。……一方、日本の新聞がいっせいに報じた、不逞朝鮮人による放火、殺人、強盗、強姦、爆弾所持などの記事については、司法省刑事局の記録と符合するものがあります」

「朝鮮人が震災に乗じて略奪、暴行、強姦などを頻発させ、軍隊の武器庫を襲撃したりして日本人が虐殺されたのが真相です。犯人は不逞朝鮮人、朝鮮人コリアンだったのです。……朝鮮人たちは助け合うどころか、逆に暴徒と化して日本人を襲い、食料を奪い、暴行を働き、あるいは人を殺し、婦女を強姦したのです。……一方、不逞在日朝鮮人たちによって身内を殺され、家を焼かれ、財物を奪われ、女子供を強姦された多くの日本人たちは青年団を中心に自警団を編成し、朝鮮人たちの暴行に備えました」。

「いまから96年前、大正12年のこの日、未曾有の惨事となった関東大震災においては、災害だけではなく放火などの卑劣な犯罪によって10万人以上の尊い人命が非情にも奪われました。のちに自らの加害行為を告白した民族活動家や同胞による犯行を告発した朝鮮人の証言が多数あるにもかかわらず、日本人だけが6千人虐殺という極端に誇張された汚名をきせられてきたのです」。

以上を前提にして、今度は、関東大震災時における朝鮮人の虐殺について言及している文献をいくつか見ていくことにします。まず、内閣府中央防災会議・災害教訓の継承に関する専門調査会報告書『１９２３　関東大震災報告書【第2編】平成20年3月』（２００９年発行）では、つぎの記述があります。すなわち、「第4章　混乱による被害の拡大」として

「関東大震災時には横浜などで略奪事件が生じたほか、朝鮮人が武装蜂起し、あるいは放火するといった流言を背景に、住民の自警団や軍隊、警察の一部による殺傷事件が生じた。流言は地震前の新聞報道をはじめとする住民の予備知識や断片的に得られる情報を背景に、流言現象に一般的に見られる『意味づけの暴走』として生じた。３日までは軍隊や警察も流言に巻き込まれ、また増幅した」。

また、「第2節　殺傷事件の発生」として、

「既に見てきたように、関東大震災時には、官憲、被災者や周辺住民による殺傷行為が多数発生した。武器を持った多数者が非武装の少数者に暴行を加えたあげくに殺害するという虐殺という表現が妥当する例が多かった。殺傷の対象となったのは、朝鮮人が最も多かったが、中国人、内地人も少なからず被害にあった。加害者の形態は官憲によるものから官憲が保護している被害者を官憲の抵抗を排除して民間人が殺害したものまで多様である」。

そして、

「横浜を中心に武器を携え、あるいは武力行使の威嚇を伴う略奪も行われた。殺傷事件

による犠牲者の正確な数は掴めないが、震災による死者数の1~数パーセントにあたり、人的損失の原因として軽視できない。また、殺傷事件を中心とする混乱が救護活動を妨げた、あるいは救護にあてることができたはずの資源を空費させた影響も大きかった。自然災害がこれほどの規模で人為的な殺傷行為を誘発した例は日本の災害史上、他に確認できず、大規模災害時に発生した最悪の事態として、今後の防災活動においても念頭に置く必要がある」。

また、山田昭次『関東大震災時の朝鮮人虐殺―その国家責任と民衆責任―』(創史社、2003年)では、1923年10月末(あるいは11月はじめ)までの中間報告として、吉野作造が同時代に発表しようとして禁止された稿本『朝鮮人虐殺事件』と、吉野に情報提供したと推定される在日本関東地方罹災朝鮮同胞慰問班の崔承万が戦後になって発表した報告とがあるとされています。

これによれば、朝鮮人犠牲者の合計は、吉野稿本が2613余名、崔報告が2607余名(または3459余名)だそうです。この慰問班の調査の最終報告(1923年11月28日付)が、上海の大韓民国臨時政府機関誌『独立新聞』(1923年12月5日付)に掲載され、それによれば、朝鮮人の犠牲者は合計6661名に達するとされています。よく「朝鮮人の犠牲者は6千人以上」と言われることがありますが、それはこの数字が独り歩きしているものと思われます。もちろんこの数字が事実である保証はありません。

そして、1997年に東京都江東区役所が発行した『江東区史・中巻』にはつぎの記述があります。

「震災直後の社会不安、流言と恐怖のもとでの朝鮮人虐殺、余震の続くなか辛うじて業火を逃れた人々は、飢渇にあえぎながら極度の疲労と不安に陥っていた。交通、通信が一切途絶し的確な情報も伝わらない混乱のなかで、さまざまな流言が飛び交い、社会不安はいやが上にも高まった。流言は警視庁の記録によれば『富士山爆発』『大津波襲来』など地震関連のものから、間もなく『社会主義者及び朝鮮人の放火多し』とか『不逞朝鮮人来襲』などその内容は一変した。『朝鮮人数十人門前仲町方面に来襲』『朝鮮人などが爆弾で放火、毒物散布』とか『清澄庭園に毒物投入、魚類多量死』さらに『朝鮮人数百人侵入、強盗、強姦、殺りく』など事実無根の流言に惑わされ、人びとはこれを真に受けて恐れおののいた」

「こうした流言の発生源については、官憲当局が特定の予断に基づいて流したものとする一方、朝鮮人に対する差別意識と偏見による自然発生であるとするなど諸説があって、真相は明らかではないが、新たな恐怖が恐怖を呼んで、人びとは異常な興奮状態に導かれていった。軍隊や警察ばかりでなく、在郷軍人・青年団などを中心に各地区で結成された自警団の民衆までが凶器を携えて『朝鮮人狩り』に奔走する事態となった。この結果、多数の朝鮮人が殺害された。その数は正確には知りえないが、2700余名とも推定6400余人に上るとの調査もある。当局は、事件に関する報道を10月20日まで禁止した」。

さらに、日本弁護士連合会がだした『関東大震災人権救済申立事件調査報告書』（2003年8月25日付）では、「軍隊による朝鮮人殺害」「（1）政府の記録に残る事件」の表題のもとに以下の記述がある。

「『関東戒厳司令部詳報第三巻』所収「第四章　行政及司法業務」の「第三節付録」付表「震災警備の為兵器を使用せる事件調査表」（以下「資料第3の1」という）および『震災後に於ける刑事事犯及之に関聯する事項調査書』所収「第十章　軍隊の行為に就いて」の「第四　千葉県下における殺害事件」（以下「資料第3の2」という）によれば、軍隊による多数の朝鮮人虐殺事件が認められる。上記2つの資料は、同一の事案について共通して記載している事例が多いので、主に資料第3の1に依拠して概観すると、12件の軍隊による朝鮮人虐殺事件があったことが認められる。その被害総数は少なくとも数十人以上に及んでおり、この資料に記載された殺害事件だけでも多大な数に上る」。

最後に、全国でもっとも採択率が高く、歴史教育に大きな影響力を持つ山川出版社が発行する高校の日本史教科書『詳説日本史B』（改訂版、2016年検定、331頁）は、関東大震災時の朝鮮人虐殺について、つぎのように記述しています。すなわち、「関東大震災の混乱」という表題に続き、震災の被害について記述した後、

「関東大震災後におきた朝鮮人・中国人殺傷事件は、自然災害が人為的な殺傷行為を大規模に誘発した例として日本の災害史上、ほかに類をみないものであった。流言により多くの朝鮮人が殺傷された背景としては、日本の植民地支配に対する抵抗運動への恐怖心と、民族的な差別意識があったとみられる。さらに9月4日夜、亀戸警察署構内で警備に当たっていた軍隊によって社会主義者10人が殺害され、16日には憲兵により大杉栄と伊藤野枝、大杉の甥が殺害された。市民・警察・軍がともに例外的とは言い切れない規模で武力や暴力を行使したことがわかる」。

以上はほんの一例ですが、関東大震災時の日本人による朝鮮人虐殺を事実とする文献は多くあります。私は歴史学者ではないので、「流言蜚語」「六千余名」「朝鮮人虐殺」が真実かどうかは判断できませんが、もしそれがデタラメで真実でないならば、横網町公園の追悼碑は撤去されるべきだと私も思います。しかし、「関東大震災の混乱の中で、朝鮮人が井戸に毒を入れた等のデマが流れ、それを信じた官憲や自警団などが多数の朝鮮人を虐殺した」ということは、これまで中学・高校の教科書にも事実として記載され、事実として教えられてきた歴史学上の通説です。私もそのように教わった記憶があります。この点、様ざまな文献を前提とする限り、日本の官憲や民間の日本人の手によって、それなりの数の朝鮮人が殺傷の犠牲になった事実を否定することはできないのではないでしょうか。

また、隠密裏におこなわれたり、意図的に隠蔽されたりした殺傷事件も多いことが予想され、すべての犠牲者をカウントすることは困難ですから、正確な人数をだすことは不可能でしょう。確かに、在日本関東地方罹災朝鮮同胞慰問班の調査は、日本の官憲の協力を得られないまま単独で進められたものであり、朝鮮人の団体である以上、被害を誇張するのはむしろ当然とも言え、「朝鮮人の犠牲者は6千人以上」は、安易に信じることはできないかもしれません。それゆえ、もしそれが日本や日本人にとっての〝ぬれぎぬ〟ならば、子々孫々のためにも絶対に晴らさなければなりませんし、私もその努力は惜しみません。しかし、もし流言蜚語による日本人の〝朝鮮人狩り〟によって虐殺された朝鮮人が一人でもいたことが事実ならば、まずは日本人として謝罪と哀悼が必要なのではないでしょうか。

また、学問的に虐殺の事実を否定しようとする場合には、これまでの通説の主張にまずはしっかり耳を傾け、その主張の根拠を検証する必要があります。そして、それを前提にして、みずからの主張を証明する根拠や証拠を歴史学者や有識者、マスメディアに提示して、国民的な議論による検証を求めるべきです。根拠も証拠も示さずにただ一方的に「嘘だ！デタラメだ！」と声高に主張しても広い理解はえられません。また、K議員が主張しているように、現在、この碑が都の所有物であり、碑文については都に全責任があるならば、都としても「流言蜚語」「六千余名」「朝鮮人虐殺」が真実かどうか、肯定派と否定派の意見を十分に聴いたうえで、両者が納得できるような結論を導くべきです。

この点、例えば、肯定派と否定派の市民、東京都の三者が一堂に会して、碑文の内容がどうあるべきか十分に議論を重ねるべきです。これがまさに調整的行政指導と言えるでしょう。場合によっては、そこに国の機関が関与することもあっていいでしょう。今回、都はこのような努力をまったくしていませんし、むしろ不要であるとさえ考えているように思えます。その点で、都は歴史修正主義に加担するものと言わざるをえないでしょう。

第10章　歴史の検証とは？

関東大震災時に「流言蜚語を原因として日本人の手による朝鮮人虐殺が本当にあったのかどうか」、この問題について、私があらためて近時の文献を探してみたところ、虐殺の事実を肯定する有名な文献としては、①『関東大震災時の朝鮮人虐殺とその後―虐殺の国家責任と民衆責任―』（山田昭次、創史社、2011年）、②『九月、東京の路上で　1923年　関東大震災　ジェノサイドの残響』（加藤直樹、ころから、2014年）、③『TRICK　トリック「朝鮮人虐殺」をなかったことにしたい人たち』（加藤直樹、ころから、2019年）が、それに対して、否定する有名な文献としては、④『関東大震災「朝鮮人虐殺」の真実』（工藤美代子、産経新聞出版、2009年）、⑤『関東大震災「朝鮮人虐殺」はなかった！』（加藤康男、ワック、2014年）がありました。この④は、前に書いた通り、K都議が小池都知事に「ぜひ目を通してほしい」と紹介していた本です。

前者の本を読めば、この100年前の痛ましい残虐行為や虐殺事件が日本人の罪深さ、日本の責任の重さを痛感させ、切実に謝罪の念を持たざるをえません。すなわち、9月2日には警察や内務省までもが流言蜚語を真に受けて配下に伝達したばかりか、警察官が朝鮮人虐殺を容認する発言すらしていたのです。しかも官憲は事件後に、このように誤認情報を流布した事実を懸命に隠したのです。同日の戒厳令布告と軍隊の出動は、朝鮮人虐殺を国家が承認したものと民衆には受け止められたのです。朝鮮人虐殺を主におこなったのは、各地に組織された自警団でした。彼らは手持ちの道具を武器にして、残虐行為の限りをおこなったのです。犠牲者の数は数千人に達したとされますが、正確な数字は今も闇の中です。司法省調査によれば、大震災時に地震で食い詰めた朝鮮人による窃盗は見られましたが、流言のような朝鮮人による「凶悪犯罪」は皆無であったことを調査に当たった検事自身が断言しています。

こうして、朝鮮人の「犯罪」は、国家の責任を免責するための創作物だったことが実証されたのです。にもかかわらず、この朝鮮人の大虐殺については、虐殺に加わった自警団のごく一部の人間が軽い罪に問われただけで、政府や軍、警察の組織的責任は不問に付されたのです。このことが、今日の大虐殺や追悼碑を否定する荒唐無稽の歴史修正主義的な言説につながっているのです。

これに対して、後者の本を読めば、日本人が多数の朝鮮人を虐殺したというのはまさに〝ぬれぎぬ〟で間違いなので正さなければならないと思ってしまいます。すなわち、「流言蜚語」に実態はあり、「不逞鮮人」は間違いなく存在し、その実態は「テロ」で、その幹部たちは日本人の要人の粛清・暗殺を重ねていたのです。「関東大震災」における「自警団」の活動は、基本的に正当防衛であり、当時の状況を総体的に考えれば「緊急避難」としてやむをえないものでした。もちろんそれは、「悲劇」ではありましたが、特別「虐殺」の汚名を着せるに値するものではないのです。

テロ行為を働いた朝鮮独立運動家と、彼らに扇動され付和雷同したため殺害されたと思われる朝鮮人の人数は、せいぜい８００人前後でした。彼らは、国民生活の安寧を危機に晒すテロ行為、ゲリラ部隊と認定するのが常識で、それを「虐殺」とは決して言わないのです。つまり、いわゆる「虐殺」はなかったのです。それゆえ、虐殺された朝鮮人が6千人という数字はもちろん事実ではなく、その実態については明確な検証が必要なのです。朝鮮人の歴史捏造をこれ以上許さないためには、はっきりしたもの言いが必要不可欠でしょう。

それでは、このように両極端にわかれた主張を前提にして、私たちは「朝鮮人の大虐殺」という事実の有無をどのように判断したらいいのでしょうか？　この点、１９８5年5月8日、日本と同様に第二次世界大戦の敗戦国であるドイツのワイツゼッカー大統領の演説中の言葉に注目してみましょう。

「問題は過去を克服することではありません。さようなことができるわけはありません。後になって過去を変えたり、起こらなかったりしたことにするわけにはまいりません。しかし、過去に目を閉ざす者は結局のところ現在にも盲目となります。非人間的な行為を心に刻もうとしない者は、またそうした危険に陥りやすいのです」。

ワイツゼッカー大統領の言うように、過去に目を閉ざす者は、現在にも、そしてさらには未来にも盲目になるのです。過去に生起した事象を正しく認識・分析して評価する。そして、それを前提にして、未来に生起するだろう事象を予測・分析して評価し、その結果を前提にして、現在どうあるべきかを判断して行動する。そうすることによって、間違えのない幸福な人生を歩むことができるし、自分が住む社会や国家を正しい方向へ導くことができるのです。そのような能力・知恵を身につけるために〝過去を学ぶ〟学問が歴史学だと私は思います。

そして、歴史を学ぶ場合にもっとも重要なことは〝真実〟は神のみぞ知ることであり、人間の認識は神のように完全ではないから絶対に〝真実〟にはいきつけないという〝謙虚さ〟だと私は思います。前者の本を読んで後者の本は無視して、「朝鮮人の虐殺は事実である」と結論づけることも、また、後者の本を読んで前者の本は無視して、「朝鮮人の虐殺はなかった」と結論づけることも、どちらも容易に可能であり、それは本人の意思次第であり自由なのです。よって、朝鮮人の虐殺を「肯定したいから肯定している人」と「否定したいから否定している人」がいくら議論しても、つねに噛み合わず、絶対にひとつの結論にいきつくことはできません。そこにあるのは、肯定の結論が自分の好みに合うのか、否定の結論が自分の好みに合うのかという価値観の対立だからです。

考えてみてください。「あなたが今年の8月1日に東京駅前のA店でお昼に味噌ラーメンを食べた」とします。そのことはスマホに画像が残っているし、手帳にメモしてあるので間違いありません。しかし、「それは嘘だ」という人が出てきて、「私もその時間、その店でラーメンを食べたが、あなたはそこにいなかった」と主張し、あなたがスマホの画像や手帳を見せても「捏造だ」と反論したとします。その時、あなたは「今年の8月1日に東京駅前のA店でお昼に味噌ラーメンを食べた」という「事実」を、果たして「歴史的」に、厳密に「証明」できますか？

そもそも「歴史」は、〝時間の不可逆性〟（歴史は未来にしか進まず、過去に戻ることは不可能である。いわゆる〝時間の矢〟）という弱点を持っています。数時間前の出来事でさえ、「あったこと」に疑義をさしはさみ、「あったこと」を示す証拠をすべて否定・無視することにより「なかったこと」にして、「歴史」を「書き換え」ようとすることは、容易にできるのです。そのことは、通常、時間が経過すればするほど容易になります。

自分たちに都合よく「歴史」を「書き換え」ようとするならば、時間の不可逆性を最大限に利用し、自分に都合の悪い証拠は否定・無視し、証拠を捏造し、事実を偽装し、多くの人を騙します。それを意図的にやるのは言語道断ですが、さらにやっかいなのは、自分で意識せずに「歴史の書き換え」をしてしまう場合すらあるということです。例えば、あなたは「今年の8月1日に東京駅前のA店でお昼に味噌ラーメンを食べた」と強く信じていましたが、それが単なる勘違いだったということも決して少なくはないのです。

例えば、「２０１１年3月11日に発生した東日本大震災を原因とした福島原発事故はフェイクだ」と強硬に主張する人がいたとします。当時の新聞記事やテレビのニュース動画を見せても、被災者の生の声を聴かせても、「捏造だ！」と自信たっぷりにはねつけてしまいます。いくら長い時間をかけて説明を試みても、考えをまったく変えません。このような人と長く話していると、やがて「もしかしたらこの人の言っていることの方が正しいのかもしれない」という気がしてきてしまいます。その人が専門家や権力者である場合や、発生から長時間が経過している場合には、とりわけそのようなことが生じます。以前、テレビで冤罪の被害者が「私は、絶対に殺していないのに、刑事から『殺したのはお前だ！』と長時間、取調室で言われ続けたら、本当に自分が殺したような気がしてきて、刑事の言う通りに自白してしまった」と述懐していたのを思いだします。この点、自分の日常生活とはかけ離れた「朝鮮人の強制連行」や「従軍慰安婦」などの社会的、歴史的問題の方が、他人の言動に影響されやすいです。

また、「福島原発事故はフェイクだ」と歴史を書き換えることができれば、少なくとも原発再稼働で膨大な利益を得られる人びとは、大喜びするに違いありません。このように、「歴史の書き換え」は時に膨大な利益を生み出す場合もあり、ビジネスにさえなるのです。よって、自分の利益のための意図的な歴史の書き換えもおこなわれることになります。この場合、もっともやっかいで恐ろしいのは、意図的な歴史の書き換えが国家主導で権力的におこなわれることです。

例えば、中国では、1989年6月4日、北京市の天安門広場に民主化を求めて集結していたデモ隊に対し、軍隊が武力を行使し、多数の死傷者を出した天安門事件が史実から抹殺されていることは周知の事実です。

このような「歴史の書き換え」にごまかされないためには、やはり深い教養に裏打ちされた真の知性を身につけること、具体的には、自主的判断力と多元的思考力を養うことだと思います。特に歴史を学ぶ場合には、前に書いた通り、〝真実〟は神のみぞ知ることであり、人間の認識は神のように完全ではないから絶対に〝真実〟にはいきつけないという〝謙虚さ〟が必要不可欠です。

専門家や権力者が言ったことでも、必ずしも正しくないかもしれない。ある時代のある場所では正しくても、他の時代の他の場所では正しくないかもしれない。だから、他者の言っていることを鵜呑みにするのではなく、つねに自分の頭で考え、自分の基準で、自主的に判断し行動することが求められます（自主的判断力）。そして、その自分の判断を正しくするためには、多くのことを学び、知っておかなければなりません（深い教養に裏打ちされた真の知性）。現在、大学教育の中で「リベラルアーツ」（教養教育、一般教育）という言葉がよく聞かれるようになってきたのは、そのためなのです。

また、「朝鮮人の強制連行はあった」という主張・証拠と「朝鮮人の強制連行はなかった」という主張・証拠との両方がある場合、物事にはいろいろな見方があり、ものの感じ方・考え方は人によって違うのだから、いかに意見の異なる他者の立場を理解し、共存していけるのかが問われるのです（多元的思考力）。むしろすべての人が同じ結論をとる方がおかしいのです。ぜひ物事を柔軟に考えることができ、自分と考えを異にする人にも寛容な人間になりたいものですね。

第11章　〝いきなりの死刑宣告〟——適正手続の原則の観点

戦争中に朝鮮人の「強制連行」があったのかなかったのか、国会議員の中でも判断が分かれ、その結論は日本の対韓政策に大きな影響を与えます。また、市民の間でも肯定派・否定派に分かれて街宣活動や集会がおこなわれ、時に激しく対立するなど、社会的紛争の種にもなっています。このような点にかんがみれば、「強制連行」という文言は判例が示す通り「歴史認識に関する主義主張を訴え、推進する効果を持つもの」であり、政治性は否定できず、「強制連行」という言葉を使って自分の意見を述べれば、「政治的発言」と評価することも可能かもしれません。とするならば、追悼式において、守る会の共同代表や事務局長、来賓（関連団体代表）がいずれも「強制連行」の文言を使用しており、このような「政治的発言」がなされた結果、追悼式自体が死者を悼む目的を超えて「政治的行事」になったとすることもできるはずです。

確かに、表現の自由、とりわけ政治的表現の自由が持つ重要性にかんがみれば、行政といえども安易に市民の政治的表現を規制できないことは前に述べた通りです。しかし、守る会は追悼碑設置にあたり「碑を政治利用しない」ことを県と合意し、それが許可条件として明示されています。とするならば、前橋地裁と東京高裁のいずれも述べているように、追悼式を開催した守る会は形式的には「許可条件に違反したと言わざるをえない」でしょう。東京高裁は、この許可条件違反をきわめて重視して県の更新不許可処分を認めたのです。〃約束を破った方が悪い〃という発想です。

しかし、日本国憲法には適正手続（デュー・プロセス）の原則というものが規定されています（憲法31条）。これは、人権を軽視した戦前の明治憲法の下では、刑事手続内において拷問や自白の強要などが日常的に行われ、国民の人権がいちじるしく侵害されていたことから、このような歴史的経験に対する反省から、刑罰を科す場合には、内容の適正な法定の手続に従わなければならないという原則を定めたものです。

また、この適正手続の原則は、罪刑法定主義（いかなる犯罪に対していかなる刑罰が科されるかはあらかじめ法律で定めなければならない原則。憲法39条）を含むものとされ、さらには、そこから罪刑均衡の原則（犯罪と刑罰は均衡していなければならない原則）が派生するとされています。そして、これらの原則は、本来、犯罪者を処罰する刑事手続を念頭に置いたものですが、刑事手続のみならず行政手続にも一定の基準により及ぶことを最高裁は肯定しています（1972年11月22日の川崎民商事件、1992年7月1日の成田新法事件など）。

とするならば、守る会による追悼碑の設置期間更新申請に対して、県が更新不許可の行政処分をおこなう場合にも、その行政手続は適正なものである必要があります。この点、県は、守る会と面談を行い、自主移転を検討するよう要請したところ、守る会は要請を拒否した上、代替案の提案をおこないました。すると、県は「真摯に考える」と述べ、協議を継続する考えを示したものの、その11日後、守る会と再び面談を持ち、改めて自主撤去を求めました。そこで、守る会は、知事とのトップ会談を申し入れましたが、しかし、同日、知事は、原告の申し入れに何ら回答しないまま、追悼碑が政治的行事に利用されたことなどを理由にして更新不許可処分をおこなったのです。

このように県は、守る会が提案した3つの代替案（①守る会が追悼碑の敷地部分を買い取る。②県が追悼碑の更新期間を1年ないし2年に短縮して更新許可処分をする。③県が10年の更新期間の更新申請を許可する代わりに、守る会は当分の間、追悼碑前での追悼式の開催を自粛する）について、受け入れができるかを具体的に検討することなく更新を拒否しています。追悼碑が公園の効用を全うする機能を喪失したかどうかを判断するにあたって、県が代替案につき十分に考慮することは必要不可欠です。このような県の一連の対応は、少なくとも人権のチャンピオンである表現の自由が問題となる本件においては適正手続の原則に反する可能性が高いと言わざるをえません。

前橋地裁はこの点を特に重く見て、「県は当然考慮すべき事項を十分考慮しておらず、更新不許可処分には裁量権を逸脱した違法がある」と判断して、更新不許可処分を取消したのです。

ここで問題になっているのは表現の自由であり、また、追悼碑の撤去を命じられた守る会の被る不利益は非常に大きいものがあります。

これに対して、県の得られる利益は、群馬の森を憩いの場である都市公園にふさわしい施設とすることにより、都市公園としての効用を維持することにあると考えられますが、現状でもさしたる不都合は生じていないのですから、緊急性は低いと言わざるをえませんし、撤去以外でもその目的を達することができます。

この点、前に述べた罪刑均衡の原則の観点からすれば、追悼式で「強制連行」という文言を数回使用してしまったという些細な許可条件違反をしただけで、追悼碑の撤去という守る会にとっては〝いきなりの死刑宣告〟に相当する罰を下されるのは、はなはだ均衡を欠くと言わざるをえません。

やはり、表現行為は原則自由であるべきなのですから、追悼碑の設置許可更新を原則として認めることを前提に、両者のみならず追悼碑の存続に反対する市民をも交えて十分に話し合いの場を持ち、今後における追悼碑の維持、管理、利用等についてのより詳細な合意を形成することにより円満解決を目指すのが望ましいでしょう。それを主導できるのは行政である県をおいて他にないのですから、県はその努力を怠ってはならないのです。

これまで一貫して、守る会は「過去の戦争を記憶し、反省することが、日韓・日朝の友好に寄与する」と訴えてきました。碑の設置から20年近くが経過した現在も、それは変わらないでしょう。この事実を前提とするならば、私は「政治的発言」がなされたという軽微な条件違反を主たる理由にして、直ちに追悼碑の撤去を強制することは、表現の自由（憲法21条）、さらには適正手続の原則（憲法31条）に反するとしか考えられないのです。

第12章　歴史修正主義に抗する！

最高裁で守る会の上告が棄却されたことで、群馬の森朝鮮人追悼碑の撤去が法的に決定されましたが、現時点（2023年11月）ではまだ現実には撤去されてはいません。この点、山本一太群馬県知事は、守る会の話し合いの申し出を一貫して拒否しており、撤去は時間の問題とされています。もし碑が撤去されれば、やがて群馬の森にそのような追悼碑が存在したこと自体、忘れ去られていくでしょう。私はそれが非常に残念でなりません。なぜ政府見解が記載された碑が県立公園に不適切なのでしょうか？　私は単純にそれが疑問です。碑の管理が不適切だったのであれば、適切に管理する方途を考えればいいだけです。狂信的な反対者に対処することも、説得をすることもめんどくさいので、〝臭い物に蓋をしたい〟という行政の真意が透けて見えます。

このような〝臭い物に蓋をしたい〟がための歴史修正主義は、問題点が見えにくく、人びとに見過ごされがちになります。むしろ〝事なかれ主義〟を好む日本人には受け入れられやすいとさえ言えるかもしれません。しかし、このような安易な考え方が今後の日本にはびこることを私は非常に危惧します。それは決して対立の解消にはならず、対立を隠蔽し、やがてはかえって対立の拡大を招くでしょう。対立を根本的に解消したいならば、煩をいとわずに時間をかけた議論による和解が必要不可欠なのです。

このような歴史認識の相違にもとづく社会的問題を円満に解決するには、まずは意見を異にする市民、専門家、そして行政が一堂に会して冷静な議論・検証を積み重ねていくしかないと私は思います。この点、「強制連行」や「従軍慰安婦」の問題であれば、さらに朝鮮人の被害者や専門家の参加もあるべきでしょう。しかもそれらはオープンで万人に開かれたスペースでおこなわれなければなりません。その議論は、ときに激しく危険なものになることが予想され、その議論を主導できるのは、やはり行政しかないと思います。地方公共団体と国が一体となって、積極的、主体的にその努力をすべきなのです。戦後、そのような努力が行政によってなされてきたとはとても言えません。

また、私たち市民も決して歴史の傍観者、無関心者になるのではなく、日本や日本人の歴史に興味を持ち、みずから歴史的真実に近づこうとする努力を続けなければなりません。そのことが自分の子や孫にとって住みやすい幸福な日本をつくることにつながります。その努力の第一歩として、この群馬の森追悼碑裁判をぜひ多くの人に検証して頂きたいと考えます。この裁判は非常に示唆に富み、深く考えさせられる点も多く、学び取る教材としては最適です。そして、その検証を通じて、ぜひ深い教養に裏打ちされた真の知性をともに身につけてまいりましょう。市民一人ひとりのその努力の積み重ねによってしか、この問題を解決することはできないでしょう。

以　上

追　記

守る会があらためて「県立公園施設設置許可」を申請（２０２３年5月12日）したことに対し、県がふたたび「不許可処分」（２０２３年6月13日付）をしたことを理由に、前橋地裁に「取消訴訟」が提起され、新たな裁判闘争が開始しています。

参考文献一覧

新井勝紘『関東大震災　描かれた朝鮮人虐殺を読み解く』（新日本出版社、２０２２年）
今井清一『関東大震災と中国人虐殺事件』（朔北社、２０２０年）
内田雅敏『和解は可能か　日本政府の歴史認識を問う』（岩波書店、２０１５年）
尾原宏之『大正大震災―忘却された断層―』（白水社、２０１２年）
加藤康男『関東大震災「朝鮮人虐殺」はなかった！』（ワック、２０１４年）
加藤直樹『九月、東京の路上で　１９２３年関東大震災　ジェノサイドの残響』（ころから、２０１４年）
加藤直樹『ＴＲＩＣＫ　トリック「朝鮮人虐殺」をなかったことにしたい人たち』（ころから、２０１９年）
関東大震災90周年記念行事実行委員会編『関東大震災記憶の継承　歴史・地域・運動から現在を問う』（日本経済評論社、２０１４年）
工藤美代子『関東大震災「朝鮮人虐殺」の真実』（産経新聞出版、２００９年）
関原正裕『関東大震災時の朝鮮人虐殺における国家と地域―日本人民衆の加害責任を見すえて―』（博士学位取得論文、一橋大学大学院社会学研究科、２０２１年）

大日本雄弁会・講談社編『大正大震災大火災』（講談社、1923年）
武井彩佳『歴史修正主義―ヒトラー賛美、ホロコーストの否定論から法規制まで―』（中公新書、2021年）
武村雅之『復興百年誌　石碑が語る関東大震災』（鹿島出版会、2017年）
武村雅之『関東大震災を歩く　現代に生きる災害の記憶』（吉川弘文館、2012年）
武村雅之『減災と復興　明治村が語る関東大震災』（風媒社、2018年）
田中正敬「関東大震災時の朝鮮人虐殺と地域における追悼・調査の活動と現状」（大原社会問題研究所雑誌No.669、2014年）
西崎雅夫『関東大震災朝鮮人虐殺の記録　東京地区別1100の証言』（現代書館、2020年）
間組百年史編纂委員会編『間組百年史　1889‐1945』（株式会社間組、1989年）
山田昭次『関東大震災時の朝鮮人虐殺とその後―虐殺の国家責任と民衆責任』（創史社、2011年）
山田昭次編『関東大震災朝鮮人虐殺裁判資料（在日朝鮮人資料叢書）』（緑蔭書房、2014年）
山田敬男・関原正裕・山田朗『知っておきたい日本と韓国の150年』（学習の友社、2020年）
山本健太郎「従軍慰安婦問題の経緯―河野談話をめぐる動きを中心に―」（『レファレンス　平成25年9月号』、国立国会図書館調査及び立法考査局、2013年）

吉村昭『関東大震災』（文藝春秋、2004年）
六合村役場編『六合村誌』（群馬県六合村、1973年）
新しい歴史教科書をつくる会・公式ツイッター　https://twitter.com/tsukurukai
外務省ホームページ　https://www.mofa.go.jp/mofaj/
群馬県ホームページ　https://www.pref.gunma.jp/
裁判所ホームページ　https://www.courts.go.jp/index.html
そよ風ホームページ　http://blog.livedoor.jp/soyokaze2009/archives/cat_50051162.html
東京都ホームページ　https://www.metro.tokyo.lg.jp/
靖国神社ホームページ　https://www.yasukuni.or.jp/
安田浩一ホームページ　https://www7.targma.jp/yasuda/
安田浩一「朝鮮人犠牲者追悼のウラで行われた『虐殺を否定する』慰霊祭　なぜ死者は冒涜され続けるのか」講談社ホームページ　https://gendai.media/articles/-/67331

『検証・群馬の森朝鮮人追悼碑裁判』

資料編

①訴 状

訴 状

２０１４年11月13日

前橋地方裁判所民事部　御中

目 次

（3）法5条2項2号の要件を満たすこと

（4）小括

7　判断過程における重大な誤り

（1）処分行政庁が問題視する政治的発言について

（2）政治的発言とは相対的な評価概念であること

（3）考慮すべきでない事実を考慮していること

（4）考慮すべき事実を考慮していないこと

（5）小括

8　表現の自由に対する侵害

9　結語

第1　請求の趣旨

1　群馬県知事が原告に対して、２０１４年7月22日付けをもってした、原告の２０１３年12月18日付け群馬県立公園群馬の森公園における「記憶　反省　そして友好」の追悼碑の設置期間更新申請に対する不許可処分を取り消す

2　群馬県知事は、原告に対して、群馬県立公園群馬の森公園における「記憶　反省　そして友好」の追悼碑の設置期間を更新することを許可せよ

3　訴訟費用は被告の負担とするとの判決を求める。

第2　請求の原因

1　事実経過

（1）当事者

ア　原告の前身の団体である「朝鮮人・韓国人強制連行犠牲者追悼碑を建てる会」（以下、「建てる会」という。）は、１９４０年代、第二次世界大戦のさなか、朝鮮半島から日本に連行され、群馬県内の軍需工場や鉱山、鉄道などの工事現場で過酷な労働を強いられ、日本国内で死を遂げた朝鮮人、韓国人の強制連行犠牲者を追悼し、強制連行の事実を広く国民に伝え、正しい歴史認識を確立するとともに、アジア諸国の民衆との友好連帯を進めることを目的として、１９９８年9月6日に結成された権利能力なき社団である。

イ　建てる会は、県立公園群馬の森公園（以下、「群馬の森公園」という。）において「記憶　反省　そして友好」の追悼碑（以下、「本件追悼碑」という。）を設置するに際し、被告との協議の中で被告より２００２年11月18日、申請団体名から「強制連行」の文言を削除し「群馬県労務動員朝鮮人犠牲者追悼碑を建てる会」に変更してほしい旨要請を受けた。

そこで、建てる会は、団体名変更等に関する被告の要請を受け入れ、２００３年11月15日、第4回総会において新たな会則を策定し、団体名を「『記憶　反省　そして友好』の追悼碑を守る会」に改称して新たな権利能力なき社団を結成するとともに、団体の目的を「記憶　反省　そして友好」の追悼碑を維持管理することに変更した。

ウ　被告は、群馬の森公園を管理する地方公共団体である。

（2）群馬の森公園について

ア　群馬の森公園は、「明治百年記念事業」の一環として、被告が1968年3月24日付の都市計画において定めることにより、1974年10月に設置した「都市計画施設」としての都市公園であり（都市公園法2条1項1号、「都市住民全般の休息、観賞、散歩、遊戯、運動等総合的な利用に供すること」を目的とした「総合公園」である（都市公園法施行令4条1項4号）。敷地面積は26・2ヘクタールである。

イ　群馬の森公園の設置目的は、都市における良好な景観、緑とオープンスペースの確保を通じて豊かな人間性の確保と都市住民の公共の福祉増進をはかることにある。

ウ　また、群馬の森公園は、かつて日本陸軍の火薬製造所であった「東京第二陸軍造兵廠岩鼻製造所」の跡地に作られたものであるほか、公園敷地内に近代美術館や歴史博物館が設置されているなど、群馬の歴史、文化を広く県民に伝える機能を有しており、歴史と文化を基調としている。

エ　なお、群馬の森公園の敷地は、高崎市の都市計画では「第一種住宅地域」に地域区分されており、高崎市の都市計画マスタープラン（2011年（平成23年）3月版、都市計画法18条の2）では、「自然活用保全地」（自然環境を保全し、健全で良好な市民生活に貢献する憩いの場）とされている。

（3）本件追悼碑の設置許可に至る経緯

ア　建てる会は、1999年12月10日、強制連行犠牲者追悼碑建立運動の趣旨の理解と後援及び建立予定地の提供を群馬県知事に要望した。

また、建てる会は、2000年3月22日にも、群馬県知事宛に要望書を提出し、本件追悼碑建立について協力を求めるとともに、朝鮮人・韓国人が労務動員された群馬県沼田市上川田の火薬廠地下工場と深い関連がある群馬の森公園を第一候補地とした。

イ　建てる会のメンバーは、2001年2月21日、群馬県議会に対し、追悼碑を群馬の森公園に設置することを求める請願（「戦時中における労務動員朝鮮人労働犠牲者の追悼碑建立に関する請願」）を提出し、同請願は同年6月12日、全会一致で趣旨採択された。

ウ　被告は、本件追悼碑の設置に関する建てる会との協議の中で、2002年9月11日、建てる会に対し、群馬の森公園に記念碑を建てる場合の条件を示し、前述のとおり、同年11月18日には名称を変更するよう求めたことから、建てる会はこれに応じ、2003年11月15日、新たな会則を策定し、原告を結成した。

エ　原告は、2004年2月25日、群馬県知事に対し、都市公園法5条1項に基づき、群馬の森公園に本件追悼碑を設置することの申請を行い、群馬県知事は、同年3月4日、本件追悼碑の設置を許可し、許可に関する細部事項として「設置許可施設については、宗教的・政治的行事及び管理を行わないものとする」との条件を付した。

オ　なお、本件追悼碑は、都市公園法2条2項6号「教養施設で政令で定めるもの」のうち、「記念碑」（都市公園法施行令5条5項）として、都市公園法上の「公園施設」に該当するとして設置を許可されたものである。

カ　本件追悼碑は、２００４年3月26日に着工し、５７０万円もの建設費を投じて、同年4月17日に完成した。そして、同年4月24日には本件追悼碑の前において除幕式が行われた。

キ　なお、本件追悼碑には、下記の枠内の碑文の記載があり、碑文は日本語と韓国語でそれぞれ記載されている。

（4）更新不許可処分に至る経緯

ア　２０１２年5月、本件追悼碑の前で原告が開いた追悼式の様子がインターネット上で紹介された直後から、「碑文が反日的だ。」と撤去を求める苦情が被告に寄せられ始めた。

イ　２０１２年11月、排外的な主張を繰り広げる団体が本件追悼碑の撤去を主張する街宣活動を行った後、群馬の森公園内にプラカードなどを持ち込んだことから、公園管理職員が伏せるよう指示した。

しかし、団体の構成員は碑前で横断幕を広げて写真撮影

追悼碑建立にあたって

20世紀の一時期、わが国は朝鮮を植民地として支配した。また、先の大戦のさなか、労務動員計画により、多くの朝鮮人が全国の鉱山や軍需工場などに動員され、この群馬の地においても、事故や過労になどで尊い命を失った人も少なくなかった。

21世紀を迎えたいま。私たちは、かつてわが国が朝鮮人に対し、多大の損害と苦痛を与えた歴史の事実を深く記憶にとどめ、心から反省し、二度と過ちを繰り返さない決意を表明する。過去を忘れることなく、未来を見つめ、新しい相互の理解と友好を深めていきたいと考え、ここに労務動員による朝鮮人犠牲者を心から追悼するためにこの碑を建立する。この碑に込められた私たちのおもいを次の世代に引き継ぎ、さらなるアジアの平和と友好の発展を願うものである。

2004年4月24日

「記憶　反省　そして友好」の追悼碑を建てる会

碑文中「朝鮮」及び「朝鮮人」という呼称は、動員された当時の呼称をそのまま使用したもので、現在の大韓民国、朝鮮民主主義人民共和国、及び両国の人達に対する呼称である。

しようとしたため、制止する職員と小競り合いになり、高崎警察署の職員が駆けつける事態となった。

ウ　その後、○○○○副知事（以下、「○○副知事」という。）、○○○県土木整備部長（以下、「○○部長」という。）は、2013年3月7日、原告のメンバーと協議を行い、右翼との衝突を回避するためとして、2013年の追悼式に関しては原告が追悼式開催に際して県立公園の使用許可申請を提出しても不許可処分にする考えを明らかにした。

エ　そこで、原告は、毎年恒例であった本件追悼碑の前での追悼式を行わないことを決定し、2013年3月25日、各関係者に通知をした。そして、原告は、2013年の追悼式については、同年4月13日、群馬県高崎市労使会館において行った。

オ　前橋市在住の男性は、2013年9月20日、「本件追悼碑の碑文の内容が事実となり、県立公園の利用に関し、県民の利益が阻害されているだけでなく、虚偽の内容により県民の名誉感情が大きく侵害されているため、設置許可を取り消し、現状回復のため必要な措置を講ずべき」などとして住民監査請求を行ったが、監査委員は同年12月2日付でこれを却下した。

カ　原告は、2013年12月18日、本件の追悼碑の期間の更新申請を行った。

キ　群馬県知事は、2013年12月24日、原告に対し、群馬の森公園内で開催された2004年4月24日の除幕式、2005年4月23日、2006年4月22日、2012年4月21日の各追悼式において、①それぞれ朝鮮新報の記事に記載された発言があったかどうか、②事実でない場合にどの部分がどのように異なっているのかを書面にて回答するよう求めた。

ク　そこで、原告は、群馬県知事の求めに応じて、報告書を作成し、2013年1月6日、これを群馬県知事に提出した。

ケ　その後も、群馬県知事は、「設置許可の更新申請に係る調査に必要な資料」であるとして、2013年1月10日、原告に対し、③朝鮮新報の記事に記載された各発言が「政治的発言」であると思うか、また、④朝鮮新報に抗議を行ったか、⑤追悼式での発言者である総聯群馬県本部の○○○委員長に対し発言の停止を求めたかなどを書面にて回答するよう求めた。

コ　これに対し、報告を求める事項が不適切な内容であると考えた原告は、2014年1月27日と同月1月31日、○○副知事及び○○部長に対し抗議を行った。

そして、2014年3月27日、原告は、被告に対し「過去9回にわたって開催してきた追悼集会が、まるで丸ごと政治宣伝の場であったかのように決めつけ、発言の停止を求めたか・抗議を行ったか、など、かつて『治安維持法』下で、強権によって、集会での弁士の発言の一端を捉えて、発言を中止させたり、集会そのものを解散させた事態を想起させるもので……回答することを躊躇される」と回答できない旨回答した。

サ　新しい日本を考える群馬の会他4団体及び前橋市在住の男性は、２０１４年3月20日、本件追悼碑の設置許可取り消しを求める請願を群馬県議会に提出した。また、同年5月13日には、救う会・群馬他1団体が同様の請願を群馬県議会に提出した。

シ　群馬県議会は２０１４年6月16日、追悼碑の設置許可取り消しを求める3つの上記請願を全て採択した。

ス　○○副知事、○○部長は、２０１４年7月11日、原告のメンバーと面談を行い、「碑自体が紛争を起こしている。」などとして自主移転を検討するよう要請した。

セ　これに対し、原告は上記要請を拒否した上、代替案として、○○副知事らに対し、①本件追悼碑が立つ敷地の一部を守る会が買い取り、民有地にする、②許可期間を1年乃至2年に短縮し、その間、本件追悼碑の前では集会は開かない、③前回と同様に許可期間を10年間とし、当分の間本件追悼碑の前で集会は開かないとの3つの提案を行った。すると、○○副知事らは「真摯に考える。」と述べ、協議を継続する考えを示した。

ソ　その後、○○副知事、○○部長は、２０１４年7月22日、原告のメンバーと面談を持ち、上記①～③の提案は受け入れられないとして、再び原告に対し自主撤去を求めた。そこで、原告のメンバーは、同日、○○副知事らに対し群馬県知事とのトップ会談を申し入れた。

タ　しかし、群馬県知事（以下、「処分行政庁」という。）は、上記原告の申し入れに何ら回答しないまま、同日、本件追悼碑が政治的行事に利用されたことなどを理由に、本件追悼碑の設置期間更新申請に対し不許可処分を行った。

（5）本件不許可処分の理由

本件不許可処分の理由は、①本件追悼碑は都市公園の効用を全うする機能を喪失しており、都市公園法2条2項に規定する公園施設の要件に該当しない、また、②法5条2項1号に該当する公園施設にあたらず、③都市公園の機能の増進に資する施設とは認められず、法第5条2項2号にも該当しないというものであった。

しかしながら、以下述べるとおり、本件不許可処分は、その判断の基礎に重大な事実誤認や明白な評価の誤りがあり、また、判断過程に重大な誤りがあるから裁量権を逸脱・濫用したものであり、同時に原告の表現の自由を侵害するものであるから、違憲・違法であり、取り消しは免れない。

2　都市公園法と表現の自由

本件における中心争点は、不許可処分の理由からも明らかなとおり、①本件追悼碑が都市公園法2条2項に規定する都市公園の効用を全うする公園施設か否かであり、また、②公園管理者が本件追悼碑を設置管理することが不適切または困難であるか（法5条2項1号）、③公園管理者以外の者が設置管理することが都市公園の機能の増進に資すると認められるか（法5条2項2号）であるが、これらの要件論を検討するにあたり、まず、都市公園法について概説した上、憲法論を踏まえた都市公園法の解釈を示す。

なお、いうまでもなく群馬の森公園は、都市計画における都市施設（都市計画法11条1項2号）であり、その都市における役割や機能については、群馬県の都市計画や、高崎市の都市計画（高崎市第5次総合計画、高崎市都市計画マスタープラン、高崎市緑の基本計画等）を検討する必要があるが、これは別稿で詳論する。

(1) 都市公園法について

ア　都市公園法の目的　都市公園法1条において「都市公園の設置及び管理に関する基準等を定めて、都市公園の健全な発達を図り、もつて公共の福祉の増進に資することを目的とする。」と規定し、その目的が①都市公園の健全な発達と、②公共の福祉の増進にあることを明らかにしている。

イ　制定の経緯

(ア) 都市公園法は１９５６年に制定された法律であるが、都市公園法制定以前は、戦後の混乱期にあり、都市公園の管理について統一した法規はなく、都市公園の管理者である地方公共団体の条例等に任されていたため、公園の効用となんら関係のない工作物、施設その他物件が設けられ、また、公園を廃止し他の用途に使用する例も多くみられるなど、その管理に統一性を欠き、有効・適切に自治管理がなされていたとは言い難い状態にあった。

(イ) このような状況に対処し、公園施設の規格化、公園管理上の手続きの法定化など都市公園の設置及び管理に関する基準を定め、その適正化を図るため、統一的な体系的な法規として、都市公園法は創設された。

(ウ) 現行制度の建ぺい率規定や一定の公園施設に関する都市公園の面積要件についての規定や、公園施設の設置許可に際し都市公園の効用を全うすることを要するとした規定は、上記のような公園の効用となんら関係のない施設の設置を防ぎ、都市におけるオープンスペースを確保するという目的のもとに設けられた基準である。

(エ) 現行都市公園制度は、このような背景の下で制定されたが、その後、都市化の著しい進展と都市構造の変化、高齢化の進展、余暇時間の増大、国民のニーズの多様化・高度化、国民のライフスタイルの変化、地球規模での環境問題等、都市公園を取り巻く状況は大きく変化し、時代のニーズに応じた都市公園の整備の推進が強く求められたことから、このような観点から都市公園法は、１９７６年、２００４年、２０１１年にそれぞれ大きな改正が行われている。

ウ　都市計画による緑の確保という観点の導入　例えば、２００４年改正では、都市緑地保全法の一部改正に伴い、市町村が策定することができる緑地の保全及び緑化の推進に関する基本計画（緑の基本計画）の計画事項に「都市公園の整備に関する事項」が加えられたことから（都市緑地法3条2項3号イ）、都市公園の整備と緑地の保全・緑化の推進の総合的、計画的推進を担保するため、緑の基本計画に都市公園の設備を定めている市町村における都市公園の設置については、当該市町村の定める緑の基本計画に即して行うものとされ（都市公園法3条2項）、都市公園法において、市町村の都市計画により緑を確保するという観点が取り入れられるようになった。

エ　地域住民の参画という観点の導入

（ア）また、２００４年改正では、公園施設の設置や管理への地域住民等の参画のニーズの高まりに対応し、地域住民団体等多様な主体がより主体的に自らの判断に基づき都市公園の整備と管理を行えるようにするため、「公園管理者が設置又は管理をすることが不適当又は困難と認められるもの」に加え、「公園管理者以外の者が設け、又は管理することが当該都市公園の機能の増進に資すると認められる」場合についても、公園管理者以外の者に対し公園施設の設置又は管理を許可することができるとした（法5条2項2号）。

（イ）なお、このような規定は、多様な市民団体が都市公園に参画し、様々なアイデアや思考・工夫を凝らした公園施設を設置することを積極的に認めた規定であり、後述するパブリック・フォーラムたる都市公園の性格をより明確にした規定であると理解しなければならない。

オ　地域の自主性・自律性を推進する観点の導入　また、２０１１年には「地域の自主性及び自立性を高めるための推進を図るための関係法律の整備に関する法律」の改正に伴い、地域に存する緑地の状況等地域の実情に応じて柔軟に多種多様な都市公園を整備していくという目的から、国が政令で全国一律に定めていた都市公園の配置及び規模に関する技術的基準について、地方公共団体自ら政令で定める範囲を参酌して条例で定めることができることになった（法3条1項）。

カ　小括　このように都市公園法は、時代のニーズに応じ、また、関係法令の改正に伴って、改正を繰り返してきたものであるが、概して現行制度は、都市公園の効用に資さない施設を排除し、市町村に緑の計画を策定させることにより、都市における緑とオープンスペースを確保することに重点を置きつつ、他方で、行政機関が画一的に都市公園を管理することは必ずしも都市住民の公共の福祉の増進につながらないという観点から、公園施設の設置や管理への地域住民等の参画、地域の実情に応じた都市公園の整備といった規定を設けているといえるが、その運用の実態については厳しく吟味すべきものがある。

(2) パブリック・フォーラム論について

ア　我が国におけるパブリック・フォーラム論

ところで、憲法学上、道路や公園など「一般公衆が自由に出入りできる場所」はパブリック・フォーラムと呼ばれ、「パブリック・フォーラムが表現の場として用いられるときには、所有権や本来の利用目的のための管理権に基づく制約を受けざるを得ないとしても、その権能に鑑み、表現の自由の保障を可能な限り配慮する必要がある」とされる(最判1984年(昭和59年)12月18日刑集38巻12号3026頁伊藤正巳補足意見)。

イ　本件追悼碑はパブリック・フォーラムにおける表現であること

本件追悼碑は「一般公衆が自由に出入りできる場所」である群馬の森公園に設置された公園施設であり、群馬の森公園において、かつての大戦で朝鮮半島から労務動員され、日本国内で亡くなった韓国人・朝鮮人を追悼し、記憶にとどめ、友好推進につなげようという明確な思想伝達を行っているのだから、パブリック・フォーラムにおける表現にあたり、憲法21条1項において保障される表現の自由の保護範囲に含まれる。

なお、パブリック・フォーラム論はアメリカの憲法判例において認められてきた法理論ではあるが、「パブリック・フォーラムが表現の場として用いられるときには、所有権や本来の利用目的のための管理権に基づく制約を受けざるを得ないとしても、その権能に鑑み、表現の自由は最大限保障されなければならない」という法理論については、我が国の法解釈上も妥当するものであり、これを排除する理由はない。

ウ　アメリカ合衆国最高裁判所の判例上のパブリック・フォーラムについて

(ア) なお、パブリック・フォーラム論の内容を説明するため、アメリカ合衆国最高裁判所の判例上のパブリック・フォーラム論について補足的に説明する。

i　アメリカ合衆国最高裁判所の判例上では、道路や公園など「永きにわたる伝統ないし政府の命令により集会及び討論に捧げられてきた場所」を伝統的パブリック・フォーラムと呼び、公立劇場など「表現活動の場所として公衆が利用するために政府が開いてきた公的な財産等」を指定的パブリック・フォーラムと呼んで区別している。

ii　そして、「伝統的パブリック・フォーラム」は、政府の意図と関わりなく表現活動のために開かれているのに対し、政府が表現活動のために追加的な財産を開設して「指定的パブリック・フォーラム」を設けるか否かは政府の自由に委ねられているとされる。

iii　ところで、1939年Hague事件においてロバーツ裁判官は、伝統的パブリック・フォーラムを次のように説明している。

「道路や公園の権限の所在がどこであれ、それらは、記憶にないほど太古から、公衆の使用のため信託され、大昔から、集会、市民間の思想伝達、公的問題についての討議を目的として使用されてきたのである。道路や公的場所のそのような使用は、古代の時代から、市民の特権、免除、権利、自由の一部であり続けてきた。」

(イ)　このようにパブリック・フォーラム論は、表現が行われている場所について、伝統的パブリック・フォーラムと指定的パブリック・フォーラムに区別した上、道路や公園などの伝統的パブリック・フォーラムにおいて思想伝達を行うことは、道路交通法等の法制度が創設される以前から市民の特権、権利であり続けてきたことを根拠に、政府が表現活動に供することを意図したわけではない公共財産における表現であったとしても、これを保護しようとする理論であるといえる。そして、パブリック・フォーラム論の下では、パブリック・フォーラムでの表現活動に対する規制の合憲性は厳格に判断されることになる。

(3)　憲法解釈を踏まえた都市公園法の解釈

ア　都市公園の効用の解釈

(ア)　都市公園法1条にいう「公共の福祉の増進」や都市公園法2条2項にいう「都市公園の効用」の解釈にあたって、最高法規たる憲法解釈が解釈指針となることは当然であり、パブリック・フォーラムたる都市公園において公園施設が一定の思想伝達の機能を営んでいる場合は、「都市公園の効用」は、「表現の自由の保障を可能な限り配慮する」観点から解釈されなければならない。

(イ)　すなわち、パブリック・フォーラムにおける表現の自由を最大限保障する観点からは、都市公園法2条2項の「都市公園の効用」は、「パブリック・フォーラムたる都市公園の効用」として解釈されるべきであり、このような「パブリック・フォーラムたる都市公園」においては、むしろ、本来的な思想伝達手段としての都市公園の多様な表現活動や思想伝達の手段となる様々な公園施設は、効用を増進させるものとして広く許容されていると理解されなければならない。

(ウ)　なぜなら、表現の自由の保障を最大限保障する観点からは、都市公園法を解釈するにあたっても、道路や公園が表現の自由にとって重要なコミュニケーションの場所であり、国家成立以前から道路や公園を使用して思想伝達を行うことは市民の特権、権利であり続けてきたという性格を無視することはできないからであり、都市公園法においても都市公園が表現の自由にとって重要な場所であるという憲法上の価値が中心に据えられて法解釈がなされるべきだからである。

イ　本件追悼碑は表現の自由として保障されること

（ア）また、都市公園法5条2項の許可の法的性質は、講学上のいわゆる「特許」であるところ、特定の団体が思想伝達の手段となる公園施設の設置許可を受けた場合には、当該団体はパブリック・フォーラムにおいて思想伝達の手段となる公園施設を設置するという一定の思想・表現上の利益を取得することは否定できない。

（イ）そして、設置許可を得た公園施設が思想伝達の機能を営む以上、このような思想伝達を営む公園施設を設置する思想・表現上の利益や本件追悼碑が思想伝達する表現は、憲法21条1項においても保障される。

（ウ）したがって、原告が群馬の森公園に本件追悼碑を設置する思想、表現上の利益や本件追悼碑が思想伝達する表現は、憲法21条1項によって保障されているのだから、被告が思想伝達の手段となる公園施設の設置を一旦は許可した後に、都市公園法2条2項や同法5条2項の解釈を誤り、設置許可の期間の更新を不許可にした場合には、当該更新不許可処分は都市公園法に違反すると同時に、原告の表現の自由を侵害するものとして違憲・違法と評価される（いわゆる適用違憲）。

ウ　政治的行事を行わないとする許可条件は無効であること

（ア）以上のとおり、「パブリック・フォーラムたる都市公園」は、都市公園の効用を増加させるものとして多様な表現活動と思想伝達の手段となる公園施設を許容し、その価値を積極的に認めているのだから、本件設置許可に付された条件のうち、「設置許可施設については、政治的行事及び管理を行わないものとする。」とした条件（いわゆる講学上の「負担」）は、憲法21条1項及び都市公園法の趣旨・目的に明白に反している。

（イ）そもそも「政治的行事」という概念は、相対的な評価概念であり、後述するとおり、その判断過程において処分行政庁の恣意的な論理操作を排除できないのだから、このような附款を許容すれば、都市公園では行政機関の許容する枠内での表現しか認められない結果となり、多様な市民団体が都市公園に参画し公園施設を設置することを目的とした都市公園法5条2項2号の趣旨や都市公園のパブリック・フォーラムたる意義が没却され、都市公園内での表現の自由が著しく制約される結果となる。

（ウ）したがって、憲法21条1項及び都市公園法の趣旨に反する上記附款は、違法であり無効である。

3　全国的に起こる歴史修正の動き

さらに、本件訴訟の社会的な位置付けについても念のため補足する。

本件訴訟では、群馬の森公園に設置された追悼碑の撤去が問題となっているが、このような問題は群馬県に限ったことではなく、戦時中の朝鮮人労働者や朝鮮人の戦争犠牲者を追悼する碑や史跡の説明について行政が設置許可の更新を拒んだり、撤去したりする動きは全国各地で起きている。

そして、本件も含めてこのような問題は国際問題に発展している。

（1）奈良市天理市、柳本飛行場・朝鮮人強制連行の説明板問題

※詳細は本文68頁に記しているので省略する（著者）。

（2）福岡県飯塚市、飯塚霊園内・朝鮮人追悼碑問題

※同じく省略（本文69頁参照）。

（3）大阪府茨木市、戦争の傷あと銘板問題

※同じく省略（本文69頁参照）。

（4）長崎県長崎市、長崎原爆朝鮮人犠牲者追悼碑と説明板問題

※同じく省略（本文70頁参照）。

（5）国際問題にも発展していること

※同じく省略（本文70頁参照）。

（6）小括

本件訴訟は、２０１２年から起こり始めた都市公園における戦時中の朝鮮人労働者や朝鮮人の戦争犠牲者を追悼する碑や史跡の説明を撤去しようとする全国的な一連の事件のうちの1つであり、本件訴訟の全国への影響や、国際関係への影響は極めて大きい。

そして、これらの一連の問題において共通している問題は、行政機関が反対勢力からの批判を受けてから、都市公園における特定の公園施設について政治的なメッセージ性を有していると判断し、または、政治的な目的で使用されていると判断して、これを排除できるのかという問題である。

このような前提を踏まえ、以下、本件不許可処分の違法性、違憲性を具体的に論ずる。

4　更新不許可は特段の事由のない限り許されないこと

（1）原則として更新すべき義務があること

ア　都市公園法5条2項各号による公園施設の設置許可の法的性質はいわゆる講学上の「特許」であり、設置許可処分において処分行政庁に一定の裁量があることは否定しえない。

イ　しかし、記念碑や追悼碑といった公園施設を設置することについて許可を受けたものが、そこに思想・表現上の利益や財産的利益を取得することは否定できないのだから、設置許可を受けたものが更新を欲するときは、処分行

政庁は、都市公園の管理上あるいは公益上の必要がある場合など特段の事由のない限り、許可を更新すべき義務を負う（秋田地判昭和47年4月3日判時665号49頁、横浜地判昭和53年9月27日判時920号95頁参照）。

ウ　特に、原告は、本件追悼碑を半永久的に市民の閲覧に供する目的で設置許可を受け、570万円もの金員を建設費に投じて設置したのであり、一方で、ある物事を記念し後生に伝えるという記念碑・モニュメントとしての性質上、被告としても当然に半永久的な更新を予定して本件追悼碑の設置を許可したことが明らかなのだから、このような設置許可の経緯・目的に照らしても、原則として処分行政庁に更新すべき義務があることは当然である。

エ　そして、本件では、以下述べるとおり、本件更新不許可を正当化する特段の事由は全く認められない。

（2）設置目的の変化論に理由はないこと

ア　まず、処分行政庁は、本件不許可処分の理由として「本件追悼碑除幕式及び追悼式の発言は、政治的であり」、「政治的行事に利用されてきたことで、本件追悼碑の設置目的が、日韓、日朝の友好の推進に有意義なものであるという当初の目的からはずれてきた」として、本件追悼碑は都市公園の効用を全うする機能を喪失したと主張している。

イ　しかし、処分行政庁の指摘する各発言が「政治的発言」と評価できるか否かはひとまず措くとして、仮に、本件追悼碑が政治的行事に利用されたと評価される事実があったとしても、本件追悼碑が設置当初の現状を維持する限りにおいて、本件追悼碑が日韓、日朝の友好推進に有意義なものであるとの価値を有していることに変わりはない。

ウ　在日韓国大使館の○○○総領事が、2014年8月7日、群馬県庁を訪れ、○○副知事に対し、本件追悼碑について「県による強制撤去は避けてほしい。」と要請したのも、現在もなお、本件追悼碑が日韓、日朝の友好推進に有意義なものであるからであり、本件追悼碑の撤去により、日韓、日朝の友好関係に深い傷が生じることを避けたいがためである。

エ　本件追悼碑が政治的行事に利用されることによって追悼碑の有している日朝、日韓の友好推進に有意義であるという価値がいささかでも減じたり、その設置目的が他の目的に転化するということは、そもそもありえないのである。

（3）憩いの場として確保されており、確保しうること

ア　また、処分行政庁は、本件不許可処分の理由として、「政治的発言が行われた結果、本件追悼碑は存在自体が論争の対象となり、街宣活動、抗議活動など紛争の原因となって（おり）……憩いの場である都市公園にあるべき施設としてはふさわしくない」ことも挙げている。

イ　しかし、本件追悼碑を巡り実際に小競り合いに至ったケースは、2012年11月の一度だけあり、本件追悼碑の

ために群馬の森公園が憩いの場として機能しなくなったり、憩いの場として機能しない具体的な危険が生じていると評価されるような事実もない。

ウ　実際、被告の作成した「公の施設のあり方検討結果個表」によれば、群馬の森公園の利用者数は毎年約5万から約5万5000人程度の間で推移しており、本件追悼碑の存在により利用者が減少したという事実も認められない。なお、2013年度に関しては約5万人と前年より4000人程度の減少がみられるが、これは同書面にも指摘されているとおり、台風と大雪の影響による減少である。

エ　そもそも、百歩譲って、処分行政庁の指摘する危険性が抽象的にあったとしても、違法な第三者の妨害行為の危険を理由に設置期間を不更新処分とすることは、違法な妨害行為を助長して正当な権利行使（表現活動）を弾圧することになり相当でなく、このような危険は警察権力等の行使によって防ぐべきものである。

　したがって、公園管理者が紛争の危険性を理由に都市公園の効用を全うする機能を喪失したとして公園施設の設置期間の不更新処分を行うことができるのは本件追悼碑の設置により「警察の警備等によってもなお混乱を防止することができないなど特別な事情がある場合に限られる」（上尾市福祉会館事件・最判1996年（平成8年）3月15日民集50巻3号549頁、敵意ある聴衆の法理）。

オ　さらに、パブリック・フォーラムにおける表現を保障する重要性に鑑みれば、上記「特別な事情」が認められるのは、警察の警備等でも混乱を防止することができない「明らかな差し迫った危険の発生が具体的に予見されることが必要である」（泉佐野市民会館事件・最判1995年（平成7年）3月7日民集49巻3号687頁参照）。

カ　しかし、本件において警察の警備等によっても混乱を防止することができない特別の事情は認められず、都市公園内における抗議活動や街宣活動を禁止する管理規定を策定した上、警察が警備を行うなどの措置を講じれば、2012年11月に起きたような事態を避けることができ、憩いの場としての都市公園の効用を確保できるのだから、更新を不許可とする特段の事情を認めることはできない。

（4）小括

　したがって、処分行政庁は、原告の本件追悼碑の設置許可の更新申請に対し、設置期間を更新すべき義務を負っているのに、特段の事情がないのにもかかわらず、本件不許可処分を行ったことが明らかであるから、本件不許可処分は、裁量権を逸脱・濫用したものとして違法である。

5　都市公園法2条2項の要件を満たしていること

　かえって、以下述べるとおり、都市公園法上の解釈からすれば、本件追悼碑の設置要件、更新要件が満たされていることが明らかである。

（1）法2条2項の要件解釈について

ア　法2条2項の公園施設とは、①都市公園の効用を全うするために、②都市公園に設けられた、③法2項各号に掲げる施設をいうところ、本件追悼碑は、都市公園法2条1項6号「教養施設で政令で定めるもの」のうち、「記念碑」（都市公園法施行令5条5項）として、「都市公園」である県立群馬の森公園に設置されたものであるから、上記要件②、③を満たすことは明らかである。

イ　問題は、上記①の要件である。都市公園の効用を全うするか否かは、個々の都市公園の特殊性に応じて具体的に決すべき問題とされるが、都市公園の効用と関係のない施設を排除し、オープンスペースを確保するために「都市公園の効用を全うする」との要件を必要とした法2条2項の趣旨からすれば、公園施設の設置のための要件としては、都市公園の効用を高いレベルで増加させることまで必要となるものではなく、都市公園の効用を減少させず、また、都市公園の効用を一定程度、増加させれば足りるものである。

ウ　もっとも、後述するとおり、都市公園の効用とは多義的であるところ、例えば、都市公園において博物館などの大規模な公園施設を設置する場合、博物館の設置により都市住民の教養を育むという都市公園の効用が増加する一方で、緑とオープンスペースを確保するという都市公園の効用が減少してしまうことがありうる。このような場合、博物館といった公園施設が都市公園の効用を全うするか否かは、公園施設に設置により失われる都市公園の効用（不利益）と、設置により増加する都市公園の効用（利益）とを比較考量して判断すべきであり、減少する効用よりも増加する効用が上回る場合には都市公園の効用を全うしていると解釈すべきである（京都地判平成25年2月7日・公刊物未登載参照）。

（2）群馬の森公園における都市公園の効用

ア　そこで、群馬の森公園（都市公園）の効用を検討すると、群馬の森公園の設置目的は、都市における良好な景観、緑とオープンスペースの確保を通じて豊かな人間性の確保（以下、「設置目的Ⅰ」という。）と、都市住民の公共の福祉増進をはかることにある（以下、「設置目的Ⅱ」という）。

イ　これらの設置目的は多義的であるが、まず、設置目的Ⅰを具体化すると、設置目的Ⅰは、①都市公園の良好な景観の形成、②自然環境の保全（都市の生物多様性の確保）、③ヒートアイランド現象の緩和、④自然に触れることによる都市住民の心身の健全な発達と健康の維持増進、⑤都市の防災機能の向上、⑥レクリエーション需要の充足（住民の憩いの場や子どもたちの遊び場としての機能）等といった都市公園の効用を図ろうとしたものと解釈される。

ウ　次に、設置目的Ⅱについて検討すると、設置目的Ⅱはさらに多義的であり、上記①～⑥の都市公園の効用を包含し、そのほかにも、前述したパブリック・フォーラムたる都市公園の観点からは、都市公園で都市住民が表現を行うことは、都市住民の公共の福祉の増進につながると評価されることから、都市住民に対し都市公園を思想伝達の場として提供することも「都市住民の公共の福祉増進」をはかるものとして、群馬の森公園における都市公園の効用に含まれる。

また、群馬の森公園が歴史と文化を基調とする公園として、県内有数の美術館と博物館を擁し、群馬の歴史と文化を広く県民に伝える機能を有していることからすれば、都市公園を都市住民に対し歴史と文化に触れて教養を育む場として提供することも、「都市住民の公共の福祉増進」をはかるものとして、群馬の森における都市公園の効用に含まれる。

したがって、群馬の森公園において、⑦都市公園を都市住民の思想伝達の場として機能させることや、⑧都市公園を都市住民が歴史と文化に関する教養を育む場として機能させることも、群馬の森における都市公園の効用として認められているものと解釈できる（以下、上記①～⑧の都市公園の効用を、単に「効用①」、「効用②」などという。）。

エ　そして、以下、述べるとおり、本件追悼碑は、群馬の森における都市公園の効用を全うする公園施設であることが明らかである。

（3）日朝、日韓の友好推進に有意義であること

ア　前述のとおり、本件追悼碑は、日朝、日韓の友好推進に有意義であり、その価値は現在も些かでも減じることはなく、その設置目的が他の設置目的に変化することもない。

日朝・日韓の友好推進、ひいては国際友好と国際平和を願う本件追悼碑が、都市住民が群馬の森公園において歴史と文化に関する教養を育むという効用（効用⑧）に資することは明らかであるから、「教養施設」として群馬の森公園の効用を全うしていることは明らかである。

イ　特に、群馬の森公園は陸軍の火薬製造所であった「東京第二陸軍造兵廠岩鼻製造所」跡地に建設された歴史を持つ公園であるところ、東京第二陸軍造兵廠が建設を計画した群馬県沼田市上川田の地下火薬工場において朝鮮人が労務動員された歴史があることからすると、本件追悼碑は歴史と文化を基調とする本件群馬の森公園の性格にまさに合致している。

（4）歴史的、学術的意義を有していること

ア　本件追悼碑は、かつて我が国において行われた労務動員の歴史を刻むという歴史的な意味を有し、一般市民の教養に資するという学術的な意味を有している。

イ　このような歴史的価値、学術的価値をする本件追悼碑が、都市住民が都市公園において歴史と文化に関する教養を育むという効用（効用⑧）に資する一定の機能を有している

ことは明らかであり、「教養施設」として歴史と文化を特徴とする本都市公園の効用を全うしていることは明らかである。

（5）思想伝達としての機能を営んでいること

本件追悼碑は、群馬の森公園において、労務動員の歴史を刻み、今後の国際平和に役立てようという思想伝達の機能を営んでいるのだから、都市公園を都市住民の思想伝達の場として機能させるという都市公園の効用（効用⑦）に資するものであることが明らかである。

（6）利益衡量

ア　以上のとおり、本件追悼碑は、日朝、日韓の友好推進に有意義であるほか、歴史的、学術的意義を有しており、思想伝達としての機能を営んでいるのであって、これらの機能は全て、「都市住民の公共の福祉増進」をはかるものとして群馬の森公園における都市公園の効用（効用⑦、⑧）に資するものであるから、本件追悼碑の設置許可によって得られる都市公園の効用は極めて大きい。

イ　他方、処分行政庁は、本件追悼碑の設置により、群馬の森公園が都市住民の憩いの場でなくなるなど主張しているが、前述のとおり、抽象的な危険に過ぎず、管理規定の策定と実施や警察の警備等により十分に防ぐことができるのだから、本件追悼碑の設置期間を更新によって、住民の憩いの場や子どもたちの遊び場としての都市公園の効用（効用⑥）が減少することはない。

ウ　さらに、本件追悼碑の設置によって緑とオープンスペースが確保できなくなるといった事情は一切ないことから、上記都市公園の効用①～⑤には何ら影響を与えない。なお、高崎市の都市計画マスタープランでは自然活動保全地とされており、自然の確保（効用①～④）が最も重視されていることを付言する。

エ　したがって、本件追悼碑を設置することにより、減少する都市公園の効用は存在せず、かえって増加する都市公園の効用は明らかに大きいのだから、本件追悼碑が都市公園の効用を全うしていることは明らかである。

（7）小括

したがって、処分行政庁は、本件追悼碑が都市公園の効用に資する機能を有しているにもかかわらず、本件追悼碑は都市公園の効用を全うする機能を喪失しており、法2条2項に規定する公園施設の要件に該当しないと判断したものであるから、本件不許可処分には重大な事実誤認及び明白な評価の誤りがあり、公園管理者としての裁量権を逸脱・濫用した違法がある。

6　都市公園法5条2項1号または2号の要件を満たすこと

（1）公園管理者以外の者の公園施設の設置について

ア　元来、都市公園は一般公衆の自由な利用に供する目的をもって設置される公共施設であるから、これに設けられる公園施設も公園管理者たる地方公共団体が設け、管理することが原則である。

イ　しかし、公園施設の中には、売店、飲食店、宿泊施設のように公園管理者が自ら経営するのが必ずしも適当でないものがあり、財政上、技術上その他の理由により、公園管理者が設け、又は管理することができないものもある。

　また、意欲のある地域住民が公園の管理に参画することや、専門的ノウハウを有する民間事業者等が設置管理を行うことなど、公園管理者以外の者が自ら設け、管理する方が都市公園の機能の増進に資するものもあることから、法5条2項は、同項1号及び2号に掲げる場合に、公園管理者以外の第三者が公園施設を設け、管理させることを認めたものである。

ウ　前述のパブリック・フォーラム論の観点からは法5条2項2号の規定は、地域住民が都市公園の管理に参画し、市民の表現の場として重要な公園において公園施設を設置することにより表現を行うことをも許容した規定であり、少なくとも憲法上の観点からは、憲法上の表現の自由の価値を具体化した規定と評価できる。

（２）法5条2項1号の要件を満たすこと

　本件追悼碑は原告が５７０万円もの建設費用を投じて設置したものであるから、被告が管理費を負担して本件追悼碑を管理するのは不適切であるといえる。したがって、法5条2項1号の要件は満たされている。

（３）法5条2項2号の要件を満たすこと

　被告が本件追悼碑を設置、管理するよりも、都市公園の管理に参画する意欲の高い原告が、本件追悼碑を設置・管理することの方がきめ細やかな管理ができることは明らかであるから、公園管理者以外の第三者である原告が本件追悼碑を設置管理することが都市公園の機能の増進に資すると認められる。したがって、法5条2号の要件も満たしている。

（４）小括

　したがって、処分行政庁は、本件追悼碑を被告が設置管理するのが不適切または困難であり、また、原告が本件追悼碑を管理することが群馬の森公園の機能の増進に資することが明らかであるにもかかわらず、法5条2項1項または2項の要件に該当しないと判断したものであるから、本件不許可処分には重大な事実誤認及び明白な評価の誤りがあり、公園の管理者として裁量権を逸脱・濫用した違法がある。

7　判断過程における重大な誤り

　さらに、本件不許可処分の判断過程は極めて恣意的であり、判断過程に重大な誤りがあるから、この点からも裁量権の逸脱・濫用があったことが明らかである。

（１）処分行政庁が問題視する政治的発言について

処分行政庁は、本件不許可処分において更新をしない理由として「本件追悼碑除幕式及び追悼式の発言は、政治的であり」、「このような違反行為が繰り返し行われて政治的行事に利用されてきたことで、本件追悼碑の設置目的が、日韓、日朝の友好の推進に有意義なものであるという当初の目的からはずれてきた」ことをあげている。処分行政庁が政治的発言と判断する発言は、下記のア～エの各発言である。

記

ア　2004年4月24日の除幕式での「碑文に謝罪の言葉がない。今後も活動を続けていこう」との○○○○事務局長（当時）の発言

イ　2005年4月23日の追悼式での「強制連行の事実を全国に訴え、正しい歴史認識を持てるようにしたい」との○○○○事務局長（当時）の発言

ウ　2006年4月22日の追悼式での「戦争中に強制的に連れてこられた朝鮮人がいた事実を刻むことは大事、アジアに侵略した日本が今もアジアで孤立している」（ウ①）、「このような運動を『群馬の森』から始め、広めていこう」との○○○○共同代表の発言（ウ②）、「朝・日国交正常化の早期実現、朝鮮の自主的平和統一、東北アジアの平和のためにともに手を携えて力強く前進していく」（ウ③）との総聯群馬県本部○○○○委員長の発言

エ　2012年4月21日追悼式での「日本政府は戦後67年がたとうとする日においても、強制連行の真相究明に誠実に取り組んでおらず、民族差別だけが引き継がれ、朝鮮学校だけを高校無償化制度から除外するなど、国際的にも例のない不当で非情な差別を続け民族教育を抹消しようとしている。」（エ①）、「日本政府の謝罪と賠償、朝・日国交正常化の一日も早い実現」（エ②）との総聯群馬県本部○○○○委員長の発言

なお、処分行政庁は、上記発言エに関しては、本件不許可処分よりも以前から「日本政府を批判するなど、政治的発言であると考える」などとして問題視していた。

（2）政治的発言とは相対的な評価概念であること

ア　しかし、「政治的発言」とはそもそも相対的な評価概念であり、一義的に決定できる概念ではない。

例えば、「政治」とは、広辞苑（第6版）1541頁によれば、「①まつりごと、②人間集団における秩序の形成と解体をめぐって、人が他者に対して、また他者とともに行う営み。権力・政策・支配・自治にかかわる現象。主として国家の統治作用を指すが、それ以外の社会集団及び集団間にもこの概念は適用できる」とされているところ、仮に「政治」を「人間集団における秩序の形成と解体をめぐって……他者とともに行う営み」や「自治にかかわる現象」と広い意味で捉えれば、緑とオープンスペースを確保するために都市公園を設置することや、被告が原告に本件

追悼碑の自主撤去を求めることさえも「政治的」と評価でき、さらには、追悼式で行われた上記ア～エ以外のあらゆる発言が、人間集団における秩序の形成をめぐって他者と行われたものとして「政治的発言」と評価できる。

イ　また、仮に「国家の統治作用」に関する発言をもって「政治的発言」と狭く解した場合、「碑文に謝罪の言葉がない。今後も活動を続けていこう」（発言ア）、「強制連行の事実を全国に訴え、正しい歴史認識を持てるようにしたい」（発言イ）といった発言は、国家の統治作用にかかわらないので、「政治的発言」ではない。他方で、「朝・日国交正常化の早期実現……」（発言ウ③）や、「日本政府は戦後67年がたとうとする日においても……」（発言エ①）などは、国家の統治作用に関する発言であることから「政治的発言」と評価しうる。

ウ　さらに、処分行政庁が原告に報告を求めた書面での記載のように、「日本政府を批判する発言」をもって「政治的発言」と捉えるならば、政治的発言は発言エ①、②のみになる。

エ　なお、その他法令を参照しても「政治的発言」に関する規定はなく、「政治的行為」に関して人事院規則14－7に規定があり、「政治活動」について公職選挙法に規定があるのみである。

オ　この点に関し、処分行政庁は、本件不許可処分において「政治的発言」を「本件追悼碑を利用して、碑文に謳われている主旨や内容と違う独自の主義主張を訴え、広めていこうとする一連の行動」と定義し、その判断基準を示しているようだが、上記「政治的発言」の定義は、一般的な「政治」や「発言」の語義とはあまりにかけ離れたものであり、結局、処分行政庁において、上記ア～エの各発言を全て包含するように恣意的に定義を創作したにすぎない。このような行政機関による「政治的発言」の定義は、むしろ、より明確に「政治的発言」が相対的な評価概念であることを示している。

（3）考慮すべきでない事実を考慮していること

ア　このように「政治的発言」の概念が一義的に明確ではなく、個々人の主観的評価なしに判断することができない相対的な評価概念である以上、追悼碑の前において行われた発言のうち、どの発言が政治的であるか判断する過程において恣意的な思考過程を排除できないのだから、処分行政庁が追悼碑の前において行われた各発言を吟味し、上記ア～エの各発言を「政治的発言」と判断したことは、恣意的といわざるを得ず、その意味で判断過程に看過しえない重大な誤りがある。

イ　また、都市公園における表現の自由を保障する観点からも、本件追悼碑が都市公園の効用を全うするか否かを判断するにあたって、本件追悼碑の前において行われた表現内容を考慮することは、実質的な事前抑制、さらには検閲になるため、許されない。

ウ　したがって、恣意的な判断を防ぐ観点からも、表現の自由を保障する観点からも、行政機関において本件追悼碑が都市公園の効用を全うしているか否かを判断するに際し、政治的発言があったか否かを考慮することは許されないというべきである。

エ　また、これに加え、処分行政庁が考慮した本件追悼碑が街宣活動、抗議活動など紛争の原因となっているとの事実も、表現の自由を保障する観点からは、警察の警備等によってもなお混乱を防止することができないなど特別な事情がある場合でない限り、考慮することは許されない。

（4）考慮すべき事実を考慮していないこと

一方で、処分行政庁は、本件追悼碑が都市公園の効用を全うしているか否かを判断するに際し、本来考慮すべき本件追悼碑が日朝、日韓の友好推進に有意義であり、歴史的、学術的価値を有しているほか、思想伝達の機能を果たしているという価値を一切考慮していない。

（5）小括

したがって、処分行政庁は、本件不許可処分に際し、本来考慮してはならない本件追悼碑前での政治的発言や本件追悼碑が紛争の原因になっているとの事実を極めて重要な事実として考慮し、本来考慮すべき本件追悼碑が日韓、日朝の友好推進に有意義であり、歴史的・学術的な価値を有し、思想伝達の機能を営んでいるという事実を考慮せず、その結果、社会通念上著しく妥当性を欠く処分をしたものであることが明らかであるから、本件不許可処分には裁量権の逸脱・濫用がある。

8　表現の自由に対する侵害

さらに、処分行政庁が追悼碑の前において行われた一般市民の各発言を吟味し、特定の発言をもって「政治的発言」と判断し、その発言内容を理由に設置期間の更新を認めず、原告に対し本件追悼碑の撤去を求めることは、行政機関の考える「許容されない表現」の概念、枠組みを原告に押し付け、これを実現して原告から表現の場を奪うことにより、原告の表現を弾圧し、表現の自由を侵害するものであるから、違憲といわざるを得ず、憲法21条1項に違反するものとして、取消原因を構成する。

9　結語

以上のとおり、本件不許可処分は、①本件追悼碑の設置許可について更新する義務があったにもかかわらず、特段の事情がないままに本件不許可処分を行ったものであり、さらに、②本件不許可処分の判断基礎には重大な事実誤認及び明白な評価の誤りがあるほか、判断過程にも重大な誤りがあることから、裁量権を逸脱・濫用した違法がある。

さらに、③本件不許可処分は、処分行政庁が除幕式や追悼式での原告のメンバーらの特定の発言を政治的発言と決めつけ、その発言内容を根拠として原告から表現の場を奪うものであり、原告の表現の自由を侵害するものであることから、憲法21条1項に違反するものとして、取消事由がある。

以上のとおり、本件不許可処分は違法、違憲であり、取り消しは免れない。

よって、請求の趣旨記載のとおりの判決を求める。

以上

② 前橋地裁に提出された意見書（藤井作成）

意見書～群馬の森追悼碑裁判の憲法的考察～
２０１６年9月15日
群馬大学社会情報学部准教授　藤井　正希　㊞

1　はじめに―その憲法的意義

本稿において考察の対象にするのは、２０１４（平成26）年11月13日、原告を「記憶反省そして友好」の追悼碑を守る会、被告を群馬県として、前橋地方裁判所に対して提起された群馬の森追悼碑設置期間更新不許可処分取消等請求事件（行政訴訟）である。執筆時である２０１６（平成28）年9月2日現在、八回の公判が終了している。本件は、市民団体が、都市公園法上の都市公園たる群馬の森（群馬県高崎市）にある「朝鮮人追悼碑」の設置期間更新を不許可にした群馬県の行政処分を取消して、更新を許可することを求めたものである。

この訴訟は、憲法的に多くの論点を含んでおり、まさに憲法的考察なしには解決しえない事例と言え、学問的にもきわめて注目に値するものなのである。しかし、多くのマスメディアで裁判の経緯の概略が報道されてはいるにもかかわらず、未だ広く人びとの関心を集めるものとなっているとは言い難い状況にある。本来、裁判の検証は判決の確定を待って行われるべきだが、本件の持つ意義を衆目に知らしめ、早期に積極的な研究を促すためにも、また、公正かつ妥当な判決の実現に寄与するためにも、現時点での考察は非常に有意義であると考える。かかる観点からして、本稿では、公にされている文献やマスメディアの報道、さらには訴訟関係者の証言などから、事件の概要を浮かび上がらせ、そこに潜む憲法的問題を浮き彫りにし、憲法的な考察を加えていきたいと考える。具体的には、この訴訟に含まれている主要な憲法的論点をとりあげ、県の対応を憲法的に検証することにより、あるべき憲法的対応とはどのようなものなのかを検討していく。本件に類似した事例は、これまでにも各地において多数発生しており、今後発生するであろう類似事例の解決にも資する憲法規範的論理を構築できたら望外の幸せである。

2　事実の概要

※訴状に記載されているので省略する（筆者）。

3　許可条件の法令違憲および適用違憲の可能性

追悼碑の設置許可処分に際しては、追悼碑について「政治的行事及び管理」をしないとの条件（以下、「本件条件」）が付されているが、このような条件は憲法21条に違反しないか。また、本件条件全体を無効ということはできないとしても、県が政治的発言等を理由に本件条件違反としたことは適用違憲とならないか。

3.1 法令違憲について

表現の自由を規制する法文が漠然不明確であるか、過度に広汎である場合には、法文自体が原則として文面上無効（すなわち法令違憲）とされる理論がアメリカでは古くから判例理論として確立している［芦部 1994：229］。前者を漠然不明確ゆえに無効の法理、後者を過度に広汎ゆえに無効の法理という。両者をあわせて明確性の原則と呼ぶことも多い。アメリカにおいてこの理論を支える根拠はデュー・プロセス条項（アメリカ憲法修正14条）であるが、日本国憲法の場合は31条の適正手続条項となる。特に刑罰法規の場合には、31条および39条から導かれるいわゆる罪刑法定主義が直接の根拠となる［芦部 1998：388-401］。また、刑罰法規でない場合には、人権体系上、優越的地位にたつ表現の自由が最も嫌う萎縮的効果を回避するために必要であるとして21条自体に根拠を求めることも可能である［佐藤 1984：170］。この理論には種々の問題点も指摘されているが、これを承認するのが学説の通説と言えよう。

この点に関して、最高裁はかかる明確性の原則を厳格に採用しているとは言い難い状況にある。例えば、徳島市公安条例事件（最大判１９７５［昭和50］年9月10日・刑集29巻8号４８９頁）では、「通常の判断能力を有する一般人の理解において、具体的場合に当該行為がその適用を受けるものかどうかの判断を可能ならしめる基準が読みとれない場合」でない限り合憲であるとし、「交通秩序を維持すること」という許可条件について、「殊更な交通秩序の阻害をもたらすような行為を避止すべきこと」と解し、合憲であると判示している。同様の基準を使い、札幌税関検査事件（最大判１９８４［昭和59］年12月12日・民集38巻12号１３０８頁）では「風俗を害すべき書籍」という要件を「わいせつな書籍」と、また、福岡県青少年保護育成条例事件（最大判１９８５［昭和60］年10月23日・刑集39巻6号４１３頁）では「淫行」という要件を「青少年を単に自己の性的欲望を満足させるための対象として扱っているとしか認められないような性交または性交類似行為」と解し、いずれも合憲であると判示している。しかし、かかる判例の基準では、恣意的適用の危険性を回避しえず、とりわけ表現の自由が問題となる本件のごとき事案では、表現者に萎縮的効果が生じかねないことから、妥当なものとは言い難い。よって、より厳格な適用が要請されると考える。

本件の「政治的行事」とは、文言上、政治的行為がおこなわれる行事と解しうる。この点、「政治的行為」の概念が争われた判例としては、国家公務員法で国家公務員に禁止される「政治的行為」が問題になった猿払事件（最高裁昭和49年11月6日大法廷判決・刑集28巻9号３９３頁）や、裁判所法で裁判官に禁止される「政治運動」が問題になった寺西判事補事件（最高裁平成10年12月1日大法廷判決・民集52巻9号1761頁）等があるが、いずれも公務員に禁止される行為という文脈で争われたものであり、本件とは事案を異にする。そもそも「政治的行為」という概念は、きわめて抽象的なものだから、それをどのような内容と解するかは、それを定める法規の趣旨、目的に沿って、個別に判断するしかない。この点、都市公園法（昭和31年法律第79号）は、「都市公園の健全な発達を図り、もって公共の福祉の増進に資すること」を目的としている（同法1条）。そして、都市公園法、県立公園条例（昭和33年群馬県条例第23号）、県立公園条例施行規則（昭和33年群馬県条例第28号）等に基づき県土整備部・都市計画課が作成した「県立都市公園における行為許可基準」には、一般審査基準として「⑷公共の福祉、公序良俗に反しないこと」「①青少年の健全な育成を阻害し、又は阻害するおそれがあるもの、政治性又は宗教性のあるもの及び人権侵害、差別又は名誉き損となり、又はなるおそれのあるもの、その他都市公園において行うことが不適切と認められるものは許可しないこと」と規定されている。よって、同法令等で禁止される「政治的行為」とは、「都市公園の健全な発達や公共の福祉の増進、公序良俗を阻害するような政治性を帯びた行為」と解される。そして、かかる規定がある以上、追悼碑の設置許可の条件として、県と設置申請者が「政治的行事および管理を行わない」と合意することは正当なことである。具体的に行われた行為がそれに該当するかどうかは、事実の詳細を踏まえて個別に判断するしかない。とするならば、政治的行為の具体例をいくつか付記する等の配慮がなされるのがより妥当と言うことはできるけれども、本件条件が漠然不明確ゆえに無効、あるいは過度に広汎ゆえに無効と解するのは困難であろう。

3.2 適用違憲について

適用違憲を認めた判例としては、下級審ではあるが、猿払事件第一審判決（旭川地判1968［昭和43］年3月25日・下刑集10巻3号293頁）が有名である。事案は、郵便局（民営化前）に勤務する郵政事務官の被告は労働組合の役員をしていたが、衆議院議員選挙で、野党を支持するため、候補者の選挙用ポスターを公営掲示場に掲示したり、配布をした。すると、国公法および人事院規則に違反するとして罰則を適用され、罰金を科された。それに対し、旭川地裁は、非管理職の現業公務員で、職務内容が機械的労務の提供にとどまるものが、勤務時間外に、国の施設を利用することなく、かつ、職務を利用したり、公正を害する意図なく、労働組合活動の一環として行った行為にまで刑事罰を科すと定める国公法の規定は、そのような行為に適用される限度において、制裁として合理的な必要最小限度の域を超えるため、憲法21条および31条に違反するとして適用違憲を認め、被告人を無罪とした。

同様の適用違憲判決は、近時の堀越事件控訴審判決（東京高判2010［平成22］年3月29日・判タ1340号105頁）でも下されている。事案は、社会保険庁の社会保険事務所に勤務していた厚生労働事務官の被告が、共産党を支持する目的で機関紙『しんぶん赤旗』等を配布した。すると、国公法および人事院規則に違反するとして罰則を適用され、罰金を科された。それに対し、東京高裁は、本件配布行為は裁量の余地のない職務を担当する地方出先機関の管理職でもない被告人が、休日に、勤務先やその職務と関わりなく、勤務先の所在地や管轄区域から離れた自己の居住地の周辺で、公務員であることを明らかにせず、無言で、他人の居宅や事務所等の郵便受けに政党の機関紙や政治的文書を配布したことにとどまるものであると認定した上で、本件配布行為が本件罰則規定の保護法益である国の行政の中立的運営およびこれに対する国民の信頼の確保を侵害すべき危険性は、抽象的なものを含めて、全く肯認できないから、本件配布行為に対して本件罰則規定を適用することは、国家公務員の政治活動の自由に対する必要やむをえない限度を超えた制約を加え、これを処罰の対象とするものといわざるをえず、憲法21条1項および31条に違反するとして、第一審判決を破棄し、被告人を無罪とした。

この点、最高裁も、貨物の密輸を企てた被告人が有罪判決を受け、犯罪に関する貨物類が関税法によって没収された際に、第三者の所有物も一緒に没収された事例である、いわゆる第三者所有物没収事件（最高裁1962［昭和37］年11月28日・刑集16巻11号1593頁）において適用違憲の手法を採用している。すなわち、憲法31条が告知と聴聞を受ける権利（判例の文言では「告知、弁解、防禦の機会」）を保障していることを前提にして、関税法が犯罪に関係ある船舶、貨物等が被告人以外の第三者の所有に属する場合においてもこれを没収する旨規定しながら、その所有者たる第三者に対し、告知、弁解、防禦の機会を与えるべきことを定めておらず、また刑訴法その他の法令においても、何らかかる手続に関する規定を設けていない以上、関税法によって第三者の所有物を没収することは、憲法31条、29条に違反するものと断ぜざるをえないと判示している。

本件において、「政治的行事」を構成する「政治的発言」として被告・群馬県によって問題視されているのは、碑の除幕式および年1回開催された碑前の追悼式における前述したいくつかの発言である。確かに政治性を帯びた発言ではあるものの、このような発言が10年間の内に数回行われただけで、「都市公園の健全な発達や公共の福祉の増進、公序良俗を阻害するような政治性を帯びた行為」という意味での「政治的行為」ありとして、除幕式や追悼式を「政治的行事」と認定し、しかも追悼碑の即時撤去を命じることは、適用違憲の可能性が強いと解さざるをえないであろう。

4　憲法21条違反の可能性

4.1　表現の自由の優越的地位論―厳格な違憲審査基準の必要性

まず最初に押さえておかなければならないことは、除幕式や追悼式における参列者の発言はもちろん、碑文が書かれた追悼碑それ自体がまさに表現行為として表現の自由（憲法21条）で保障されているということである。この点、表現の自由は、人権体系上、優越的地位を占める人権とされ、特に重要な権利と位置づけられるのが通例である。なぜならば、表現の自由が最大限に保障されることによってこそ、①個人は人格を形成し、発展させることができるのであり（いわゆる自己実現の価値）、また、②民意にもとづく民主政治も実現されるからである（いわゆる自己統治の価値）。よって、表現の自由を安易に規制することは許されず、厳格な違憲審査基準が要請される。すなわち、原則的に表現は自由でなければならず、あくまで規制は例外であり、その制約はやむにやまれぬ理由がある場合に必要最小限度でのみ許されるものでなければならないのである。

この点、最高裁は、表現の自由の重要性に言及しつつも、必ずしも厳格な違憲審査基準を適用していないのは妥当なものとは言い難い。例えば、立川自衛隊監視テント村のメンバーが、関係者以外の立入りやビラ等の配布を禁止する旨が記載された出入り口の貼札も無視し、「自衛隊のイラク派兵反対！」等と書かれた反戦ビラ（A４判）を自衛隊駐屯地の官舎の戸別郵便受けに投函した、いわゆる立川反戦ビラ配布事件（最判２００８（平成20）年4月11日・刑集62巻5号1217頁）では、つぎの通り判決をしている。すなわち、「確かに、表現の自由は、民主主義社会において特に重要な権利として尊重されなければなら（ない）、……しかしながら、憲法21条1項も、表現の自由を絶対無制限に保障したものではなく、公共の福祉のため必要かつ合理的な制限を是認するものであって、たとえ思想を外部に発表するための手段であっても、その手段が他人の権利を不当に害するようなものは許されないというべきである」（いわゆる「必要かつ合理性」の基準）と規範を定立し、被告人が立ち入った動機や態様、居住者や管理者の法益侵害の程度等の個別事情を一切、考慮することなく、「本件で被告人らが立ち入った場所は、防衛庁の職員及びその家族が私的生活を営む場所であり、自衛隊・防衛庁当局がそのような場所として管理していたもので、一般に人が自由に出入りすることのできる場所ではない。たとえ表現の自由の行使のためとはいっても、このような場所に管理権者の意思に反して立ち入ることは、管理権者の管理権を侵害するのみならず、そこで私的生活を営む者の私生活の平穏を侵害するものといわざるを得ない」と述べ、被告人を有罪（罰金刑）としている。また、最高裁は、吉祥寺駅構内において駅長の許諾を受けないで乗降客らに対しビラ多数を配布して、拡声器での演説を繰り返した、いわゆる吉祥寺駅構内ビラ配布事件（最判１９８４［昭和59］年12月18日・刑集38巻12号３０２６頁）でも、同様に「必要かつ合理性」の基準を採用し、具体的な個別事情を検討することなく、被告人を有罪（罰金刑）とした。最高裁が採用する「必要かつ合理性」の基準は、それ自体きわめて抽象的な基準であり、最高裁のようにそれを具体的な個別事情を考慮せずに漫然と適用するならば、より判断が抽象的となり、説得力のない紋切り型の結論になってしまう。かかる基準は、表現の自由についての違憲審査基準として適切なものとは解しえない。やはり、規制目的にやむにやまれぬ正当性があるか、また、規制手段が真に必要最小限度であるかを厳格に問うべきである。

とするならば、本件においても県は原則的に設置期間更新を許可しなければならない立場にあり、その判断は決して自由裁量ではありえない。まず県は、本件が人権体系上、優越的地位にたつ表現の自由の問題であるという自覚を強く持つ必要があろう。

4.2　パブリック・フォーラム論

アメリカでは、連邦最高裁判所の判例において、パブリック・フォーラム論が主張されてきた。この点、パブリック・フォーラムを、道路や公園など伝統的に集会や討論に捧げられてきた場所である「伝統的パブリック・フォーラム」と、公立劇場や公民館など表現活動のために政府が開設した場所である「指定的パブリック・フォーラム」に区別し、前者の伝統的パブリック・フォーラムでは、思想伝達を行うことが道路交通法等の法制度の創設以前から市民の特権や権利であり続けてきたことを根拠に、表現の自由を特に保護してきた。この点、伝統的パブリック・フォーラムについて語られる時、必ずといってよいほど言及されるのが、１９３９年のハギュー判決においてロバーツ裁判官が述べたつぎのような見解である。すなわち、「道路や公園の権原の所在がどこであれ、それらは記憶にないほど太古から公衆の使用のために信託され、大昔から集会、市民間の思想伝達、公的問題についての討議を目的として使用されてきたのである。道路や公的場所のそのような使用は、古代の時代から市民の特権、免除、権利、自由の一部でありつづけてきた」［中林 2011 : 97］。欧米の町の中心には必ずと言っていいほど広場と教会があり、その広場が民主主義を支える公開討論の場として機能してきた歴史は否定することのできない周知の事実なのである。

よって、道路や公園などの伝統的パブリック・フォーラムでの表現活動に対する規制の合憲性は厳格に判断されてきた。すなわち、アメリカでは、政府はすべての表現活動を禁止することは許されず、また表現内容規制に対しては最も厳格な審査基準が適用されると同時に、表現内容中立規制であっても、それが重要な政府の利益を達成するために厳密に定められた規制であり、他の十分な表現手段が確保されていない限り許されないとされるのである［平地 2013：132-133］。確かに、行政が公園に対する施設管理権を持つ以上、その権限の行使として広い裁量を認め、「公園の管理・維持に著しい支障を生じる」という抽象的な理由だけで行政は公園の使用を不許可としうるという法解釈も不可能ではない。しかし、道路や公園などの公共施設を使用して集会等をすることは憲法で保障された国民の権利・自由であると解すべきであるから、使用目的を維持するため必要不可欠な限度での許可制をとること自体は違憲とは言えないとしても、利用の拒否は管理権者の単なる自由裁量に属するものではない［芦部（高橋補訂）2015：214］。この場合には表現の自由に関わる以上、管理権者の判断を尊重することなく、①いわれるような著しい支障を生じる危険性があったか、②不許可以外の手段ではその支障を防止することはできなかったのか、③他の代替的な表現の場が残されているかを慎重に検討すべきなのである［松井 2007：474］。開かれた民主的な社会において、道路、公園および他の公的な場所は、公共的な討論と政治過程にとって重要な施設である。伝統的パブリック・フォーラム論は、道路や公園の提供という、それ自体は表現の自由の保障と直接関係しない国家の役割と深く結びついている。その結果として、国家は、道路や公園を提供する場合には、原則として、そこを表現する「場」としても提供することを余儀なくされるのである［中林 2011：98］。実際、日本においても、国政選挙の際、東京駅や新宿駅などの都心のターミナル駅において候補者が演説会を開催したり、あるいは、日比谷公園や代々木公園などの都心の都市公園において市民が脱原発や反安保法の集会を開催することが一般的に行われている。かかる場においては、インターネットによる単なる情報のやりとりとは違い、一時的ではあるが人の息づかいや肌の温もりを感じながらの政治的共同体が形成される。そのような場での公開討論の経験を積み重ねることにより、個人的にも社会的にもより民主的基盤が強固になり、民主主義の確立に資するのである。独裁国家においては、道路や公園における公開討論が行われることはまずありえないことを銘記すべきである。

日本の最高裁においても、駅構内でのビラ配布を規制することの合憲性が争われた前述の吉祥寺駅ビラ配布事件において、パブリック・フォーラム論について言及がなされている。すなわち、伊藤正己裁判官は、補足意見として「ある主張や意見を社会に伝達する自由を保障する場合に、その表現の場を確保することが重要な意味をもっている。特に表現の自由の行使が行動を伴うときには表現のための物理的な場所が必要となってくる。この場所が提供されないときには、多くの意見は受け手に伝達することができないといってもよい。一般公衆が自由に出入りできる場所は、それぞれその本来の利用目的を備えているが、それは同時に、表現のための場として役立つことが少なくない。道路、公園、広場などは、その例である。これを『パブリック・フォーラム』と呼ぶことができよう。このパブリック・フォーラムが表現の場所として用いられるときには、所有権や、本来の利用目的のための管理権に基づく制約を受けざるをえないとしても、その機能にかんがみ、表現の自由の保障を可能な限り配慮する必要があると考えられる」と判示している。この見解は、最高裁の多数意見としては採用されていないが、学説では通説となっている。この点、佐藤幸治は、わが国においても、今日、学説上、アメリカの伝統的パブリック・フォーラム論を参考に考えようとする傾向が強く（高橋和之、松井茂記、長谷部恭男）、判例も従来とは違った姿勢を示すようになってきていると指摘している［佐藤 2011 : 286-287］。

とするならば、本件でも群馬の森は県立都市公園なのだからもちろん伝統的パブリック・フォーラムに該当する。よって、表現の自由の保障が可能な限り配慮されなければならず、県の慎重な配慮が必要となる。

4.3　敵意ある聴衆の法理

パブリック・フォーラム論と同様、敵意ある聴衆の法理も、アメリカやイギリスの判例の中で主張されてきた法理論であり、本件に適用しうるものと言える。敵意ある聴衆の法理とは、正当な言論活動を行っている人間を、その言論に敵対する人間（すなわち敵意ある聴衆）が存在し、ただ混乱するという理由で、むやみに規制してはならないという原則をいう。表現の自由と民主主義を守るためには、治安の維持を理由に正当な言論活動を制止してはならないことを根拠とする。例えば、ある演説が聴衆をあおり、聴衆が暴力をもって演説者を脅かしている場合、公権力としては、演説者の表現の自由を制約して聴衆を抑えるのではなく、聴衆を抑えて演説者の表現の自由を守るべきなのである。

この点、T・I・エマースンも、つぎのように述べている。すなわち、公的秩序に対する脅威が演説者ないしその支持者の側から生じた場合ではなく、かかる脅威が聴衆の側から生じた場合における合衆国最高裁判所の判決の大部分は、「敵意ある聴衆」に関する事案である。出発の前提は、敵意ある反対者の存在が表現を規制する理由とはなりえないという点にある。むしろ表現の権利を行使しようとする者を保護することは、政府の憲法的義務でさえある［エマースン 1980 : 150-155］。この敵意ある聴衆の法理は、1941年のアメリカでのファイナ事件での連邦最高裁の判決の中に見られる。この事件では、聴衆をあおった大学生の演説に対して治安びん乱罪を適用したことが争われたが、少数意見の中に、警察は表現者を制止するよりも、暴力をもって脅かしている聴衆を規制すべきであったとの判断が示され、これが後の判決に影響を及ぼしたのである［石村 2010 : 219-220］。この法理について、W・ゲルホンが以下のようにまとめている。すなわち、①もし演説者が意見を伝えようという真実の努力をし、しかもきわめて敵意ある聴衆に出会い、その聴衆がその演説をやめさせようと騒動をおこすような場合には、演説者には十分な保護を与えなければならない。②たとえ、聴衆がすでに治安をびん乱し、またはそのおそれのある仕方で行動しているとしても、官憲は言論・集会の自由を護るように良心的に努力しなければならない。ただし、演説者自身がなんらかの理由で群集の既存の敵意を利用したとか、または演説を続けさせたら、有効に取り締りえない暴動的行為を生むおそれの明らかにある場合は、この限りではない［ゲルホン 1959 : 109］。また、佐藤幸治も、反対勢力や集会に対する敵意をもつ観衆の存在によって治安妨害が発生するおそれがあるという場合については、「正当な権利の行使者を法律上弾圧すべきでない」というイギリスの判例上確立された法理（「敵意ある聴衆の法理」）が原則として妥当すると解すべきであると述べている［佐藤 2011 : 287］。

この法理は、日本の最高裁判例においても実際に採用されている。まず、市民会館の使用不許可処分による集会の自由の制限が問題になった泉佐野市民会館事件（最判１９９５［平成7］年3月7日・民集49巻3号６８７頁）では、市民会館の使用不許可処分が認められる場合につき、最高裁はつぎのように判示している。すなわち、「施設をその集会のために利用させることによって、他の基本的人権が侵害され、公共の福祉が損なわれる危険がある場合に限られるものというべきであり」、「本件条例は、『公の秩序をみだすおそれがある場合』を本件会館の使用を許可してはならない事由として規定しているが、……本件会館における集会の自由を保障することの重要性よりも、本件会館で集会が開かれることによって、人の生命、身体又は財産が侵害され、公共の安全が損なわれる危険を回避し、防止することの必要性が優越する場合をいうものと限定して解すべきであり、その危険性の程度としては、単に危険な事態を生ずる蓋然性があるというだけでは足りず、明らかな差し迫った危険の発生が具体的に予見されることが必要」である。そして、それを前提にして「主催者が集会を平穏に行おうとしているのに、その集会の目的や主催者の思想、信条に反対する他のグループ等がこれを実力で阻止し、妨害しようとして紛争を起こすおそれがあることを理由に公の施設の利用を拒むことは、憲法第21条の趣旨に反する」とした。結果的には不許可処分を認めたものの、これはまさに敵意ある聴衆の法理を踏まえての説示に他ならない。

また、最高裁は、市福祉会館の使用不許可処分による集会の自由の制限が問題になった上尾市福祉会館事件（最判１９９６［平成8］年3月15日・民集50巻3号５４９頁）では、かかる敵意ある聴衆の法理をさらに敷衍し、市福祉会館の使用不許可処分が認められる場合につき、つぎのように判示している。すなわち、「主催者が集会を平穏に行おうとしているのに、その集会の目的や主催者の思想、信条等に反対する者らが、これを実力で阻止し、妨害しようとして紛争を起こすおそれがあることを理由に公の施設の利用を拒むことができるのは、前示のような公の施設の利用関係の性質に照らせば、警察の警備等によってもなお混乱を防止することができないなど特別な事情がある場合に限られるものというべき」であるとし、それを前提にして「『会館の管理上支障がある』との事態が生ずることが、客観的な事実に照らして具体的に明らかに予測されたものということはできないから、本件不許可処分は、本件条例の解釈適用を誤った違法なものというべきである」と断じ、不許可処分を認めた原判決を破棄し、原審に差し戻した。本判決は、最高裁が敵意ある聴衆の法理を適用して不許可処分の違法性を認めることにより表現の自由を保護した画期的判決であり、特筆に値するものと言えよう。これらは、県立市民公園ではなく市福祉会館や市民会館において集会の自由が問題になったものであるが、最高裁も公共の場での表現の自由について最大限の配慮を示しているのである。これらは同じ表現の自由に関する事案として、本件と多くの共通点が存在している。敵意ある聴衆の法理を本件に適用することに何の問題もないであろう。

本件では、右翼との衝突や紛争により憩いの場としての都市公園の効用を確保できないことを不許可処分の理由にしているが、県の指摘するような危険性が抽象的にあったとしても、敵意ある聴衆の法理からして、第三者の妨害行為の危険を理由に設置期間更新を不許可とすることは、妨害行為を助長して正当な権利行使（表現活動）を弾圧することになり妥当でなく、このような危険は警察権力等の行使によって防ぐべきものである。この点、警察の警備等によっても混乱を防止することができない特別の事情は本件では認められず、都市公園内における抗議活動や街宣活動を禁止する管理規定を策定した上、警察が警備を行うなどの措置を講じれば、危険性は回避でき、憩いの場としての都市公園の効用を確保できる。よって、この点につき県が更新を不許可とする理由を認めることはできないであろう。

4.4　表現の自由の最大限の保障

以上に述べたところからして、伝統的パブリック・フォーラム論と敵意ある聴衆の法理を前提に、本件が表現の自由が問題となる事案であることから、違憲審査基準としては、規制目的にやむにやまれぬ正当性があるか、また、規制手段が真に必要最小限度であるかを厳格に問うべきである。その判断の際には、①いわれるような著しい支障を生じる危険性があったか、②不許可以外の手段ではその支障を防止することはできなかったのか、③他の代替的な表現の場が残されているかを慎重に検討すべきである。

まず、本件の不許可処分がなされるにいたったそもそものきっかけは、追悼碑の前で原告が開いた追悼式の様子がインターネット上で紹介された直後から、「碑文が反日的だ」と撤去を求める苦情が被告に寄せられ始めたことにある。しかし、追悼碑の碑文の内容、すなわち「日本による朝鮮の植民地支配、群馬における多くの朝鮮人の労務動員およびその犠牲者の発生」が真実であるかどうかは、歴史学において学問的に検証されるべき問題である。政治的には、現在もなお日本政府はいわゆる村山談話（１９９５〔平成7〕年8月15日）を踏襲している。追悼碑を設置する際にも碑文の文言が村山談話や日朝平壌宣言（２００２〔平成14〕年9月17日）の範囲内になるよう「強制連行」の表現を避けるなど、県と設置申請者たる原告との間で文言のすりあわせが行われており、碑文の内容は村山談話や日朝平壌宣言に沿ったものとなっている。よって、村山談話が日本政府の公式見解である以上、碑文の内容が真実であるかどうかは別にして、碑文の内容を理由に県に対し追悼碑の撤去を要求することは不当であることを前提として確認しておかなければならない。

思うに、行政側の規制目的は、群馬の森を憩いの場である都市公園としてのあるべき施設とすることにより、都市公園としての効用を維持することにあると考えられるが、かかる規制目的にはやむにやまれぬ正当性を肯定することができる。しかし、規制手段の必要最小限度性を肯定することは、かなり困難であると考えられる。主な理由は以下の通りである。すなわち、①除幕式や追悼式において前述のような「政治的発言」があったとしても、それだけで除幕式および追悼式の一部内容が「政治的行事」となるとは考えられない。②たとえ許可条件に対する違反行為が繰り返し行われ政治的行事に利用されてきたからといって、日韓、日朝の友好の推進に有意義なものであるという本件追悼碑の当初の設置意義が失われるはずがない。③論争や紛争の原因となっているのは、碑前でなされた政治的発言ではなく、碑文の文言の内容自体である。しかし、それが政府見解である以上、撤去の理由とはなりえない。また、撤去や移転をしたからといって論争や紛争の根本的解決には何らつながらない。④都市公園は、憩いの場であるとともに公開討論の場でもあるから、むしろ論争や紛争はつきものである。⑤過激な論争や紛争の恐れは、管理規則や監視体制の強化で対応すべき問題であり、表現を規制する根拠にはなりえない。⑥問題とされている発言の内容にかんがみても、都市公園法にいう「都市公園の健全な発達や公共の福祉の増進、公序良俗」を阻害するとまでは言えない。したがって、本件のごとき軽微な条件違反があったことを理由にして設置期間更新の不許可処分を行うことは規制手段として妥当でなく、表現の自由を侵害し憲法21条に違反する疑いが強い。やはり更新を認め表現の自由を保護するべきである。

5　憲法31条違反の可能性

人身の自由を軽視した戦前の明治憲法の下では、刑事手続内において拷問や自白の強要などが日常的に行われ、国民の人権は著しく侵害されていた。このような歴史的経験に対する反省から、憲法31条は、「刑罰を科す場合には、内容の適正な法定の手続に従わなければならない」という適正手続の保障を定めた。そして、前述した第三者所有物没収事件の最高裁判決では、憲法31条が手続の法定だけでなく手続の適正まで要求していると解し、同条から告知と聴聞を受ける権利を認めた。また、最高裁は、川崎民商事件（1972〔昭和47〕年11月22日・刑集26巻9号554頁）や成田新法事件（1992〔平成4〕年7月1日・民集46巻5号1425頁）において、適正手続の保障が刑事手続のみに適用されるものではなく行政手続にも一定の基準により及ぶことを明確に肯定している。この点、成田新法事件とは、いわゆる成田新法（新東京国際空港の安全確保に関する緊急措置法）に基づき、運輸大臣（現国土交通大臣）が発した家屋の使用禁止命令に対し、事前の手続保障なしに行政処分を行うことは適正手続を定めた憲法31条に反するとして、当該使用禁止命令の取消を請求した事案であるが、最高裁はつぎのように判示した。すなわち、「憲法31条の定める法定手続の保障は、直接には刑事手続に関するものであるが、行政手続については、それが刑事手続ではないとの理由のみで、そのすべてが当然に同条による保障の枠外にあると判断することは相当ではない。しかしながら、同条による保障が及ぶと解すべき場合であっても、一般に、行政手続は、刑事手続とその性質においておのずから差異があり、また、行政目的に応じて多種多様であるから、行政処分の相手方に事前の告知、弁解、防御の機会を与えるかどうかは、行政処分により制限を受ける権利利益の内容、性質、制限の程度、行政処分により達成しようとする公益の内容、程度、緊急性等を総合較量して決定されるべきものであって、常に必ずそのような機会を与えることを必要とするものではないと解するのが相当である」。このように、行政処分により制限を受ける権利利益の内容、性質、制限の程度、行政処分により達成しようとする公益の内容、程度、緊急性等を総合較量して行政手続に対する告知と聴聞を受ける権利の保障を考えていくのが最高裁の立場と言える。そして、この見解は、おおむね学説の支持を得ていると解されている。

前述したように県関係者は、原告と面談を行い、自主移転を検討するよう要請した。これに対し、原告は要請を拒否した上、代替案の提案を行った。すると、県関係者は「真摯に考える」と述べ、協議を継続する考えを示したが、その11日後、原告と再び面談を持ち、改めて自主撤去を求めた。そこで、原告は、群馬県知事とのトップ会談を申し入れた。しかし、同日、群馬県知事は、原告の申し入れに何ら回答しないまま、本件追悼碑が政治的行事に利用されたことなどを理由にして本件追悼碑の設置期間更新申請に対し不許可処分を行っている。本件で問題になっているのは表現の自由であり、また、追悼碑の撤去を命じられた原告の不利益は非常に大きい。これに対して、行政側の利益は、群馬の森を憩いの場である都市公園としてのあるべき施設とすることにより、都市公園としての効用を維持することにあると考えられるが、撤去以外でもその目的は達しうるし、現状でもさしたる不都合は生じていないことから、緊急性も低い。このような県の一連の対応は、たとえ実体面で何の瑕疵もなかったとしても、少なくとも表現の自由が問題となる本件においては適正手続の原則に反する可能性が高い。以上からして、追悼碑の設置許可更新を原則として認めることを前提に、両者のみならず追悼碑の存続に反対する市民をも交えて十分に話し合いの場を持ち、今後における記念碑の維持、管理、利用等についてのより詳細な合意を形成することにより円満解決を目指すのが望ましい。それを主導できるのは行政をおいて他にないのである。行政はその努力を怠ってはならないと考える。

以上

※紙幅の関係上、「注」は省略する（筆者）。

参考文献

芦部信喜［1994］『憲法学Ⅱ人権総論』（有斐閣）

――――［1998］『憲法学Ⅲ人権各論（1）［増補版］』（有斐閣）

――――［2015］『憲法　第六版』（高橋和之補訂、岩波書店）

石村修［2010］「集会の自由への取消処分によって生じた社会的な評価の低下に対する慰謝料」（『専修ロージャーナル第5号』専修大学）

伊藤正己［1959］『言論・出版の自由』（岩波書店）

浦部法穂［2006］『憲法学教室　全訂第2版』（日本評論社）

T・I・エマースン［1980］『現代アメリカ憲法』（木下毅訳、東京大学出版会）

W・ゲルホン［1959］『基本的人権』（早川武夫・山田幸男訳、有斐閣）

平地秀哉［2013］「駅構内でのビラ配布と表現の自由」（長谷部恭男・石川健治・宍戸常寿篇『憲法判例百選Ⅰ［第6版］』有斐閣）

佐藤幸治［1984］『憲法訴訟と司法権』（日本評論社）

――――［2011］『日本国憲法論』（成文堂）

渋谷秀樹［2013］『憲法　第2版』（有斐閣）

辻村みよ子［2008］『憲法　第3版』（日本評論社）

中林暁生［2011］「表現する場を提供する国家」（『ジュリスト1422号』有斐閣）

松井茂記［2007］『日本国憲法〈第3版〉』（有斐閣）

――――［2013］『マス・メディア法入門〔第5版〕』（有斐閣）

松井直之［2008］「市民会館の使用不許可処分と在日外国人の集会の自由」（『横浜国際経済法学　第17巻第1号』横浜国立大学）

安西文雄［2009］「表現の自由の保障構造」（安西文雄・青井未帆他著『憲法学の現代的論点　第2版』有斐閣）

吉澤文寿［2016］「朝鮮人強制連行関連地域における市民運動の取り組み」（『新潟国際情報大学国際学部紀要創刊号』国際学部紀要編集委員会）

長谷部恭男［2011］『憲法　第5版』（新世社）

「記憶反省そして友好」の追悼碑を守る会［2006］『記憶、反省そして友好』

――――［2014］『群馬における朝鮮人強制連行と強制労働』

――――［2015］『「追悼碑裁判」に勝利するために』

角田義一［2014］「追悼碑裁判が問いかけるもの」（法学館憲法研究所ホームページ「今週の一言」）http://www.jicl.jp/hitokoto/backnumber/20140915_02.html

③ 第一審・前橋地裁判決

平成30年2月14日判決言渡

判　決

前橋市大手町○丁目○の○
原　告「記憶反省そして友好」の追悼碑を守る会
同代表者代表委員　○○ ○○
前橋市大手町1丁目1番1号
被　告　群　馬　県
同代表者兼処分行政庁　群馬県知事　大沢 正明

主　文

1　群馬県知事が平成26年7月22日付けでした原告の公園施設の設置期間の更新申請に対する不許可処分を取り消す。
2　原告のその余の請求を棄却する。
3　訴訟費用は、これを2分し、それぞれを各自の負担とする。

事実及び理由

第1　請求の趣旨
1　主文第1項に同旨
2　群馬県知事は、原告が平成25年12月18日付けでした公園施設（県立公園群馬の森における「記憶　反省　そして友好」の追悼碑）の設置期間の更新申請に対し、これを許可せよ。

第2　事案の概要
1　本件は、戦時中に労務動員され、群馬県内で亡くなった朝鮮人（大韓民国及び朝鮮民主主義人民共和国の人々を指す。以下、本判決において同じ。）労働者を追悼する追悼碑（以下「本件追悼碑」という。）の被告が管理する県立公園における設置許可を受けた団体から本件追悼碑に関する権利義務を承継したと主張している権利能力なき社団である原告が、上記設置許可の期間満了に当たり、群馬県知事に対し、都市公園法（以下「法」という。）5条1項に基づき、平成25年12月18日付けの本件追悼碑の設置期間の更新申請（以下「本件更新申請」という。）をしたところ、同知事から平成26年7月22日付けで設置期間の更新不許可処分（以下「本件更新不許可処分」という。）を受けたため、本件更新不許可処分の取消し（以下「本件取消しの訴え」という。）とともに、群馬県知事に対する本件更新申請の許可の義務付けを求めた（以下「本件義務付けの訴え」という。）事案である。

2　本件に関連する法令の規定

※紙幅の関係により省略する（筆者）。

3　前提事実（証拠を掲げた部分以外は、当事者間に争いがない。）

（1）当事者

ア　原告は、本件追悼碑の維持・管理を目的とする権利能力なき社団である。

イ　被告は、後記（2）で詳述する県立公園群馬の森（以下「本件公園」という。）を管理する地方公共団体である。

（2）本件公園について

ア　本件公園の設置目的等

本件公園（敷地面積26・2ヘクタール）は、被告が昭和49年10月に群馬県高崎市に設置した「都市計画施設としての都市公園」（法2条1項1号）であり、主として一つの市町村の区域内に居住する者の休息、鑑賞、散歩、遊戯、運動等総合的な利用に供することを目的とする都市公園（いわゆる総合公園（法施行令2条1項4号））に該当する。

本件公園の設置目的は、都市における良好な景観の形成、緑とオープンスペースの確保を通じて豊かな人間性の確保と都市住民の公共の福祉増進をはかることとされ、また、本件公園は、かつて日本陸軍の火薬製造所であった甲の跡地に設置されたものであり、敷地内には県立近代美術館や県立歴史博物館が設置されているなど、群馬の歴史、文化を広く県民に伝える機能を有し、歴史と文化を基調としている。

イ　本件公園の利用状況

本件公園は、県立近代美術館、県立歴史博物館はもとより、約4ヘクタールと広大な大芝生広場、日本庭園、わんぱくの丘などを有し、また平野部における貴重な緑である平地林をはじめ数多くの樹木に囲まれている。

このため、本件公園は、地元高崎市民はもとより、多くの県民が、憩いの場として利用しており、例えば平日は小学校や幼稚園等の遠足の場として、休日は家族連れが大芝生広場で遊び、弁当を食べるという家族団らんの場として利用されている。また、多くの県民が安全で手軽にウォーキングなどの軽スポーツができる場所として健康づくりのために日々利用している。

本件公園の年間利用者数は、平成22年度が54万2871人、平成23年度が55万5278人、平成24年度は54万2586人、平成25年度は50万4236人とされており、このうち平成25年度の利用者数が減少した理由は台風と雪の影響によるものであると指摘されている。

（3）本件追悼碑の設置許可

ア　A会（以下「建てる会」という。）は、平成16年2月25日、群馬県知事に対し、わが国と近隣諸国、特に日韓、日朝との過去の歴史的関係を想起し、相互の理解と信頼を深め、友好を推進するために有意義であり、歴史と文化を基調とする本件公園にふさわしい公園施設であることなどを理由として、本件公園に「記憶　反省　そして友好」の追悼碑と名称する本件追悼碑を設置することを目的とし、設置期間を設置許可の日より10年間とする公園施設の設置許可を申請した。

イ　群馬県知事は、同年3月4日、建てる会に対し、法5条2項に基づき、設置期間を平成16年3月4日から平成26年1月31日までとして、本件追悼碑の設置を許可（以下「本件設置許可処分」という。）した。同許可には、法8条に基づき、「設置許可施設については、宗教的・政治的行事及び管理を行わないものとする。」との公園施設設置許可に関する細部事項としての条件（以下「本件許可条件」という。）が付された。

（4）本件更新不許可処分に至る経緯

ア　原告は、平成25年12月18日、群馬県知事に対し、法5条1項に基づき、本件追悼碑建立の目的を維持し、継続することを理由として、本件追悼碑の設置期間を平成26年2月1日から平成36年1月31日まで更新する旨の本件更新申請をした。

イ　群馬県知事は、平成26年7月22日、要旨以下の理由で本件更新申請を許可しない旨の本件更新不許可処分をした。

（ア）建てる会の運営委員は、平成16年4月24日に本件公園内で開催された本件追悼碑の除幕式において、「碑文に謝罪の言葉がない。今後も活動を続けていこう」と発言（以下「本件発言1」という。）した。

（イ）原告の事務局長は、平成17年4月23日に本件公園内で開催された追悼式において、「強制連行の事実を全国に訴え、正しい歴史認識を持てるようにしたい」と発言（以下「本件発言2」という。）するなどした。

（ウ）原告の共同代表は、平成18年4月22日に本件公園内で開催された追悼式において、「戦争中に強制的に連れてこられた朝鮮人がいた事実を刻むことは大事、アジアに侵略した日本が今もアジアで孤立している」、「このような運動を「群馬の森」から始め広めていこう」と発言（以下「本件発言3」という。）した。

また、B群馬県本部委員長は、同日、「朝・日国交正常化の早期実現、朝鮮の自主的平和統一、東北アジアの平和のために共に手を携えて力強く前進していく」と発言（以下「本件発言4」という。）した。

（エ）B群馬県本部委員長は、平成24年4月21日に本件公園内で開催された追悼式において、「日本政府は戦後67年が経とうとする今日においても、強制連行の真相究明に誠実に取り組んでおらず、民族差別だけが引き継がれ、朝鮮学校だけを「高校無償化」制度から除外するなど、国際的にも例のない不当で非常な差別を続け民族教育を抹殺しようとしている」、「日本政府の謝罪と賠償、朝・日国交正常化の一日も早い実現」と発言（以下、「本件発言5」といい、本件発言1ないし本件発言5を併せて「本件各発言」という。）した。

（オ）本件各発言は、いずれも政治的発言であり、除幕式及び追悼式の一部内容を政治的行事とするもので、「政治的行事及び管理」を禁止した本件許可条件に反する行為である。このような違反行為が繰り返し行われた結果、本件追悼碑の設置目的は、日韓、日朝の友好の推進という当初の目的から外れてきたと判断せざるを得ない。さらに、本件追悼碑は、存在自体が論争の対象となり、街宣活動、抗議活動などの紛争の原因になっており、都市公園にあるべき施設としてふさわしくないと判断せざるを得ない。

以上により、本件追悼碑は、都市公園の効用を全うする機能を喪失しており、法2条2項の公園施設に該当しない。また、本件追悼碑は、法5条2項1号の公園施設には該当せず、都市公園の機能の増進に資する施設とは認められないから、同項2号の公園施設にも該当しない。

（5）原告は、平成26年11月13日、本件訴訟を提起した。

4　争点

（1）原告が「法人でない社団」（行政事件訴訟法7条、民事訴訟法29条）に該当するか。

※この問題は、本件の中心論点ではないので省略する（筆者）。

（2）本件更新不許可処分の違法性

ア　被告は、本件追悼碑について、特段の事情のない限り更新を許可すべき義務があるか。

（原告の主張）

記念碑や追悼碑等の公園施設の設置許可を受けた者は、そこに思想・表現上の利益や財産的利益を取得するから、当該設置許可を受けた者が公園施設の設置期間の更新を欲するときは、処分行政庁は、新たな設置許可申請の場合とは異なり、都市公園の管理上あるいは公益上の必要がある場合など特段の事由のない限り、公園施設の設置期間の更新を許可すべき義務を負う。

原告は、建てる会からその権利義務を承継したのであるから、建てる会が本件設置許可処分により本件追悼碑について取得した財産上及び思想、表現上の利益を承継している上、本件追悼碑は、ある物事を記念し、後世に伝えるという記念碑、モニュメントとしての性質を有するものであるから、被告が半永久的な更新を予定して本件設置許可処分をしたことは明らかである。そして、本件更新申請の許否を判断するに当たり、本件公園の管理上あるいは公益上の必要があるなどの特段の事情はないから、被告は、本件更新申請を許可すべき義務を負っていたのであり、同義務に反してなされた本件更新不許可処分は被告の裁量権を逸脱又は濫用したものとして違法である。

（被告の主張）

法5条3項は、公園管理者以外の者が公園施設を設け、又は管理する期間は10年を超えることができない旨を規定しており、同条項の趣旨は、同一の者が何らの手続もせずに長期にわたって公園施設を設置又は管理することは、当該都市公園における当該公園施設の役割や許可の前提となった事実関係が変化することなどが想定されることから適当ではなく、このような変化等に応じ許可の必要性を定期的に検討することができるようにするという点にある。また、原告が本件設置許可処分の条件に違反した場合には、被告は許可を取り消すことができる旨の条件が付されていること、原告は、被告の指導に応じた原状回復のために必要な資金として50万円を定期預金として積み立てているなど、設置期間が更新されないことを前提とした措置が講じられていることを考慮すれば、被告が更新を許可すべき義務を負うとはいえない。

仮に、被告が、本件更新申請に対し特段の事由のない限り、許可すべき義務を負うとしても、①本件追悼碑前で政治的発言が繰り返され、除幕式及び追悼式の一部内容は政治的行事となり、原告が本件追悼碑を政治的に利用した結果、本件追悼碑自体が、当初の設置目的から外れ、政治的な性質を帯び、政治上の目的又は宗教上の目的等のために利用され、特定の主義主張を伝達するための施設に該当するに至ったと判断されること、②本件追悼碑は、存在自体が論争の対象となり、街宣活動、抗議活動などの紛争の原因になっており、県民憩いの場として、心身を休めたり、自由な時間を楽しめるようにするという本件公園にあるべき施設としてふさわしくないと判断されることからすれば、被告が、更新を許可すべき義務を負わない特段の事情がある。

イ　本件許可条件が、原告の表現の自由を侵害し、憲法21条1項に違反し、無効か。

（原告の主張）

（ア）本件公園は、伝統的パブリックフォーラムに該当する施設であり、本件公園において、多様な表現活動や思想伝達の手段となる公園施設は、本来的な都市公園の効用を増進させるものとして広く許容されていると解すべきであるところ、本件追悼碑について、政治的行事及び管理を行わないものとすると定める本件許可条件は、本件公園内での原告の表現の自由を著しく制約するものであるから、憲法21条1項及び法の趣旨に反し、無効である。

（イ）また、本件各発言は、憲法21条1項により保障される表現行為であるから、本件各発言を規制する本件許可条件は、明確でなければならず、規制の範囲が過度に広範なものであってはならない。

被告は、「政治的行事」とは、政治上の主義若しくは施策を推進し、支持し、若しくはこれに反対し、又は公職の候補者、特定の政党その他の政治団体、特定の内閣等を推薦し、支持し、若しくはこれに反対するような目的のために行う行事をいい、「本件追悼碑に係る政治的発言」とは、本件追悼碑を利用して、碑文に謳われている主旨や内容と違う独自の主義主張を訴え、広めていこうとする一連の行動をいうなどと主張するが、本件許可条件から被告主張の解釈ないし基準を読み取ることはできない。よって、本件許可条件は、それ自体不明確であり、規制範囲は漠然としているというほかない。加えて、上記被告の解釈を前提とすると、本件追悼碑に係る政治的発言により追悼式は全て政治的行事になり、原告ではコントロールできない来賓の発言までもが規制の対象となっていることになり、過度に広範な規制といわざるを得ない。

したがって、本件許可条件は、原告の表現の自由を侵害し、憲法21条1項に違反し、無効である。

(ウ) なお、本件許可条件が合憲限定解釈により有効となる余地も一概に否定できないが、表現の自由を最大限保障する観点からすれば、本件許可条件が規制する「政治的行事」は「公園の管理が具体的に阻害されるような態様の政治的行事」に限定されるべきである。被告が問題視する除幕式及び各追悼式は、いずれも平穏のうちに開催されて終了しており、公園の管理や都市公園の機能を具体的に阻害する態様のものではなかったのであるから、本件許可条件違反の事実は認められない。

(被告の主張)

(ア) 本件許可条件によって禁止されるのは、原告が本件追悼碑を宗教的・政治的に利用することであって、本件公園内であっても、原告が本件追悼碑と関係なく集会や表現を行うことは何ら禁止されないから、本件許可条件は原告の表現の自由を制約するものではない。そもそも、法の沿革や目的、都市公園が一般公衆の自由な利用に供する目的をもって設置される公共施設であること並びに関係法令において都市公園を住民の思想伝達の場として機能させることに着目した規定が見当たらないことを踏まえれば、政治上の目的又は宗教上の目的等のために利用される記念碑は、一般に、都市公園の効用を全うしないと考えられるから、本件公園に設置される追悼碑の思想伝達の機能などというものは考慮すべきではない。

また、本件許可条件は、被告が一方的に定めたものではなく、原告と被告の合意により定めたものであるから、この点からも本件許可条件が無効となる余地はない。

(イ)被告は、本件追悼碑が戦争中に群馬県内で亡くなった朝鮮人を追悼し、過去の歴史の事実を記すものであれば、その追悼碑は、日韓、日朝の友好推進に有意義なものであり、歴史と文化を基調とする本件公園の効用を全うすると考えていた。しかし、政府見解として認めていない「強制連行」という表現が本件追悼碑の設置団体の名称に含まれたり、碑文に記載されたりすれば、本件追悼碑が、戦争中に群馬県内で亡くなった朝鮮人を追悼し、過去の歴史の事実を記すという意味合いを超え、政治上の目的又は宗教上の目的等のために利用され、特定の主義主張を伝達するための施設に該当してしまい、本件公園の効用を全うしないと考えられたことから、被告は、旧建てる会に対し、多くの方々の賛同を得られるものとするという基本方針の下、「強制連行」という言葉が使用された旧建てる会の団体名や碑文の内容について見直すよう助言した。上記本件許可条件が付された経緯を踏まえれば、原告は、本件追悼碑前で行われた発言に、碑文に謳われている主旨や内容と異なる独自の主義主張が含まれれば、当該発言は政治的発言に該当し、除幕式及び追悼式の一部内容が本件許可条件に違反する政治的行事に当たることを認識し又は十分認識可能であったというべきである。したがって、本件許可条件が漠然で不明確であるとか、過度に広範であるなどということはできない。

(ウ)本件追悼碑とその利用に対しては、上記のとおり憲法上の保障が及ばない以上、合憲限定解釈の必要はないが、上記のとおり「記念碑」(法2条2項6号、法施行令5条5項1号)は、たとえ平穏な態様であっても、政治上の目的又は宗教上の目的等のために利用されるものであってはならないと解されるから、「政治的行事」は公園の管理が具体的に阻害されるような態様の政治的行事に限定されるとの原告の主張は妥当でない。また、政治的発言をする者が原告の構成員である場合と来賓である場合とで差異はないから、来賓の発言も本件許可条件により制約を受けるというべきである。

ウ　本件更新不許可処分が、原告の表現の自由を侵害し、憲法21条1項に違反し、無効か。

(原告の主張)

本件追悼碑は、伝統的パブリックフォーラムに該当する本件公園において、思想伝達の機能を営むものであるから、本件追悼碑を設置する行為自体が憲法21条1項により保障される表現行為であるということができる。よって、本件更新不許可処分は、除幕式、追悼式での発言を規制するだけでなく、原告から本件追悼碑による原告の表現の場を奪うものとして、原告の表現の自由を制約するものであり、その違憲性が問題となる。

表現の自由の価値及び本件公園が伝統的パブリックフォーラムに該当することからすれば、本件更新不許可処分の合憲性は、規制目的にやむにやまれぬ正当性があり、規制手段が必要最小限度であるかという観点から厳格に判断されるべきであり、さらに、反対勢力や集会に敵意をもつ観衆の存在によって治安妨害が発生するおそれのある場合については、正当な権利の行使を法律上弾圧すべきでないという原則（敵意ある聴衆の法理）からすれば、本件更新不許可処分は、警察の警備等でも混乱を防止することができないような明らかな差し迫った危険が具体的に予見されることを要するというべきである。

①本件各発言は、都市公園の健全な発達や公共の福祉の増進、公序良俗を阻害するものとはいえないこと、②仮に、本件追悼碑が、政治的行事に利用されたとしても、日韓、日朝の友好の推進に有意義であるという本件追悼碑の設置意義が失われるわけではないこと、③論争や紛争の原因となっている本件追悼碑の碑文の内容は、本件更新不許可処分の理由とはならず、他方で、本件追悼碑を撤去したからといって論争や紛争の根本的解決にもならないこと、④公開討論の場でもある都市公園に論争や紛争はつきものであり、過激な論争や紛争のおそれは、公園の管理規則、監視体制の強化又は警察の警備等の他の手段で対応すべきものであることからすれば、本件更新不許可処分は、規制手段が必要最小限度ということはできない。よって、本件更新不許可処分は、原告の表現の自由を侵害し、憲法21条に違反し、無効である。

（被告の主張）

前記のとおり「記念碑」（法2条2項6号、法施行令5条5項1号）は、政治上の目的又は宗教上の目的等のために利用されるものではないものに限定されるというべきであり、本件公園に設置される追悼碑の思想伝達の機能というものは考慮すべきではない。また、都市公園内に追悼碑を設置する行為は、都市公園という公共の場所を継続的に占拠する態様の行為であって、表現方法として一般的とはいえず、本件追悼碑を設置する行為は憲法21条1項により保障されるものではないから、本件更新不許可処分は、原告の表現の自由を制約するものとはいえない。

仮に、本件更新不許可処分が原告の表現の自由を制約するものであるとしても、本件許可条件は、本件設置許可処分の前提として不可欠の許可条件であり、原告としてもその重要性を十分に認識していたものであるから、このような重要な許可条件に対する重大な違反行為に対して、重い処分を行ったからといって、均衡を失することにはならない。さらに、本件公園を利用する県民の安全、安心を確保し、県民の自由な利用に供するという目的を踏まえれば、本件更新不許可処分以外の手段を選択する余地はなかったのであり、本件更新不許可処分は、規制手段として、過剰なものではない。

よって、本件更新不許可処分は、原告の表現の自由を侵害しない。

エ　本件更新不許可処分が、憲法31条に違反し、無効か。

（原告の主張）

本件更新不許可処分は、原告の表現の自由を制約するものであり、しかも、本件追悼碑による表現行為を完全に奪うものであり、原告に対する制約の程度は　甚大である。一方、本件更新不許可処分によって得られる憩いの場としての都市公園の効用は、憲法上、特段重要な利益とまではいい難い上、毀損された効用の回復は本件追悼碑の撤去以外の方法でも達し得るし、現状でも実際に支障をほとんど生じていないから、撤去という方法をとる緊急性もない。したがって、本件追悼碑の設置期間の更新手続には、憲法31条の定める適正手続の保障が及ぶ。

しかるに、群馬県知事は、原告に対し、ただ本件追悼碑の撤去を求めるばかりであり、原告の群馬県知事との会談の申入れにも何ら回答することなく、本件更新不許可処分を行っており、原告に弁解や防御の機会が十分に与えられたとは到底いい難いから、本件更新不許可処分は、憲法31条に違反し、無効である。

（被告の主張）

前記のとおり、本件更新不許可処分は、原告の表現の自由を制約するものとはいえないから、原告の主張は本件更新不許可処分が原告の表現の自由を制約することを前提としている点で前提を欠いている。

本件更新不許可処分は、条例に則って行われており、何ら手続的瑕疵はない。本件更新不許可処分に当たっては、群馬県知事に代わり、D副知事（当時。以下「D副知事」という。）が、少なくとも4回の意見交換をしており、原告に対しては、弁解や防御の機会が十分に付与されていたといえる。

オ　原告が、「宗教的・政治的行事及び管理」を行ったか。

（被告の主張）

（ア）本件各発言は、いずれも碑文に謳われた主旨や内容と異なる独自の主義主張が含まれており、政治的発言に該当し、除幕式及び追悼式の一部内容は、本件許可条件に違反する政治的行事である。

原告は、被告からの照会に対して、「一部来賓の挨拶に、不適切な発言があったことは認めざるを得ない」、「日本人の感覚からは、一部違和感を抱く部分もありました。」と回答して、本件許可条件に抵触する行為を行ったことを認めていること、原告は、来賓であったB（以下「B」という。）群馬県本部委員長が政治的発言を行った後も、同委員長を追悼式に出席させていること、原告が、平成26年7月11日、被告に対して、本件許可条件違反の事実を争うことはせず、本件追悼碑に係る敷地の払下げ、又は、許可期間を短縮し、本件追悼碑の前では集会は行わない等の条件付きで設置期間の更新許可処分をするなどの提案を行っていることからすれば、原告が本件許可条件違反となる政治的行事を行った事実があることは明らかである。

(イ) 原告は、被告が、平成27年4月30日付け被告準備書面において、「被告が、本件追悼碑の管理状況について調査したところ、本件追悼碑前において、①「碑文に謝罪の言葉がない。今後も活動を続けていこう。」(中略)との各発言がなされたことが確認された。」、「各発言が政治的発言に該当すると判断し(た)」と主張したのに対し、同年12月9日付け原告第3準備書面において、「認める」と認否しており、E運営委員(以下「E運営委員」という。)の本件発言1が、除幕式において本件追悼碑前でなされたことを認めていたのであるから、自白が成立している。

(ウ) 原告が提出する除幕式の動画、除幕式の式次第及び除幕式後に行われた追悼碑建立記念の集いの動画は、E運営委員が、除幕式において本件発言1をしたことの反真実性を立証するための証拠としては不十分であり、したがって、原告の自白が錯誤に基づくものであるということもできないから、自白の撤回は許されない。

仮に、原告の自白について反真実性を認める余地があったとしても、原告は、本件訴訟の提起時から、E運営委員の本件発言1が除幕式でなされたものではないことを主張することが十分に可能であったにもかかわらず、本件訴訟提起後約2年もの間、E運営委員の本件発言1が除幕式においてなされたことを前提として訴訟活動を行っていた。そうすると、原告は、故意又は重過失により自白を繰り返していたというべきであって、錯誤を否定すべき特段の事情があるから、自白の撤回は許されないというべきであるし、また、原告の自白の撤回の主張は、時機に後れた攻撃又は防御方法として許されないというべきである。

(原告の主張)

(ア) 被告は、E運営委員が平成16年4月24日開催の除幕式において、「碑文に謝罪の言葉がない。今後も活動を続けていこう。」との本件発言1をしたことを本件更新不許可処分の理由とするようであるが、E運営委員は、除幕式において本件発言1をしておらず、本件更新不許可処分は、処分の前提に重大な事実誤認があったことが明らかである。

原告が、被告の「本件追悼碑前において、①「碑文に謝罪の言葉がない。今後も活動を続けていこう。」(中略)との各発言がなされたことが確認された。」、「各発言が政治的発言に該当すると判断し(た)」という主張に対し、「認める」と認否したのは、被告が、本件追悼碑の管理状況等について調査を開始し、調査の過程で除幕式においてE運営委員による本件発言1がなされたことを確認したという事実経過（各発言を認識した経過）に対して認否したにすぎず、実際に除幕式においてE運営委員が本件発言1をした事実についてまで認めたものではないから、E運営委員が本件発言1をした事実については、自白は成立していない。

（イ）仮に、E運営委員が本件発言1をしたことについて、自白が成立しているとしても、上記事実が真実でなく、原告の自白は錯誤に基づいてなされたものであることは明らかであるから、原告は自白を撤回する。

（ウ）仮に、被告の主張する「政治的行事」の定義を前提としても、本件発言1ないし本件発言3は、いずれも碑文に謳われている主旨や内容と異なる独自の主義主張ではなく、朝鮮に対する植民地支配や労務動員に対する謝罪の意を示した平成7年8月15日の村山内閣総理大臣（当時）の「戦後50周年の終戦記念日にあたって」の談話（いわゆる村山談話）や平成14年9月17日の小泉内閣総理大臣と金正日委員長（いずれも当時）による日朝平壌宣言とも合致するものである。また、本件発言2及び本件発言3中の「強制連行」という言葉は、確立した歴史学上の用語として一般的に使用されている上、過去の歴史的事実を表現する意味合いを超えるものではないから、碑文に謳われている主旨や内容と違う独自の主義主張ということもできない。したがって、本件発言1ないし本件発言3は、いずれも本件追悼碑に係る政治的発言と評価することはできない。

本件各発言のうち、本件発言4及び本件発言5は、追悼式に参加した来賓の発言であるが、そもそも来賓は、自らの立場で発言するものであって、式の主催者が事前に来賓の発言内容をチェックし、その内容をコントロールすることなどしないし、来賓の発言内容に関して、事後的に抗議することなど極めて礼節を欠く行為であるから、原告が本件発言4及び本件発言5に対して、抗議しなかったことをもって、各発言を利用したと評価することはできず、本件追悼碑を政治的に利用したと評価することもできない。

仮に、除幕式及び追悼式において、本件各発言がなされた事実があり、「追悼碑に係る政治的発言」と評価されたとしても、本件各発言はあくまで発言であり、行事ではないし、除幕式及び追悼式を分断してその一部分のみを「政治的行事」と評価することはできないから、本件各発言が「政治的行事」になることはなく、除幕式及び追悼式の一部内容が「政治的行事」になることもない。また、除幕式や追悼式は、労務動員の結果、群馬県内において亡くなった朝鮮人を悼む目的で行われるものであり、式に参加した関係者から社会情勢や政治に関する単発的な発言があったとしても、除幕式や追悼式自体の目的が政治的な目的に変化するものではないから、本件追悼碑に係る政治的発言がなされたことをもって、除幕式及び追悼式を「政治的行事」と評価することもできない。

よって、原告が政治的行事を行ったということはできず、本件許可条件違反の事実はない。

カ　原告が本件許可条件に違反したことにより、本件追悼碑が都市公園の効用を全うする機能を喪失し、「公園施設」(法2条2項)に該当しなくなったということができるか。

(被告の主張)

上記のとおり、本件追悼碑前では、政治的発言が繰り返され、一部内容が本件許可条件に違反する政治的行事である除幕式及び追悼式が行われていたことから、本件追悼碑は、日朝、日韓の友好推進に有意義なものであるという当初の設置目的から外れ、それ自体が政治的な性質を帯び、政治上の目的又は宗教上の目的等のために利用され、特定の主義主張を伝達するための施設に該当するに至ったというべきである。また、本件追悼碑は、存在自体が論争の対象となり、街宣活動、抗議活動など紛争の原因となっており、県民の憩いの場として、心身を休めたり、自由な時間を楽しむという本件公園にあるべき施設としてはふさわしくなくなっていた。

本来、公園施設の設置期間の更新許可処分を行うに当たっては、当該公園施設が、都市公園の効用を全うする機能を有しているかを再検討することになるが、許可条件違反行為があったか否かは、1つの考慮要素にすぎず、許可条件違反がなくても当該施設が都市公園の効用を全うする機能を喪失したと判断されることがあり得るし、反対に許可条件違反行為があったとしても、当該施設が都市公園の効用を全うする機能を有していると判断されることもあり得る。しかし、本件では、①記念碑が都市公園の効用を全うするといえるためには、政治上の目的又は宗教上の目的等のために利用されるものであってはならないこと、②本件許可条件を付さなければ、本件追悼碑は都市公園の効用を全うするものとは認められなかったこと、③本件許可条件が原告との合意により設けられたものであることからすれば、本件許可条件違反の事実が認められた場合には、例外なく、本件追悼碑は都市公園の効用を全うする機能を喪失したものと考えるべきである。

以上により、本件追悼碑は、都市公園の効用を全うする機能を喪失し、「公園施設」(法2条2項)に該当しなくなったというべきである。

(原告の主張)

原告は、平成16年に除幕式を開催し、その後毎年、追悼式を開催してきたが、平成24年まで被告から本件許可条件違反を指摘されたことはなく、被告は、同年5月には原告の追悼式に関する朝鮮新報の記事を確認していたにもかかわらず、平成25年12月まで原告に対する照会等を行っていないこと、本件追悼碑の撤去を求める団体（以下「抗議団体」という。）等から被告に寄せられた苦情や意見の内容は、いずれも本件追悼碑の碑文の内容を問題とするものであることからすれば、仮に、本件追悼碑が論争の対象となったとしても、それは抗議団体等による抗議活動を原因とするものであり、本件追悼碑前で政治的発言がなされたことを原因とするものではないというべきである。また、本件追悼碑前で政治的発言がなされたとしても、本件追悼碑に日朝・日韓の友好推進に有意義な価値があることや群馬における過去の歴史を県民に伝えていくという価値があることに何ら変わりがないから、本件追悼碑の設置目的が変化することはないし、依然として、本件追悼碑は本件公園の都市公園としての効用を増加させるものである。さらに、被告が政治的発言として問題視する本件各発言がなされた後も、本件公園の利用者数及び利用形態に特段の変化はないし、未だ公園利用者に危害が生じるようなおそれのある事態が生じたことはないから、本件追悼碑が県民憩いの場としての本件公園にふさわしくなくなったということもできない。

以上によれば、本件追悼碑が本件公園の都市公園としての効用を全うする機能を喪失し、「公園施設」（法２条２項）に該当しなくなったということはできない。

キ　被告が、原告の期間更新に対する合理的な期待や利益を不当に害することがないように配慮する義務に違反したか。

（原告の主張）

原告は、本件設置許可処分当時、本件許可条件である「政治的行事」の意味について、被告から何らかの説明や指導を受けたことはなく、除幕式及び追悼式の出席者の挨拶が、内容によっては「政治的行事」に当たり、本件許可条件違反となったり、強制連行との言葉を使ってはならないとの認識は全くなかったのであるから、原告には、本件追悼碑の設置期間の更新に対する合理的な期待や利益があったというべきである。

そうすると、群馬県知事は、本件設置許可処分による本件追悼碑の設置期間の満了に当たり、本件各発言を理由として更新不許可処分をすることは許されず、原告に対して、本件各発言が、本件許可条件違反に当たる旨を指摘するとともに将来に向けて指導を行った上、一定期間について更新を認めるなどの配慮をすべき義務があったというべきである。

群馬県知事は、上記配慮義務を懈怠して、本件設置許可処分の更新時期を間近に控えた平成26年1月に突然、本件追悼碑前で「政治的発言」がなされ、「政治的行事」がなされたことを理由に本件更新不許可処分を行ったのであるから、本件更新不許可処分は違法である。

（被告の主張）

行政庁に配慮義務が課されるためには、少なくとも処分が目的を達成するための手段として過剰であることが必要であるというべきであり、その上で処分に至る経緯等から行政庁に配慮義務を課すことが相当であるといえるような事情があることが必要である。

本件更新不許可処分は、本件公園を訪れる一般市民の安全・安心を確保することのみならず、一般公衆の自由な利用に供するために設置される公共施設という性質を維持することや本件公園の健全な発達を図ることをも目的としているところ、本件更新不許可処分は、上記目的を達成するための手段として過剰であるということはできないし、群馬県知事に配慮義務を課すことが相当であるといえるような事情も存在しないことから、群馬県知事が原告に対する配慮義務を負っていたということはできず、本件更新不許可処分に配慮義務違反の違法はない。

ク　本件更新不許可処分は比例原則に違反するか。

（原告の主張）

本件許可条件の目的は、公園利用者の安全、安心をしっかり確保し、県民が健やかに利用できるようにすることにあると解されるところ、確かに、本件追悼碑前で政治集会が開催されれば、現場で政治的な意見を異にする者との間で騒動が起き、その場に居合わせた公園利用者の安全等が害されるおそれは否定できないが、そのような危険は、本件追悼碑前で政治集会が開催されなければ生じないものであるから、あえて本件追悼碑を撤去する必要性はない。本件追悼碑をめぐる紛争の原因は、本件追悼碑それ自体にあるのではなく、仮に、紛争が生じた原因があるとすれば、世論の趨勢ないし社会情勢である。

したがって、公園利用者の安全、安心を守るという本件許可条件の目的を達成するためには、原告に対し、本件追悼碑前での追悼式を行わないように指導すれば足り、本件追悼碑自体を撤去する必要性はないのであるから、本件更新不許可処分は、本件許可条件の目的を達成するための手段として必要な限度を超えており、比例原則に反し、違法である。

（被告の主張）

本件更新不許可処分は、公園利用者の安全、安心を確保する必要があることのみを理由としてなされたものではなく、本件追悼碑自体が、政治的な性質を帯び、政治上の目的又は宗教上の目的等のために利用され、特定の主義主張を伝達するための施設に該当するに至ったと判断されたためになされたものである。

上記のとおり、本件許可条件は、極めて重要な本件追悼碑設置の前提として不可欠の許可条件であったのであり、原告としても本件許可条件の重要性を十分に認識していたのであるから、本件許可条件に違反した事実が認められた場合には、本件追悼碑は例外なく本件公園の効用を全うする機能を喪失し、更新不許可処分以外を選択することは不可能というべきであり、まして原告は少なくとも本件許可条件に違反する行為を4回も繰り返していたのであるから、本件更新不許可処分が比例原則に違反するということはできない。

(3) 群馬県知事が、本件更新申請に対する許可処分をしないことが、裁量権の逸脱又は濫用となるか。

(原告の主張)

上記のとおり、本件更新不許可処分には取り消されるべき違法がある。また、①群馬県知事は、本件追悼碑の設置期間を更新すべき義務を負うこと、②原告が本件許可条件に違反した事実はなく、本件許可条件違反があることを理由とする本件更新不許可処分はその前提を欠くこと、③本件追悼碑が未だ本件公園の効用を全うする機能を喪失した事実はなく、本件追悼碑が「公園施設」(法2条2項)に該当しないことを理由とする本件更新不許可処分はその前提を欠くことからすれば、群馬県知事は、本件更新申請を許可すべき義務を負う。

(被告の主張)

上記のとおり、本件更新不許可処分は適法かつ妥当な処分であり、群馬県知事は、本件更新申請を許可すべき義務を負わない。

第3　当裁判所の判断

1　認定事実

前記前提事実、証拠(証人F(以下「証人F」という。)、証人G(以下「証人G」という。)、証人D副知事)及び弁論の全趣旨によれば、以下の事実が認められる。

(1) 本件設置許可処分に至る経緯等

ア　旧建てる会は、平成11年12月10日頃、群馬県知事宛てに、B群馬県本部及びH(以下「H」という。)群馬県地方本部との連名による同日付「群馬県朝鮮人・韓国人強制連行犠牲者追悼碑を建てる運動へのご支援のお願い」と題する書面を提出して、「群馬県内の強制連行先で無念の死を遂げた朝鮮人を追悼し、その碑を建立するとともに、労働現場となった県内十余か所の各遺跡に、その実態を示す銘板を建立し、戦争遺跡として保存を図るなどの運動」を行うための支援を要請し、また、平成12年3月22日、上記追悼碑を建立する第1希望地として、戦時中の甲の跡地である本件公園を希望する旨の要望書を提出した。

イ　旧建てる会の共同代表であったIらは、平成13年2月14日、群馬県議会議長宛てに、労務動員朝鮮人労働犠牲者追悼碑建立のため、県有地を貸与してもらいたい旨の請願書を提出し、同請願は、同年6月12日、群馬県議会において趣旨採択された。

ウ　被告国保援護課及び都市施設課は、同年10月25日、旧建てる会に対して「戦時中における労務動員朝鮮人労働犠牲者の追悼碑」の本件公園への設置に関しては、「宗教的・政治的行事及び管理は一切行わない」ことを含む11項目の条件について合意した後に占有手続等を行うこととする旨を提案した。これに対し、旧建てる会は、同年12月11日、被告国保援護課長及び都市施設課長宛てに、上記11項目の合意条件は全て合意できる旨の確認書を提出した。

エ　原告は、平成14年4月頃、群馬県知事宛てに、碑文の案を提出した。上記碑文案は、「強制連行」という言葉を使用し、政府が朝鮮人の強制的動員を開始し、さらに国民徴用令による徴用を行ったことや群馬県内の軍需工場等にも数千人の朝鮮人強制連行労働者が投入され、多数の犠牲者を生んだことを訴える内容が含まれていた。

　これに対して、被告国保援護課及び都市施設課は、平成14年11月18日頃、①追悼碑設置を申請する団体の名称は「群馬県労務動員朝鮮人労働犠牲者追悼碑を建てる会」とすること、②碑名は「朝鮮人追悼碑」など単純、明快なものとすること、③上記旧建てる会から提出された碑文案から、政府が朝鮮人の強制的動員を開始し、さらに国民徴用令による徴用を行ったことや群馬県内の軍需工場等にも数千人の朝鮮人強制連行労働者が投入され、多数の犠牲者を生んだことを訴える部分を削除し、「強制連行」の文言を「労務動員」に改めた被告修正案のとおり見直すよう助言した。

オ　旧建てる会の内部では、申請団体名の名前や碑文から「強制連行」の文言を削除することについて様々な議論がなされたが、本件公園に追悼碑を建立することが大きな目的であり、強制連行の概念も労務動員の概念の中に含まれるため妥協できるとの考えから、申請団体名の名前や碑文から「強制連行」の文言を削除することとした。

　旧建てる会は、平成15年11月15日開催の第4回総会において、県有地の借用申請及び追悼碑の建立を行う団体として建てる会を結成し、追悼碑の維持管理団体として原告を設立することを決議し、旧建てる会の構成員らは、同日頃、建てる会及び原告を結成した。

カ　建てる会は、平成16年2月25日、群馬県知事に対し、わが国と近隣諸国、特に日韓、日朝との過去の歴史的関係を想起し、相互の理解と信頼を深め、友好を増進し、歴史と文化を基調とする本件公園にふさわしい公園施設であることなどを理由として、本件公園に「記憶　反省　そして友好」の追悼碑と名称する本件追悼碑を設置することを目的とし、設置期間を設置許可の日より10年間とする公園施設の設置許可を申請した。

キ　群馬県知事は、同年3月4日、建てる会に対し、公園施設設置許可に関する細部事項として「設置許可施設については、宗教的・政治的行事及び管理を行わないものとする。」との本件許可条件を付した上で、設置期間を平成16

年3月4日から平成26年1月31日までとして、本件設置許可処分をした。

ク　本件追悼碑は、建てる会のJを発注者、K建築設計事務所を設計・監理者、L株式会社及びM株式会社を施工業者として、合計５７０万円をかけて建設され、平成16年4月17日に完成した。

ケ　原告は、同日頃、建てる会から、本件追悼碑の所有権及び本件設置許可処分による権利義務を包括的に承継した。

(2) 原告の組織等

ア　原告は、会の趣旨に賛同する個人である個人会員と、組織として会の趣旨に賛同する団体である団体会員とで構成され、総会で選出される役員として代表委員、事務局長、事務局次長、運営委員、会計、会計監査が置かれ、会の機構として総会と運営委員会が設置されている。

総会は、年1回開催され、上記役員の選出のほか、活動報告・会計報告・会計監査報告を審議し、次年度の活動計画・予算を審議決定するものとされ、運営委員会は、適宜開催され、総会の決定に基づき、会の活動を具体的に推進するとともに、本件追悼碑の設置許可の更新に関する事務を処理するものとされている。

イ　原告は、上記（1）記載のとおり、平成15年11月15日開催の旧建てる会の第4回総会において、本件追悼碑の維持管理団体として設立することが決議され、旧建てる会の構成員らによって結成された後、役員等を変更しつつ、現在まで活動を継続しており、原告の財産は、原告名義の預金口座によって管理されている。

（3）本件追悼碑及びその周辺の状況等

ア　本件追悼碑は、鉄筋コンクリート造及び鉄骨造のモニュメントの外観をもつ追悼碑である。本件追悼碑は、直径７・２ｍの円形の台座の上に設置された高さ１・95ｍ、幅４・５ｍの碑文壁、最高高さ３・98ｍの塔及び同台座の外周に沿う形で設置された複数の円柱形の構造物によって構成されている。

イ　碑文壁の正面（西側）には、日本語、韓国語及び英語で「記憶　反省　そして友好」と記載された文字盤とレリーフ（絵）が取り付けられており、碑文壁の裏面（東側）には、日本語及び韓国語で以下のとおり記載された碑文が取り付けられている。

「追悼碑建立にあたって

20世紀の一時期、わが国は朝鮮を植民地として支配した。また、先の大戦のさなか、政府の労務動員計画により、多くの朝鮮人が全国の鉱山や軍需工場などに動員され、この群馬の地においても、事故や過労などで尊い命を失った人も少なくなかった。

21世紀を迎えたいま、私たちは、かつてわが国が朝鮮人に対し、多大の損害と苦痛を与えた歴史の事実を深く記憶にとどめ、心から反省し、二度と過ちを繰り返さない決意を表明する。過去を忘れることなく、未来を見つめ、新しい相互の理解と友好を深めていきたいと考え、ここに労務動員による朝鮮人犠牲者を心から追悼するためにこの碑を建立する。この碑に込められた私たちのおもいを次の世代に引き継ぎ、さらなるアジアの平和と友好の発展を願うものである。

２００４年４月24日

「記憶　反省　そして友好」の追悼碑を建てる会

碑文中「朝鮮」及び「朝鮮人」という呼称は、動員された当時の呼称をそのまま使用したもので、現在の大韓民国、朝鮮民主主義人民共和国、及び両国の人達に対する呼称である。」

ウ　本件追悼碑が設置されている本件公園の北側西寄りの場所一帯は、樹木が生い茂る散歩道であり、正面入口からは距離があるため、正面入口付近に比べて、公園利用者の姿は少ない。

（4）除幕式及び追悼式の状況

ア　原告は、平成16年４月24日、本件追悼碑前で除幕式を開催した。除幕式には、群馬県知事の代理人として被告の職員、H群馬県地方本部団長及びB群馬県本部委員長らが出席して追悼の言葉を述べたほか、H中央本部及びB中央本部の代表者らによる献花、朝鮮学校生徒らによる追悼歌の合唱等が行われた。

また、原告は、除幕式の閉会後、本件公園の群馬県歴史博物館の視聴覚室において、追悼碑建立記念の集いを開催した。同集いでは、E運営委員が本件追悼碑設計の基本理念、レリーフ（絵）の説明をしたほか、これまでの活動の経過報告や今後の運動の提案等が行われた。

イ　原告は、平成17年４月23日、本件追悼碑前で追悼式を開催した。原告のJ事務局長（当時。以下「J事務局長」という。）は、同追悼式において、「強制連行の事実を訴え、正しい歴史認識を持てるようにしたい。」との本件発言２をした。

ウ　原告は、平成18年４月22日、本件追悼碑前で追悼式を開催した。原告のN共同代表（以下「N共同代表」という。）は、同追悼式において、「戦争中に強制的に連れてこられた朝鮮人がいた事実を刻むことは大事」、「アジアに侵略した日本が今もアジアで孤立している。」、「このような運動を「群馬の森」から始め広めていこう。」との本件発言３をした。

また、B群馬県本部のO委員長（当時。以下「O委員長」という。）は、同追悼式において追悼の言葉を述べ、朝・日国交正常化の早期実現、朝鮮の自主的平和統一、東北アジアの平和のために「共に手を携えて力強く前進していく」旨の本件発言４をした。

エ　原告は、平成19年から平成23年にも毎年１回、本件追悼碑前で追悼式を開催した。

オ　原告は、平成24年4月21日、本件追悼碑前で追悼式を開催した。B群馬県本部のP委員長（当時。以下「P委員長」という。）は、同追悼式において追悼の辞を述べ、「日本政府は戦後67年が経とうとする今日においても、強制連行の真相究明に誠実に取り組んでおらず、民族差別だけが引き継がれ、朝鮮学校だけを「高校無償化」制度から除外するなど、国際的にも例のない不当で非常な差別を続け民族教育を抹殺しようとしている」、「日本政府の謝罪と賠償、朝・日国交正常化の一日も早い実現」のために活動していく旨の本件発言5をした。

（5）本件更新不許可処分に至る経緯

ア　平成16年5月8日付けの朝鮮新報WEB版は、同年4月24日開催の本件追悼碑の除幕式に関する記事を掲載し、同記事において、E運営委員が、「碑文に謝罪の言葉がない。今後も活動を続けていこう。」との本件発言1をしたことが記載されている。

また、平成17年5月14日付けの朝鮮新報は、同年4月23日開催の追悼式におけるJ事務局長の本件発言2に関する記事を、平成18年4月25日付けの朝鮮新報は、同月22日開催の追悼式におけるN共同代表の本件発言3及びO委員長の本件発言4に関する記事を、平成24年5月15日付けの朝鮮新報は、同年4月21日開催の追悼式におけるP委員長の本件発言5に関する記事を、それぞれ掲載した。

イ　被告都市計画課長であった証人Fは、同月頃、県民からの情報提供を受けて、上記同月15日付けの朝鮮新報の記事を確認した。もっとも、証人Fを含む被告の職員は、原告に対し、同記事の内容について、事実確認をすることはなかった。

ウ　被告に対しては、同月以降、本件追悼碑の碑文の内容が事実でない、本件追悼碑は即刻撤去すべきであるなどの抗議や意見の電話やメールが相次いで寄せられるようになり、また、抗議団体の構成員らが被告国保援護課に来庁し、本件追悼碑の碑文の内容について抗議したが、同課職員は、碑文の内容は問題ない旨を回答した。

エ　同年11月4日、抗議団体の構成員らが、群馬県高崎駅前で本件追悼碑の撤去を求める街宣活動を行い、その後、本件公園に来園して園内にプラカードを持ち込むなどしたため、公園職員との間で小競り合いとなり、警察が駆けつける騒ぎが発生した。また、抗議団体の構成員らは、平成26年4月19日にも、本件公園の正面入口付近で本件追悼碑の撤去を求める街宣活動を行った。

オ　D副知事は、平成25年3月頃、原告に対し、本件追悼碑をめぐって様々な抗議や意見が集中しており、同年の追悼式を本件追悼碑前で開催した場合に公園利用者の安全を確保できないおそれがあるため、同年の追悼式は延期してもらいたい旨を要請した。

カ　原告は、上記要請を受けて、同年の追悼式を群馬県高崎市所在の労使会館で開催することとし、同年4月13日、同会館で追悼式を開催した。なお、追悼式には、毎年、B群馬県本部の委員長も出席していた。

キ　平成25年9月20日、群馬県内在住の男性から、「本件追悼碑の碑文の内容が事実と異なり、これにより県民財産である県立公園の利用に関し県民の利益が阻害されているだけでなく、虚偽の内容により県民の名誉感情が大きく侵害されて」いるなどとして、本件設置許可処分を取り消し、原状回復のための必要な措置を講ずべきことを求める住民監査請求がなされたが、監査委員は、同年12月2日、同請求を却下した。

ク　証人Fは、同年10月頃、前記ア記載の平成17年5月14日付けの朝鮮新報、平成18年4月25日付けの朝鮮新報、平成24年5月15日付けの朝鮮新報の記事をそれぞれ確認した。

ケ　原告は、平成25年12月18日、群馬県知事に対し、法5条1項に基づき、本件追悼碑建立の目的を維持し、継続することを理由として、本件追悼碑の設置期間を平成26年2月1日から平成36年1月31日まで更新する旨の本件更新申請を行った。

コ　群馬県知事は、平成25年12月24日頃、原告に対し、上記アの各朝鮮新報記載の記事が、事実と相違ないか否かについて報告を求めたところ、原告は、平成26年1月6日、群馬県知事に対し、報告書を提出し、上記アの各朝鮮新報記載の記事はいずれも事実と「相違ない」と回答し、平成24年4月21日開催の追悼式におけるB群馬県本部のP委員長の本件発言5について「在日朝鮮人の立場から行われたもので、表現の激越さなど、日本人の私達から見ると違和感を覚えるものがある。」、平成16年5月8日付けの朝鮮新報WEB版の記事の中には「取材した記者の主観が表出し、極論ととられるおそれのある記述」がある旨を回答した。

群馬県知事は、平成26年1月10日、原告に対し、さらに上記アの各朝鮮新報に記載された本件発言1ないし本件発言5が、政治的発言と考えるか、また、平成24年4月21日開催の追悼式におけるP委員長の本件発言5について発言の停止や抗議を行ったかなどについて報告を求め、平成26年3月18日にも上記事項についての報告を求めた。

原告は、同月28日、被告に対し、群馬県知事の上記平成26年1月10日付け及び同年3月18日付けでなされた報告書の提出の求めは、「これを素直に受け入れて回答することを躊躇させるもの」であり、本件更新については、できるだけ早い許可を決断してもらいたい旨を求める回答書を提出した。これに対して、群馬県知事は、同年5月8日、原告に対し、上記同年3月28日になされた回答の内容には不十分な部分があるとして、再度の回答を求めた。

原告は、同年5月9日、被告に対し、「追悼集会のなかで、一部来賓の挨拶に、不適切な発言があったことは認めざるを得ないと思いますし、私たち、日本人の感覚からは、一部違和感を抱く部分もありました。」としつつ、あらためて本件更新については、できるだけ早い許可を決断してもらいたい旨を求める回答書を提出した。

サ　被告は、原告から本件更新申請に関する意見交換の場を設けてもらいたい旨の要望を受けたため、同年1月27日及び同月31日、原告との間で意見交換会を開催した。上記各意見交換会において、D副知事は、原告に対し、上記ア記載の朝鮮新報の内容について、事実確認をした。

シ　平成26年3月20日、「Q会」と称する団体の代表者らから群馬県議会議長宛てに本件設置許可処分の取消しを求める旨の請願書が提出され、また、同日には群馬県内在住の男性から、同年5月13日には「R会」、「S会」と称する団体の代表者から、それぞれ本件設置許可処分の更新を不許可とすることを求める旨の請願書が提出され、上記各請願は、いずれも同年6月16日、群馬県議会において採択された。

ス　被告は、同年7月11日、原告との間で意見交換会を開催し、D副知事は、原告に対し、本件更新を許可することは困難であることを伝え、本件追悼碑を自主的に本件公園外に移転することを提案した。これに対し、原告は、同提案を拒否し、被告に対し、①原告が本件追悼碑の敷地部分を買い取ること、②被告が本件追悼碑の更新期間を1年ないし2年に短縮して更新許可処分をすること、③被告は原告の10年の本件更新期間の更新申請を許可する代わりに、原告は当分の間、本件追悼碑前での追悼式の開催を自粛することを内容とする3つの代替案を提示した。

セ　D副知事は、同月22日開催の原告との意見交換において、原告の上記代替案はいずれも受け入れることはできない旨を回答し、再度本件追悼碑を自主的に本件公園外に移転することを提案したが、原告は、これを拒否した。

原告は、同日、被告に対し、群馬県知事との意見交換会の開催を申し入れたが、被告は、これを受け入れず、群馬県知事は、同日、本件更新不許可処分をした。

2　争点（1）（原告が「法人でない社団」（行政事件訴訟法7条、民事訴訟法29条）に該当するか。）について

※この問題は、本件の中心論点ではないので省略する（筆者）。

3　争点（2）ア（被告は、本件追悼碑について、特段の事情のない限り更新を許可すべき義務があるか。）について

原告は、処分行政庁は、記念碑や追悼碑等の公園施設の設置許可を受けた者が当該公園施設の設置期間の更新を欲するときは、都市公園の管理上あるいは公益上の必要がある場合など特段の事由がない限り、公園施設の設置期間の更新を許可すべき義務を負うと主張する。

しかし、法5条3項は、公園管理者以外の者が公園施設を設け、又は管理する期間は、10年をこえることができないとし、更新するときの期間についても同様である旨規定している。同項の趣旨は、同一の私人に途中で何らの手続もさせずにあまりにも長期にわたって公園施設を設けさせたり管理させたりすると、その関係が不明確になったり、当該私人がいつの間にか私物化してしまうといった諸種の弊害を生ずることが予想されて好ましくないので、いかに長くとも10年ごとに、公園管理者に更に同一私人に公園施設の設置又は管理を継続させるべきか否かを検討させる機会と、その関係を改めて明確にする機会を与えることによって都市公園の管理の適正を期する点にあると解される。そして、公園管理者に公園管理者以外の者が継続して公園施設の設置又は管理を継続させるか否かを検討させ、その法律関係を明確にする必要があることは、当該公園施設が記念碑や追悼碑等の場合であっても異ならないというべきである。

なるほど一旦公園施設の設置許可を受けた者が更新申請を行う場合には、従前の設置により当該更新申請者が有するに至った経済的利益その他の利益に配慮して更新の拒否を判断する必要があり、処分行政庁が、更新申請を拒否するためには、当該更新申請者に継続して公園施設の設置又は管理を行わせるべきでない特別の理由が必要であるというべきであるが、上記のとおり、法が、設置期間を更新する場合には、新たな設置許可の場合と異なり原則として更新を予定しているとまではいうことはできず、それ以上に一般的な義務として、処分行政庁の更新義務を認めることはできない。原告が主張の根拠として挙げる裁判例は、いずれも本件とは事案を異にするものであって、原告の上記主張は採用できない。

4　争点（2）（本件許可条件が、原告の表現の自由を侵害し、憲法21条1項に違反し、無効か。）について

原告は、本件許可条件は、本件公園のパブリックフォーラムとしての意義を没却し、本件公園内での原告の表現の自由を著しく制約するものであるから、憲法21条及び法の趣旨に反し、無効であると主張する。

前記本件に関連する法令の規定のとおり、法は、5条において、公園管理者以外の者が、公園管理者の許可を受けて、一定の公園施設を設けることができる旨を規定する一方で、8条において、公園管理者は、上記許可に都市公園の管理のために必要な範囲内で条件を付することができる旨規定している。そして、前提事実記載のとおり、本件公園は、都市住民全般の休息、鑑賞、散歩、遊戯、運動等総合的な利用に供することを目的とする総合公園であり、都市における良好な景観の形成、緑とオープンスペースの確保を通じて豊かな人間性の確保と都市住民の公共の福祉増進をはかることが設置目的とされている。

このような法令の規定及び本件公園の設置目的を踏まえれば、都市公園の効用を全うするために設けられる「公園施設」（法2条2項各号）も一般公衆の多種多様で自由な利用に供する目的をもって設置されるべきであり、公園管理者は、公園管理者以外の者に対して公園施設の設置を許可するに当たり、法8条に基づいて、当該公園施設が一般公衆の多種多様で自由な利用に供されるために必要な条件を付することもできるというべきである。

本件許可条件は、本件設置許可処分の公園施設設置許可に関する細部事項として「設置許可施設については、宗教的・政治的行事及び管理を行わないものとする」ことを内容とするものである。公園施設が政治又は宗教上の目的に利用された場合には、当該政治又は宗教上の意見、考え方と異なる意見、考え方をもつ者が安心して心身を休めたり、自由な時間を楽しむことができなくなったり、ときには紛争の原因となるなどして、当該公園施設を一般公衆の多種多様で自由な利用に供することが困難ないし不可能となることも想定されることからすれば、本件許可条件は本件追悼碑が一般公衆の多種多様で自由な利用に供されるための条件としての合理性が認められる。

そして、表現の自由といえども絶対無制約のものではなく、都市公園における公園施設の設置及び利用が何らの制限を受けないというものではないこと、本件許可条件によっても、原告が本件追悼碑に関わらない宗教的・政治的集会及び表現活動を行うことは何ら規制されるものではなく、本件追悼碑に関する集会及び表現活動であっても、宗教的・政治的行事及び管理に当たるものでなければ、何ら規制されるものではないことからすれば、本件許可条件が憲法21条及び法の趣旨に反するということはできず、原告の上記主張は採用できない。

（2）また、原告は、本件許可条件は、それ自体不明確であり、規制範囲は漠然としているというほかなく、過度に広範な規制といわざるを得ないから、原告の表現の自由を侵害し、憲法21条1項に違反し、無効であると主張する。

しかし、「宗教的・政治的行事及び管理」との文言がそれ自体直ちに不明確であるということはできない。加えて、①旧建てる会は、平成13年12月11日、被告国保援護課長及び都市施設課長宛てに、「戦時中における労務動員朝鮮人労働犠牲者の追悼碑」の本件公園への設置に関しては、「宗教的・政治的行事及び管理は一切行わない」ことを含む11項目の条件について全て合意できる旨の確認書を提出していること、②Iらが同年2月14日に行い、同年6月12日、群馬県議会において趣旨採択された請願は、「労務動員」という言葉を用いて、労務動員朝鮮人労働犠牲者追悼碑建立のため、県有地を貸与してもらいたい旨の請願であったこと、③これに対し、平成14年4月に、旧建てる会が、当時の群馬県知事宛てに提出した碑文の案では、「強制連行」という言葉が用いられ、政府が朝鮮人の強制的動員を開始し、さらに国民徴用令による徴用を行ったことにより、群馬県内の軍需工場等にも数千人の朝鮮人強制連行労働者が投入されたことを訴える内容が含まれていたこと、④被告国保援護課及び都市施設課は、同年11月18日頃、旧建てる会に対し、上記訴えに係る部分を削除した上で、追悼碑設置を申請する団体名や碑文の案から、「強制連行」の文言を「労務動員」に改めることなどを助言したこと、⑤旧建てる会の内部では、申請団体名の名前や碑文から「強制連行」の文言を削除することについて様々な議論がなされたが、本件公園に追悼碑を建立することが大きな目的であり、強制連行の概念も労務動員の概念に含まれるため妥協できるとの考えから、申請団体名や碑文の文面から「強制連行」の文言を削除して本件追悼碑の設置の許可の申請を行ったことは、前記認定のとおりである。

「宗教的・政治的行事及び管理」との文言自体直ちに不明確とはいえないだけでなく、上記の本件追悼碑の設置許可申請に至る経緯によれば、被告は、本件設置許可処分に当たり、「強制連行」の文言を使用して、歴史認識に関する主義主張を訴える行為をすべきではないとの考えの下で本件許可条件を付したことが認められ、歴史認識に関する問題が国内外の政治問題にまで発展することもあり得ることであるから、本件許可条件にいう「政治的行事」には、少なくとも本件追悼碑に関して「強制連行」の文言を使用して、歴史認識に関する主義主張を訴えることを目的とする行事を含むものと解され、かつ、そのことを原告も認識していたというべきである。

したがって、本件許可条件は、具体的場合に当該行事が本件許可条件違反となる「政治的行事」か否かを判断することが十分に可能であり、その適用を受ける原告の立場からみて、「強制連行」の文言を使用して歴史認識に関する主義主張を訴えることを目的とする行事が「政治的行事」に当たることは明らかであったということができるから、本件許可条件が不明確であり、規制範囲が漠然としているということはできないし、「政治的行事」の意味が上記のとおり解される限り、過度に広範な規制ということもできないから、原告の上記主張は採用できない。

5　争点（2）ウ（本件更新不許可処分が、原告の表現の自由を侵害し、憲法21条1項に違反し、無効か。）について

原告は、本件更新不許可処分は、原告から本件追悼碑による原告の表現の場を奪うものとして、原告の表現の自由を侵害し、無効であると主張する。

しかし、いかに碑の設置行為が表現行為の一態様であるとしても、特定の表現手段による表現の制限が、表現者の表現の自由を侵害するものというためには、表現者が、法的に当該表現手段の利用権を有することが必要と解されるところ、前記本件に関する法令の規定のとおり、法は、公園管理者以外の者に公園施設を設置させ又は管理させるかを公園管理者の許可に委ねているのであって、原告が、法律上、本件追悼碑を設置し、利用する権利を有しているということはできない。したがって、本件更新不許可処分が原告の表現の場を奪うものとして、原告の表現の自由を侵害する旨の原告の主張は、前提を欠き、採用できない。

6　争点（2）エ（本件更新不許可処分が、憲法31条に違反し、無効か。）について

原告は、本件追悼碑の設置期間の更新手続には憲法31条の定める適正手続の保障が及ぶところ、本件更新不許可処分に当たって原告に弁解や防御の機会が十分に与えられたものとは到底いい難いから、憲法31条に反し、本件更新不許可処分は無効であると主張する。

憲法31条の定める法定手続の保障は、直接には刑事手続に関するものであるが、行政手続については、それが刑事手続ではないとの理由のみで、そのすべてが当然に同条による保障の枠外にあると判断することは相当ではない。そして、行政処分の相手方に事前の告知、弁解、防御の機会を与えるかどうかは、行政処分により制限を受ける権利利益の内容、性質、制限の程度、行政処分により達成しようとする公益の内容、程度、緊急性等を総合較量して決定されるべきものであって、常に必ずそのような機会を与えることを必要とするものではないと解するのが相当である（最高裁判所平成４年7月1日大法廷判決・民集46巻5号４３７頁参照）。

これを本件についてみると、原告は、本件更新不許可処分により本件公園における本件追悼碑の設置を継続することができなくなるものであるが、本件更新不許可処分が原告の表現の自由を侵害するものではなく、直ちに本件更新不許可処分により制限を受ける原告の利益が重大であるということはできないこと、申請により求められた許認可等を拒否する処分その他申請に基づき当該申請をした者を名宛人としてされる処分については、不利益処分ではなく、告知聴聞の機会の付与は処分の手続的要件とされていないこと（行政手続法２条４号ロ、13条参照）などからすれば、本件追悼碑の設置期間の更新手続には憲法31条の定める適正手続の保障が及ぶということはできない。

また、仮に、本件追悼碑の設置期間の更新手続に憲法31条の定める適正手続の保障が及ぶとしても、前記認定のとおり、被告は、平成25年12月25日以降、原告に対し、朝鮮新報記載の記事が、事実と相違ないか否かについて報告を求めるなどした上で、原告からの要望を受けて、平成26年1月27日、同月31日、同年7月11日及び同月22日の4回にわたって、原告との意見交換会を開催して、その中で朝鮮新報記載の記事の内容に関する事実確認や本件追悼碑を自主的に本件公園外に移転することの提案をし、また、原告から代替案の提示を受けるなどしているのであって、直ちに原告の防御の機会が不十分であったということはできない。よって、原告の上記主張は採用できない。

7　争点（2）オ（原告が、「宗教的・政治的行事及び管理」を行ったか。）について

（1）前提事実（4）記載のとおり、本件更新不許可処分は、本件各発言がいずれも政治的発言であり、除幕式及び追悼式の一部内容を政治的行事とするものであって、本件許可条件に違反する行為が繰り返し行われた結果、本件追悼碑は、都市公園の効用を全うする機能を喪失し、法2条2項の公園施設に該当せず、また、本件追悼碑は、法5条2項1号の公園施設には該当せず、都市公園の機能の増進に資する施設とは認められないから、同項2号の公園施設にも該当しないことを理由とするものである。

ここで、前記本件に関連する法令の規定のほか、公園管理者は、法の規定による許可に付した条件に違反している場合等においては、法の規定によってした許可の取消し等をすることができるとされていること（法27条1項）などにも鑑みると、公園管理者以外の者に公園施設の設置又管理を許可するか否かは、法5条2項所定の要件の存する範囲内で、公園管理上の政策的、技術的な観点から、当該第三者の人格、識見、経験、技術、手腕、財力などを勘案した公園管理者の合理的な裁量判断に委ねられているものと解される。もっとも、公園管理者に、公園管理者以外の者に公園施設の設置又管理を許可するか否かについての裁量が認められるといっても、そこには一定の限界が存するのであって、その判断の基礎とされた重要な事実に誤認があることなどにより判断が全く事実の基礎を欠く場合や、事実に対する評価が明白に合理性を欠くことなどにより判断が社会通念に照らし著しく妥当性を欠き裁量権の範囲を超えていると認められる場合又は不当な目的のために裁量権を恣意的に行使するなど裁量権の濫用に当たると認められる場合には、当該処分は違法というべきである。

（2）ところで、本件訴訟において、被告は、平成27年4月30日付け被告準備書面において、「被告が、本件追悼碑の管理状況について調査したところ、本件追悼碑前において、①「碑文に謝罪の言葉がない。今後も活動を続けていこう。」（中略）との各発言がなされたことが確認された。」、「各発言が政治的発言に該当すると判断し（た）」と主張したのに対し、原告は、同年12月9日付け原告第3準備書面において、「認める」と認否した（当裁判所に顕著な事実）。

原告の上記認否は、被告が主張立証責任を負う本件更新不許可処分の適法性を基礎付ける具体的事実である本件許可条件の違反行為として、E運営委員が平成16年4月24日開催の除幕式において本件追悼碑前で本件発言1をした事実を主張したところ、原告が認めたものであるから、上記事実が存在することについて自白が成立している。

これに対し、原告の上記認否は、被告が、本件追悼碑の管理状況等について調査を開始し、調査の過程で除幕式においてE運営委員による本件発言1がなされたことを確認したという事実経過（各発言を認識した経過）に対して認否したにすぎず、実際に除幕式においてE運営委員が本件発言1をした事実についてまで認めたものではないと主張する。

しかし、原告が、自らが経験しているわけではない被告の調査、確認の経過のみを認めることは不自然といわざるを得ず、原告は、被告が調査した結果、確認した事実、すなわち、除幕式においてE運営委員による本件発言1がなされたことも含めて認否したと理解するのが相当であり、他に原告の自白の成立を妨げる事情はない。

（3）そこで進んで、原告において、上記自白が真実でなく、かつ、錯誤に基づく自白であるとして、撤回することができるか否かを検討すると、証拠によれば、同人は、除幕式において何ら追悼の言葉を述べたり、献花をしたりするなどの行為を行っていないことが推認される。

確かに、原告が提出する除幕式の動画は、一部映像が途切れている部分があり、また、上記動画には、除幕式の式次第には予定されていない黙祷の時間や手紙ないし詩の朗読の時間が設けられているなど、一部、上記式次第と整合しない部分はある。しかし、動画の撮影者において、スピーチとスピーチとの間に間があったりした場合に一時的に撮影を停止させることはあり得ることであるし、上記動画と上記式次第は、大部分において合致していることからすれば、直ちに上記動画及び式次第の記載が信用性を欠くということはできない。また、前記認定のとおり、E運営委員は、除幕式の後、本件公園の群馬歴史博物館内で開催された追悼碑建立の集いにおいて、本件追悼碑の基本理念、レリーフ（絵）の説明をしているのであるから、さらに、除幕式において、式次第にも記載がない挨拶をするとは考え難いことからすれば、同人が除幕式において本件追悼碑前で本件発言1をした事実はないと認めることができる。

そうすると、原告の上記自白は真実に反するものであり、かつ、原告が上記自白が真実に反するものであることを知りながら自白をしたことをうかがわせるような事情はなく、上記自白は錯誤に基づくものであったということができるから、原告は、上記自白を撤回することができるというべきである。なお、原告には上記自白をしたことについて過失があることは否定できないが、自白の撤回が許されるためには、錯誤につき無過失であることまでは必要ではないと解すべきであるから、上記事情があることをもって、自白の撤回が許されないということはできない。

また、被告は、原告の自白の撤回の主張は、時機に後れた攻撃又は防御方法として許されないと主張する。しかし、原告の自白の撤回は、平成28年11月16日の第10回口頭弁論期日でされたものであるが、未だ争点の整理を終える前の段階でされたものであるし、上記自白の撤回の後も平成29年5月17日の第13回口頭弁論期日には争点の整理を終えて、原告及び被告が申し出た証人の採否の裁判がなされていることからすれば、未だ時機に後れた攻撃又は防御方法に当たるものとはいえない。

(4) 以上によれば、本件更新不許可処分は、E運営委員が除幕式において本件追悼碑前で本件発言1をしたとの事実がなかったにもかかわらず、これがあったものとしてなされたことになる。

この点について、原告は、本件更新不許可処分は、処分の前提に重大な事実誤認があったことが明らかであると主張する。

確かに、E運営委員が除幕式において本件追悼碑前で本件発言1をしたとの事実は、原告が「宗教的・政治的行事及び管理」を行ったことを基礎付ける重要な事実であるということができるから、本件更新不許可処分は「宗教的・政治的行事及び管理」の存在を基礎付ける重要な事実に誤認があったといわざるを得ない。

しかしながら、一般に、取消訴訟においては、行政庁は、原則として当該処分の効力を維持するための一切の法律上及び事実上の根拠を主張することが許されると解される(最高裁判所昭和53年9月19日第三小法廷判決・集民125号69頁参照)。したがって、被告が政治的発言に当たると主張する本件発言2ないし本件発言5が、政治的発言であると評価され、追悼式の一部内容を政治的行事とするもので、「政治的行事及び管理」を禁止した本件許可条件に反する行為であると評価される場合には、E運営委員が除幕式において本件追悼碑前で本件発言1をしたとの事実がなかったとしても直ちに本件更新不許可処分が全く事実の基礎を欠くということはできない。

そこで、以下、本件発言2ないし本件発言5が、政治的発言に該当し、追悼式の一部内容を政治的行事とするもので、「政治的行事及び管理」を禁止した本件許可条件に反する行為であるということができるかについて検討する。

ア　既に説示したとおり、本件追悼碑の設置許可申請に至る経緯によれば、少なくとも、本件追悼碑に関して「強制連行」の文言を使用して、歴史認識に関する主義主張を訴えることを目的とする行事は、「政治的行事」に含まれ、かつ、そのことを原告も認識していたというべきであるから、「政治的発言」には、本件追悼碑に関して「強制連行」の文言を使用して、歴史認識に関する主義主張を訴える発言が含まれると解するのが相当である。

そうすると、平成17年4月23日開催の追悼式におけるJ事務局長の本件発言2のうち「強制連行の事実を訴え、正しい歴史認識を持てるようにしたい。」との部分、平成18

年4月22日開催の追悼式におけるN共同代表の本件発言3のうち「戦争中に強制的に連れてこられた朝鮮人がいた事実を刻むことは大事」との部分、平成24年4月21日開催の追悼式におけるP委員長の本件発言5のうち「日本政府は戦後67年が経とうとする今日においても、強制連行の真相究明に誠実に取り組んでおらず」との部分は、いずれも「強制連行」の文言を使用して、歴史認識に関する主義主張を訴える行為であるといえるから、政治的発言に該当するものというべきである。これに対し、平成18年4月22日開催の追悼式におけるO委員長の本件発言4は、朝・日国交正常化の早期実現、朝鮮の自主的平和統一、東北アジアの平和のために「共に手を携えて力強く前進していく」旨の発言であり、「強制連行」の文言は使用しておらず、歴史認識に関する主義主張を訴える行為であるということもできないし、その他、政治的発言に該当するということはできない。

そして、上記各政治的発言は、いずれも追悼式における原告の事務局長、共同代表又は来賓としての立場からなされたものであり、当該発言に含まれる歴史認識に関する主義主張を推進する効果を持つものであるから、上記各政治的発言がなされた結果、追悼式自体が死者を悼む目的を超えて、政治性を帯びることは否定できないというべきであり、平成17年4月23日開催の追悼式、平成18年4月22日開催の追悼式及び平成24年4月21日開催の追悼式は、いずれも「政治的行事」に該当するというべきである。

イ　上記認定に対し、原告は、本件発言2、本件発言3及び本件発言5における「強制連行」という言葉は、確立した歴史学上の用語として一般的に使用されている上、過去の歴史的事実を表現する意味合いを超えるものではないから、「強制連行」という言葉が含まれることをもって、「政治的発言」と評価することはできない旨主張する。

しかし、申請団体名や碑文の文面から、あえて「強制連行」の文言を削除した経緯からすれば、少なくとも原告と被告との間では、「強制連行」の文言を使用して、歴史認識に関する主義主張を訴える行為が、本件追悼碑の内容とは異なる主義主張を訴える行為に当たることについて、共通の認識となっていたというべきである。その意味では「強制連行」という言葉が、歴史学上の用語としていかなる意味で用いられ、いかなる歴史的事実を指すものであるかに重要性があるとはいえない。

また、原告は、本件発言5は、追悼式に参加した来賓の発言であって、原告が本件発言5に対して、抗議しなかったことをもって、各発言を利用したと評価することはできず、本件追悼碑を政治的に利用したと評価することもできないと主張する。

しかし、証拠によれば、B群馬県本部は、「本件追悼碑除幕式の報告」において「関係団体」とされていることが認められ、平成16年の除幕式以後、B群馬県本部の委員長は、何度も追悼式に出席して挨拶をし、本件発言5がなされた後に開催された平成25年の追悼式にも出席していること（前記認定事実）、証人Gは、証人尋問において、追悼式で来賓のうち誰に挨拶をしてもらうのかについては、主催者である原告が決定して依頼していたと供述していることからすれば、B群馬県本部委員長の挨拶は、原告の事務局長及び共同代表が行う挨拶と同様に、毎年の追悼式の通例となっていたことがうかがわれる。その上、原告が、P委員長が本件発言5を行った際に、何らの抗議もしていないことを併せて考えれば、本件発言5が来賓の発言であるからといって、追悼式自体が政治性を帯びることを否定することはできないというべきであり、原告の上記主張は採用できない。

さらに、原告は、追悼式に参加した関係者から社会情勢や政治に関する単発的な発言があったとしても、追悼式自体の目的が政治的な目的に変化するものではないから、本件追悼碑に係る政治的発言がなされたことをもって、追悼式を「政治的行事」と評価することもできないとも主張する。

しかし、上記のとおり、追悼式において政治的発言がなされた結果、追悼式自体が当該発言に含まれる歴史認識に関する主義主張を推進する集会としての性質を帯び、死者を悼む目的を超えて、政治性を帯びることは否定できないというべきであるから、原告の上記主張は採用できない。

ウ　以上によれば、本件各発言のうち本件発言2、本件発言3及び本件発言5は、いずれも政治的発言に該当し、平成17年4月23日開催の追悼式、平成18年4月22日開催の追悼式及び平成24年4月21日開催の追悼式は、いずれも「政治的行事」に該当するものであるから、これらの追悼式を開催した原告は本件許可条件に違反したものといわざるを得ない。

8　争点（2）カ（原告が本件許可条件に違反したことにより、本件追悼碑が都市公園の効用を全うする機能を喪失し、「公園施設」（法2条2項）に該当しなくなったということができるか。）について

（1）ある施設が都市公園の効用を全うするか否かは、個々の公園の特殊性に応じて、具体的に決すべきであると解される。そして、前提事実及び記載のとおり、本件公園は、都市住民全般の休息、鑑賞、散歩、遊戯、運動等総合的な利用に供することを目的とする総合公園であり、都市における良好な景観の形成、緑とオープンスペースの確保を通じて豊かな人間性の確保と都市住民の公共の福祉増進をはかることを設置目的としており、本件追悼碑は、わが国と近隣諸国、特に、日韓、日朝との過去の歴史的関係を想起し、相互の理解と信頼を深め、友好を推進するために有意義であり、歴史と文化を基調とする本件公園の効用を全うするものとして設置されたものである。

（2）前記認定のとおり、原告は、平成16年以降、毎年追悼式を開催し、平成17年及び平成18年の追悼式では、前記のとおり政治的発言に該当する本件発言2及び本件発言3がなされていたにもかかわらず、平成24年5月15日付けの朝鮮新報が同年4月21日開催の追悼式に関する記事を掲載するまでは、被告に対しても本件追悼碑に関する抗議や意見の電話及びメールが寄せられたことはなかったのであり、原告が追悼式を開催及び運営するに当たって支障や混乱が生じたことを認めるに足りる証拠はないから、本件許可条件違反の事実、すなわち、原告が、本件追悼式について政治的行事を行った事実があることをもって、直ちに本件公園の効用を全うする機能を喪失していたということはできない。

これに対し、被告は、本件許可条件違反の事実が認められた場合には、例外なく、本件追悼碑は都市公園の効用を全うする機能を喪失したものと考えるべきであると主張する。

しかし、仮に、被告が本件許可条件違反の事実が認められた場合には直ちに本件追悼碑は都市公園の効用を全うする機能を喪失するとの認識を有していたのであれば、本件許可条件違反をうかがわせる事実を認識した時点で、事実関係の調査や原告に対する事実確認を行うなどの対応をとるのが自然であるにもかかわらず、証人Fが、平成24年5月頃には、既に同月15日付けの朝鮮新報の記事を確認していたのに、被告は、平成25年10月頃に平成17年5月14日付けの朝鮮新報、平成18年4月25日付けの朝鮮新報及び平成24年5月15日付けの朝鮮新報の記事を確認するまで何らの調査も行わず、平成25年12月24日頃に、上記各朝鮮新報の記事が事実と相違ないかについての報告を求めるまで原告に対する事実確認を行っていない。証人Fは、証人尋問において、平成24年5月頃に朝鮮新報の記事を確認した後、約1年半もの間、調査及び事実確認を行わなかった理由について、本件更新申請がなされた段階で処理すればよいと考えていた旨を供述しており、上記供述によれば、証人Fは、仮に、平成24年5月15日付けの朝鮮新報の記事内容が真実であるとしても、直ちに本件許可条件違反を理由として本件設置許可処分を取り消すなどの対応を取ることは全く想定していなかったというべきである。そうすると、被告自身、本件許可条件違反の事実が認められた場合には直ちに本件追悼碑は都市公園の効用を全うする機能を喪失するとは考えていなかったというべきであり、被告の上記主張は採用できない。

なお、仮に、本件追悼碑について政治的行事が行われたことにより、本件追悼碑が歴史認識に関する主義主張を伝達するための施設に該当するに至ったと評価される場合であっても、その後、本件追悼碑について政治的行事が行われることなく、時間が経過するなどの事情により、本件追悼碑の歴史認識に関する主義主張を伝達するための施設としての性質が消失し、日韓、日朝の友好推進という本件追悼碑本来の機能を回復することもあり得るというべきである。

しかしながら、被告は、①原告が本件追悼碑の敷地部分を買い取ること、②被告が本件追悼碑の更新期間を1年ないし2年に短縮して更新許可処分をすること、③被告は原告の10年の本件更新期間の更新申請を許可する代わりに、原告は当分の間、本件追悼碑前での追悼式の開催を自粛することを内容とする3つの代替案をいずれも拒否しており、被告が、上記3つの代替案を受け入れることができるか否かについて、具体的に検討したことを認めるに足りる証拠はないことからすれば、群馬県知事は、本件追悼碑が本件公園の効用を全うする機能を喪失したと判断するにつき、当然考慮すべき事項を十分考慮しておらず、本件更新不許可処分は、この点においても、その裁量権行使の判断要素の選択に合理性を欠いているといわざるを得ない。

（3）以上によれば、本件更新不許可処分は、原告の本件許可条件違反の事実によっては、本件追悼碑が本件公園の効用を全うする機能を喪失していたということができないにもかかわらずなされたものであり、本件許可条件違反との事実に対する評価が明白に合理性を欠いており、その結果、社会通念に照らし著しく妥当性を欠くものと認められるから、裁量権を逸脱した違法があるといわざるを得ない。

なお、①被告に対しては、平成24年5月以降、本件追悼碑の内容が真実でない、本件追悼碑は即刻撤去すべきであるなどの抗議や意見の電話及びメールが相次いで寄せられるようになり、また、本件追悼碑の碑文の文面の内容について抗議して、抗議団体の構成員らが被告国保援護課に来庁したこと、②同年11月4日には、抗議団体の構成員らが、群馬県高崎駅前で本件追悼碑の撤去を求める街宣活動を行い、その後、本件公園に来園して園内にプラカードを持ち込むなどしたため、公園職員との間で小競り合いとなり、警察が駆けつける騒ぎが発生したこと、③同団体の構成員らは、平成26年4月21日にも、本件公園の正面入口付近で本件追悼碑の撤去を求める街宣活動を行ったことは前記認定のとおりである。

上記事情は、原告の本件追悼碑の利用又は管理とは直接的には関係するものではないが、本件追悼碑をめぐる抗議活動や街宣活動が活発化していたことを示すものである。そして、被告において、抗議団体による抗議活動や街宣活動の結果、本件公園周辺で都市公園としてふさわしくない混乱が生じるなどの具体的な支障が生じ、日韓、日朝の友好推進という本件追悼碑本来の機能を十分に考慮してもなお、都市住民全般の休息、鑑賞、散歩、遊戯、運動等総合的な利用により、都市における良好な景観の形成、緑とオープンスペースの確保を通じて豊かな人間性の確保と都市住民の公共の福祉増進をはかるという本件公園の効用が阻害されるに至っていると判断されるような場合には、群馬県知事が本件追悼碑の設置期間の更新を認めないとの処分をすることも、公園管理者の合理的な裁量の範囲内の行為として許される可能性は考えられなくもない。

しかしながら、上記のとおり、抗議団体の抗議活動や街宣活動の内容は、主として、本件追悼碑の碑文の内容が真実でないため、本件追悼碑は即刻撤去すべきであることを求めるものであったのであるところ、①群馬県知事は、本件設置許可処分にあたって、原告に対し、本件追悼碑の碑文の内容の修正を求め、修正後の碑文の内容は相当であることを認めた上で本件設置許可処分を行ったものであるし、②現に、被告国保援護課の担当職員は、抗議団体の構成員らが被告国保援護課に来庁した際にも、本件追悼碑の碑文の内容には問題ない旨を回答している。そうすると、被告自身、本件追悼碑の碑文の内容は相当であると認めているのであるから、被告としては、本件追悼碑の碑文の内容に関する抗議活動や街宣活動を行う抗議団体に対しても、本件追悼碑の碑文の内容を説明し、抗議団体が碑文の内容を誤解していると認められるような事情があれば、その点を指摘して本件追悼碑の碑文の内容は相当であることの理解を求めるのが望ましいということができるのであり、抗議団体による抗議活動や街宣活動の内容が正当であることが判明し、考え方を改めたといった事情もないにもかかわらず、直ちに本件公園の効用が阻害されるに至ったと判断することはできないというべきである。

そして、抗議団体の構成員らが、平成24年11月４日に群馬県高崎駅前で本件追悼碑の撤去を求める街宣活動を行い、その後、本件公園に来園して園内にプラカードを持ち込むなどしたため、公園職員との間で小競り合いとなり、警察が駆けつける騒ぎが発生したことは上記のとおりであるが、証人Ｆは、証人尋問において、上記小競り合いの詳しい状況の報告を受けたのかとの質問に対して、警察も出動した旨を述べるにとどまり、具体的にいかなる小競り合いが生じ、本件公園の利用にいかなる影響が生じたのかについて何ら供述していないのであって、被告がこの点について、何らかの調査を行ったことを認めるに足りる証拠はない。さらに、本件公園の年間利用者は、平成22年度が54万２８７１人、平成23年度が55万５２７８人、平成24年度は54万２５８６人、平成25年度は50万４２３６人とされており、このうち平成25年度の利用者数が減少した理由は台風と雪の影響によるものであると指摘されていること、本件追悼碑が設置されている本件公園の北側西寄りの場所一帯は、樹木が生い茂る散歩道であり、正面入口からは距離があるため、正面入口付近に比べて、公園利用者の姿が少ないことは前提事実のとおりであって、本件追悼碑をめぐる抗議活動や街宣活動によって本件公園の利用者数が減少したということもできない。そうすると、そもそも抗議団体による抗議活動や街宣活動の結果、本件公園周辺で都市公園としてふさわしくない混乱が生じるなどの具体的支障が生じていたと認めることもできない。

以上によれば、本件訴訟に現れた証拠による限りは、抗議団体による抗議活動や街宣活動の結果、本件追悼碑が本件公園の効用を全うする機能を喪失したということはできない。

9　以上説示したところによれば、本件更新不許可処分は違法な処分であるから、その他の取消事由を検討するまでもなく、取り消されるべきである。

10　争点（3）（群馬県知事が、本件更新申請に対する許可処分をしないことが、裁量権の逸脱又は濫用となるか。）について

本件義務付けの訴えは、いわゆる申請型の義務付けの訴え（行政事件訴訟法3条6項2号）であるから、本件取消しの訴えに係る請求に理由があると認められ、かつ、群馬県知事が、本件更新申請を許可すべきであることがその処分の根拠となる法令の規定から明らかであると認められ又はその処分をしないことがその裁量権の範囲を超え若しくはその濫用となると認められるときに認容される（行政事件訴訟法37条の3第3項）。

（1）既に説示したとおり、本件更新不許可処分は、本件追悼碑が本件公園の効用を全うする機能を喪失したということはできないにもかかわらずなされた点で、裁量権の逸脱があったものと認められ、違法であるから、本件取消しの訴えに係る請求には理由があるものと認められる。

（2）原告が平成25年12月18日、群馬県知事に対し、本件追悼碑の設置期間を平成26年2月1日から平成36年1月31日まで更新する旨の本件更新申請をしたところ、群馬県知事は、平成26年7月22日、原告に対し、本件更新不許可処分をしたことは、前提事実記載のとおりである。

上記のとおり、本件追悼碑が本件公園の効用を全うする機能を喪失したということはできないところ、本件更新不許可処分後の事情に関しては原告及び被告ともに特段の主張立証がなく、現時点において、本件追悼碑が、本件公園の効用を全うする機能を有しないということはできないから法2条2項の要件に適合しないということはできない。また、本件追悼碑を原告により設置又は管理することが本件公園の機能の増進に資するものと認められないともいえないから法5条2項2号の要件に適合しないということもできない。

もっとも、公園管理者以外の者が公園施設を設置又は管理する期間については、法は、5条3項において10年を超えることはできないと規定するほかは、何らの規定を設けていないから、更新申請者に対し、具体的にいかなる期間の更新を許可すべきか否かは、公園管理者の合理的な裁量に委ねられていると解するのが相当である。

そうすると、本件追悼碑が、法2条2項及び5条2項2号の要件を満たすとしても、いかなる期間及び条件のもとで本件追悼碑の更新を許可すべきかについては、なお、群馬県知事の裁量判断に委ねられているというべきであり、群馬県知事が、更新期間を平成26年2月1日から平成36年1月31日までの10年間とする本件更新申請を許可しないことが、法令の規定に反することが明らかであり、又は、その裁量権の範囲を超え若しくはその濫用となるということまではできない。

したがって、本件更新申請の許可の義務付けを求める原告の本件義務付けの訴えに係る請求は、理由がない。

11　結論

よって、原告の本件取消しの訴えに係る請求は理由があるから認容し、原告のその余の請求は理由がないから、これを棄却することとし、主文のとおり判決する。

前橋地方裁判所民事第1部

裁判長裁判官　○○ ○○

裁判官　○○ ○○

裁判官　○○ ○○

④ 控訴審・東京高裁判決

令和3年8月26日判決言渡

判　決

前橋市大手町1丁目1番1号
控訴人・附帯被控訴人
群　馬　県（以下「控訴人」という。）
同代表者兼処分行政庁　群馬県知事　山本　一太

前橋市大手町〇丁目〇の〇
被控訴人・附帯控訴人
「記憶　反省　そして友好」の追悼碑を守る会
（以下「被控訴人」という。）
同代表者代表委員　〇〇 〇〇

主　文

1 原判決を取り消す。

2 群馬県知事が平成26年7月22日付けでした被控訴人の公園施設（県立公園群馬の森における「記憶反省そして友好」の追悼碑）の設置期間の更新申請に対する不許可処分を取り消す旨の被控訴人の請求を棄却する。

3 被控訴人のその余の請求に係る訴えを却下する。

4 本件附帯控訴を棄却する。

5 訴訟費用は、第1、2審とも被控訴人の負担とする。

事実及び理由

第1　申立て

（控訴の趣旨）

1 原判決主文　第1項を取り消す。

2 前項の部分につき、被控訴人の請求を棄却する。

3 訴訟費用は、第1、2審とも被控訴人の負担とする。

（附帯控訴の趣旨）

1 原判決中、被控訴人敗訴部分を取り消す。

2 群馬県知事は、被控訴人が平成25年12月18日付けでした公園施設（県立公園群馬の森における「記憶　反省　そして友好」の追悼碑）の設置期間の更新申請に対し、これを許可せよ。

3 訴訟費用は、第1、2審とも控訴人の負担とする。

第2　事案の概要

1　事案の要旨

（1） 群馬県高崎市にある県立公園群馬の森（以下「本件公園」という。）には、戦時中に労務動員され、群馬県内で死亡した朝鮮人（大韓民国及び朝鮮民主主義人民共和国の人々を指す。以下同じ。）を追悼する追悼碑（以下「本件追悼碑」という。）が設置されている。本件追悼碑は「「記憶　反省　そして友好」の追悼碑を建てる会」（以下「建てる会」という。）が平成16年3月4日に都市公園法（以下「法」という。）5条2項（平成16年法律第109号による改正前のもの）による群馬県知事の許可（以下「本件設置許可処分」という。）を受けて設置したものである。

本件設置許可処分に係る設置期間は平成16年3月4日から平成26年1月31日までであったところ、被控訴人は、平成25年12月18日付けで、群馬県知事に対し、法5条1項に基づき、本件追悼碑の設置期間を平成26年2月1日から平成36年1月31日までと更新することを求める申請（以下「本件更新申請」という。）をした。これに対し、群馬県知事は、平成26年7月22日付けで、本件追悼碑が都市公園の効用を全うする機能を喪失しており、法2条2項に規定する公園施設に該当しないなどとして、更新不許可処分（以下「本件更新不許可処分」という。）をした。

（2）本件は、上記（1）の経緯の下で、被控訴人が、控訴人を被告として、本件更新不許可処分の取消しを求める（以下「本件取消しの訴え」という。）とともに、本件更新申請の許可の義務付けを求める（以下「本件義務付けの訴え」という。）事案である。

原審は、本件追悼碑が都市公園の効用を全うする機能を喪失していたということはできず、本件更新不許可処分は社会通念に照らし著しく妥当性を欠くものであるから、裁量権を逸脱した違法があると判断して、本件取消しの訴えに係る請求を認容したが、本件更新申請を許可しないことが法令の規定に反することが明らかであり、又はその裁量権の範囲を超え若しくはその濫用となるということまではできないと判断して、本件義務付けの訴えに係る請求を棄却した。

そこで、控訴人が本件取消しの訴えに係る請求認容部分を不服として控訴し、被控訴人が本件義務付けの訴えに係る請求棄却部分を不服として附帯控訴した。

2　本件に関連する法令の規定

※紙幅の関係により省略する（筆者）。

3　前提事実

※原則的に第一審判決の「事実及び理由」第2の3に記載のとおりであるから、省略する（筆者）。

4　争点及び当事者の主張

※原則的に第一審判決の「事実及び理由」第2の4に記載のとおりであるから、省略する（筆者）。

5　当審における補充主張

（1）争点（2）ア（控訴人は、本件追悼碑について、特段の事情のない限り更新を許可すべき義務があるか。）について

ア　被控訴人

（ア）国家が表現活動の場を設定するなど表現活動への援助の仕組みを設定した場合には、国家は、その場から、恣意的に表現活動を追い出したり、拒否したりすることは許されず、その場での表現活動を正当な理由なく認めず、不公正な取扱いをすれば、表現の自由から派生する人格的利益を侵害する。本件追悼碑は、碑文に労務動員による犠牲者への哀悼の意を示し、それへの反省及び日韓・日朝の友好を推進していくという内容が刻まれており、表現活動としての実体がある。

（イ）本件追悼碑は、創造的な彫刻であり、本件追悼碑を模した美術作品も存在することから、有形文化財としても評価し得るものであるところ、控訴人の文化基本条例は、文化芸術基本法の理念に則り、文化財への施策を定めていることから、控訴人が、本件追悼碑の設置期間の更新について、その表現内容を理由に不利益処分を行うことは許されない。

（ウ）本件追悼碑が設置された本件公園は、歴史と文化を基調とする公の施設であり、本件公園の管理者である控訴人は、設置許可を受けた本件追悼碑に対し不当な差別的取扱いをすることは許されず、正当な理由がない限り、住民が本件追悼碑を鑑賞することを妨げてはならない。

（エ）本件追悼碑は、公園施設のうち教養施設の中の記念碑に当たる。建てる会は、本件追悼碑を半永久的に市民の閲覧に供する目的で本件設置許可処分を受け、570万円の費用を投じて本件追悼碑を設置したものである。すなわち、本件追悼碑は、過去の事実を後世に残すための記念碑であり、その目的に照らして、相当長期の設置が見込まれていること、被控訴人は、控訴人から、本件追悼碑の前での追悼式における発言について指導を受けたことがないこと、法5条3項が定める期間の更新は、これを拒否すべき特別の理由がない限り認めるべきものとされていること、これらのことから、被控訴人は、本件追悼碑の設置期間の更新がされることについて合理的な期待を有しており、かつ、その期待は、思想の自由、表現の自由が憲法により保障された基本的人権であることに鑑みると、法的保護に値する人格的利益に当たるものといえる。

（オ）上記（ア）から（エ）までによれば、控訴人は、原則として、本件追悼碑の設置期間を更新すべき義務がある。

イ　控訴人

（ア）控訴人に更新を許可すべき義務はなく、被控訴人に更新を求める法的地位は認められない。

（イ）都市公園への追悼碑の設置は、市民に表現の場を与えるために認めるものではない。追悼碑の設置の制限は、被控訴人が主張する人格的利益の侵害にならない。

（ウ）文化芸術基本法及び文化基本条例に「文化財」の定義はなく、文化という極めて広義で観念的なものについて触れているにすぎない。「文化財」は文化財保護法２条１項で定義しており、同項１号は「建造物、絵画、彫刻、工芸品、書跡、典籍、古文書その他の有形の文化的所産で我が国にとって歴史上又は芸術上価値の高いもの（……）並びに考古資料及びその他の学術上価値の高い歴史資料」と定める。文化財保護法においては、この定義に当てはまる可能性のあるものを審議会に諮り（同１５３条）、専門的な見地から指定の是非が検討される。このような手続を経て初めて文化財として認められ、保護の対象となる。このような手続を経ていない本件追悼碑は文化財とは認められないため、文化財として配慮する必要はない。創造的な彫刻であり、本件追悼碑を模した美術作品も存在するなどの事情があるからといって、歴史的、芸術的、学術的に価値が高いとはいえない。

（２）争点（２）イ（本件許可条件が、被控訴人の表現の自由を侵害し、憲法21条1項に違反し、無効か。）について

ア　被控訴人

（ア）本件許可条件の規制対象は、民主主義の根幹をなす表現の自由であるから、合憲性の推定が排斥され、その規制目的は真にやむを得ないものでなければならない。公園施設を一般公衆の多種多様で自由な利用に供するという目的の下で、多種多様で自由な利用の一形態ともいうべき碑前での政治的行事を排除することは明らかな背理である。したがって、本件追悼碑について、政治的行事及び管理を行わないことを定める本件許可条件は、規制目的自体に正当性を認めることができない。

（イ）本件許可条件は、本件公園に設置された本件追悼碑前における政治的行事を禁止するものであり、控訴人は、本件追悼碑前における政治的発言を禁止するものとして解釈して適用しており、公園における市民の自由な表現活動を制約するものであるから、表現の自由を制約する本件許可条件が合憲といえるためには、本件許可条件は、明確でなければならず、必要最小限の規制でなければならない。

　ところが、本件許可条件は、「設置許可施設については、宗教的・政治的行事及び管理を行わないものとする。」と規定するのみである。「政治」、「政治的」という概念はそれ自体広汎な概念であり、具体的な定義や説明がなければ「政治的行事」の範囲が明確化されることはない。通常の判断能力を有する一般人は、本件許可条件から、本件公園内で開催された追悼式での強制連行の文言の使用が政治的発言に当たり、政治的行事を行ったことになるものと理解することはできない。仮に「強制連行」の文言を使用することが政治的行事に当たるとしても、強制連行以外のいかなる発言が政治的発言となり、その発言をしたことが政治的行事に当たるのかが明らかでない。

（ウ）群馬県議会が平成13年6月12日に趣旨採択した追悼碑建立に関する請願（以下「本件請願」という。）の理由には「自己の意志によらず日本に動員され」、「「群馬県朝鮮人・韓国人強制連行犠牲者追悼碑を建てる会」を結成し」と記載されていた。このことから、本件請願が朝鮮半島から強制的に連行された朝鮮人犠牲者を追悼する碑を建立する趣旨の請願であったことは明らかである。

また、旧建てる会は、平成13年12月11日、控訴人の国保援護課及び都市施設課が提案した本件許可条件を含む11項目の条件について同意しているが、その際、控訴人から、強制連行の文言を使用することが政治的行事に当たるとの説明はなかった。

さらに、控訴人の国保援護課及び都市施設課は、平成14年11月18日、旧建てる会に対し、団体名及び碑文の案から、強制連行の文言の削除を求めたが、その理由は、外務省とも相談したが、募集、官斡旋及び徴用とあるうち、どこからどこまでを強制連行というのか線引きが困難であり、強制連行という用語を政府は認知していないので認められないというものであって、本件許可条件によれば強制連行の文言を使用することができないとの説明はなく、追悼式の開催方法についての指導もなかった。

したがって、控訴人と被控訴人との間においても、本件許可条件が明確であった事実はないから、本件許可条件は、明確性原則に反する。また、控訴人の主張によれば、本件公園内で開催された追悼式の目的が死者を悼むことにあるにもかかわらず、来賓の発言に強制連行の文言があれば、それだけで追悼式が政治的行事とされることとなり、過度に広範な規制となる。

（エ）以上のとおり、本件許可条件は、明確性の原則に違反し、憲法21条1項に違反するものであり、無効である。

（オ）法8条は、公園管理者以外の者による公園施設の設置等の許可に、都市公園の管理のため必要な範囲内で条件を付することができるとしており、本件許可条件が、他の公園利用者による公園の利用を現実に損なうような宗教的・政治的行事を禁止する趣旨目的と解せば、本件許可条件の規制目的を正当化することはできる。そして、被控訴人が本件追悼碑前で開催した各追悼式によって、本件公園の他の利用者が、本件公園の利用を妨げられた事実はないから、控訴人による本件許可条件の適用は、憲法21条1項に違反する。

イ　控訴人

（ア）法は、公園管理者以外の者に公園施設を設置させ又は管理させるかを公園管理者の許可に委ねており、被控訴人は、法律上、本件追悼碑を設置し、利用する権利を有しない。本件更新不許可処分は、本件公園における本件追悼碑の設置を禁じるものであり、本件公園以外での追悼碑の設置を禁じるものではないから、被控訴人の表現活動の場所の利益を制約するものにすぎない。そして、このような利益は、法的に保護されるものではない。

(イ) 本件許可条件は、控訴人が一方的に定めたものではない。控訴人は、群馬県議会において、本件請願が趣旨採択とされたことを尊重し、旧建てる会との折衝を行い、当初の要望案を一部修正させ、宗教的・政治的行事及び管理は一切行わないことを含む11項目の条件について合意した後に、本件追悼碑を本件公園の効用を全うするものであらしめるために、本件許可条件を付して本件設置許可処分をしたものである。したがって、制約に対する被控訴人の承諾がされているのであるから、本件許可条件によって、本件追悼碑前で宗教的・政治的集会及び表現活動を行う自由を制約しているとはいえない。

(3) 争点(2)カ(被控訴人が本件許可条件に違反したことにより、本件追悼碑が都市公園の効用を全うする機能を喪失し、「公園施設」(法2条2項)に該当しなくなったということができるか。)について

ア 控訴人

(ア) 都市公園の効用を全うするといえる「記念碑」とは、政治上の目的又は宗教上の目的等、特定の目的のために利用されるものでないものに限定され、記念碑は、政治上の目的又は宗教上の目的のために利用されることにより、都市公園の効用を全うする施設としての適格性を失うと考えられる。そこで、控訴人は「県有都市公園内に「記念碑」を建設する場合の条件」を策定し、「宗教上の目的・政治上の目的等、特定の目的のために利用されないもので、そのような行事、管理等が伴わないもの」(3項)、「多くの人々の賛同が得られるもの」(4項)との項目を設けている。

本件追悼碑は、20世紀初頭の朝鮮の植民地支配、第二次世界大戦中の労務動員計画による多くの朝鮮人の犠牲等、日韓・日朝関係及び歴史観に関わる事項が刻まれているという特殊性から、政治上の目的等、特定の目的に利用されやすい性質を有し、「記念碑」としては極めて異質のものであって、本来、県民憩いの場である都市公園に設置する施設としてふさわしくないものであり、都市公園の効用を全うせず、「公園施設」(法2条2項)に該当しないものと考えられた。しかし、群馬県議会において、本件請願が趣旨採択され、日韓・日朝関係も比較的良好な状況であったことなどから、「設置許可施設については、宗教的・政治的行事及び管理を行わないものとする」との許可条件が守られている限りにおいては、本件施設は、県民憩いの場として、都市公園の効用を全うし、公園施設として認められるとの判断をした。本件許可条件を付したのは、本件追悼碑が特定の思想等の伝達手段となり、議論を呼ぶ対象となることにより、本件追悼碑が本件公園の効用を阻害する施設となることを防止するためであり、本件許可条件は、本件追悼碑が本件公園の効用を全うする施設であるための必要不可欠な条件であった。被控訴人は、本件追悼碑の前で政治的行事を行い、その結果、広く県民間で議論等が惹起されたものであり、群馬県知事が、本件更新不許可処分に当たり、本件追悼碑が本件公園の効用を全うする施設ではなくなった（公園施設ではない）と判断したことに裁量権の著しい逸脱があったとはいえない。

（イ）本件公園の効用は、都市公園の設置目的である「主として一つの市町村の区域内に居住する者の休息」（法施行令2条1項4号）を具体化した「都市住民の公共の福祉の増進を図ること」である。日韓・日朝関係を初めとする社会情勢が本件追悼碑を設置した当初から大きく変化し、群馬県議会が本件追悼碑の設置許可取消しを求める3つの請願を採択し、本件追悼碑をめぐって街宣活動、抗議活動が活発化したという事項は、本件追悼碑が広く県民の間で議論の対象となっていることを推認させるもので、本件公園の効用を阻害する事情といえ、裁量処分に当たって考慮すべき事項に該当する。

イ　被控訴人

（ア）公園施設が都市公園としての効用を全うしているか否かは、個々の都市公園の設置目的や性格に応じて、当該公園施設が都市公園の機能を増進させているか否かという観点から判断すべきであり、社会情勢の変化や群馬県議会での議論を考慮すべきではない。

　本件追悼碑の碑文は、歴史学上確立された通説的な見解に基づいて作成されたものであるから、政治的に利用されやすいとはいえない。また、本件追悼碑は、教養施設（法2条2項6号）として、過去の歴史を学び将来の平和に役立てようという記念碑であり、市民の教養を育むものであり、都市公園に設置する施設としてふさわしいものである。したがって、本件許可条件は、法5条1項の許可を与える必要不可欠の前提となるものではない。そして、本件追悼碑は、日韓・日朝の過去の歴史を想起し、相互の理解と信頼を深め、友好を推進するためにも有意義であり、歴史と文化を基調とする本件公園の効用を全うするものであり、強制連行の文言を含む発言がされたことにより、本件追悼碑の機能が失われるわけではなく、本件追悼碑の碑文が後世に伝える内容の影響が生じるものでもない。

　さらに、仮に抗議活動が活発化するなどしていたとしても、そのことにより本件公園周辺において、都市公園としてふさわしくない混乱が生じるなどの具体的な支障が生じた事実もなく、抗議活動等により、本件追悼碑が本件公園の効用を全うする機能を喪失したわけではない。

(イ) 特定の民族の犠牲者に関する記念碑であっても、過去の反省すべき歴史を記憶にとどめ、学び、将来の平和に役立てようという記念碑は、多くの公立公園に存在し、地方自治体の管理する敷地にも存在する。本件追悼碑の撤去は、村山談話や日朝平壌宣言において示された過去の植民地支配に対する謝罪と反省の意思を否定する行為にほかならない。

(ウ) 被控訴人は、平成24年4月21日に開催された追悼式の後、本件追悼碑の前で追悼式を一切行っておらず、仮に、本件許可条件に違反し本件追悼碑が政治的性質を多少なりとも帯びた事実があったとしても、本件更新不許可処分がされた平成26年7月22日までに2年3か月が経過しており、本件追悼碑が帯びた政治的性質は消失したというべきである。また、時の経過により過去の政治的発言の影響が弱まることは明らかであるから、控訴人は、本件追悼碑前での追悼式の自粛を含む代替案を重要な事項として考慮すべきであった。

(4) 争点(3)(群馬県知事が、本件更新申請に対する許可処分をしないことが、裁量権の逸脱又は濫用となるか。)について

ア 被控訴人

(ア) 本件更新不許可処分が裁量権の逸脱濫用になるにもかかわらず、期間や条件に関する裁量権を理由に義務付けを認めないのは不当である。

(イ) 更新申請について、これを拒否すべき特段の理由がない限り認めるべきであろうと解釈され、設置期間の定めについて、通常、公園管理者において、一応その更新を予定しつつ、更新期を機会にその間の管理状況等を再検討し、必要であれば許可条件を改訂するなどして公園管理の適正の維持、改善を図る便宜のためのものと解釈されていることからすれば、特に短期間にすべき特段の理由がない限り、本件更新申請のとおり設置期間を10年として許可すべきことを義務付けるのが合理的であり、設置期間に関する効果裁量も制限される。本件は、本件更新申請に対して設置期間を10年として許可をすべきであることがその処分の根拠となる法令の規定から明らかである。

条件に関しても、本件許可条件が無効であればこれを付さず、有効であれば同様の条件を付し、又は規制の範囲を明確にした条件を付するなどして義務付けを行うことは可能である。

したがって、本件更新申請に対して許可をすべきであったことは都市公園法等の規定から明らかであり、本件更新申請に対する許可をしないことが裁量権の逸脱濫用に当たることは明らかである。

（ウ）さらに、許可がされないことにより重大な損害を生ずるおそれがあることは明らかであり、損害を避けるため他に適当な方法もない。

イ　控訴人

争う。仮に、本件更新不許可処分に取消事由があるとしても、どのような期間、どのような条件で更新するかは行政庁の裁量に委ねるのが相当であるから、本件更新不許可処分に取消事由があることをもって、直ちに行政事件訴訟法37条の3第5項所定の「行政庁がその処分をしないことがその裁量の範囲を超え若しくはその濫用となると認められる」に当たるわけではない。

6　当審における新たな争点及び当事者の主張

（1）被控訴人が、本件許可条件に違反したことによって、法5条2項の許可要件中「公園施設」であること以外の要件を欠くこととなったか（以下「争点（2）a」という。）

ア　控訴人

（ア）法5条2項は、都市公園の自由利用の原則から、第三者による公園施設の設置又は管理を無制限に認めるわけにはいかないことから設けられた規定であり、その趣旨に鑑みれば、公園施設の設置・管理者が、公園施設を設置・管理する能力及び適性を備えていることを当然に要求しているものと考えられる。このことは、法27条1項2号が「この法律の規定による許可に付した条件に違反している者」に対する許可の取消しを許容し、公園施設の設置・管理者の能力及び適性を要求していると解されることとも整合する。そうであるからこそ、控訴人（都市施設課）の「県有都市公園内に、「記念碑」を建設する場合の条件」は、「設置者は、施設が公園内施設として相応しい維持管理が続けられる団体であること」と定めているのである。

（イ）群馬県知事は、旧建てる会に公園施設の設置・管理の実績はなかったが、旧建てる会が、平成13年以降の協議の中で、宗教的・政治的行事及び管理は一切行わないこと、設置者は公園内施設としてふさわしい維持管理を行うことを含む11項目の条件合意を受け入れ、団体の名称を「強制連行」を含まない「「記憶反省そして友好」の追悼碑を建てる会」に変更し、碑文の文言を現在の本件追悼碑のものに改め、追悼碑を撤去する場合の費用の積立てを規約に記載するなどしたことから、建てる会が本件追悼碑の設置・管理者としての能力及び適性を備えていると判断して、旧5条1項所定の要件を充足していると判断した。そして、本件許可条件中に「設置者は、公園内施設としてふさわしい維持管理を行う。」との条件を設けたのである。

（ウ）しかし、被控訴人が、本件許可条件に違反して本件追悼碑前で政治的行事を行ったことからすれば、本件追悼碑を設置・管理する能力及び適性を欠いていることは明らかであり、仮に、本件追悼碑が「公園施設」に当たるとしても、前記（ア）の要件を充足しない。本件追悼碑を管理する能力、適性が欠けている被控訴人が本件追悼碑を管理することは、本件公園の「都市公園の機能の増進に資する」とはいえないから、法5条2項2号の要件も充足しない。

（エ）なお、控訴人は、被控訴人が本件追悼碑を管理する能力及び適性を欠いていることを本件更新不許可処分の理由の一つとしていた。本件更新不許可処分を被控訴人に通知した書面（以下「本件通知書」という。）において、本件更新不許可処分に当たり本件追悼碑の本件許可「条件を含めた管理状況等について調査したところ……政治的発言があったことが認められた」と記載し、本件各発言は「政治的発言であり、これらの発言があったということは、除幕式及び追悼式の一部内容を政治的行事とするもので、「政治的行事及び管理」を禁止した許可条件に対する違反であり、当初許可の取消しを命ずることができる違反行為である。」と指摘しており、控訴人が、被控訴人が本件追悼碑を管理する能力及び適性を欠いていることを本件更新不許可処分の理由の一つとしていたことを読み取ることができる。ちなみに、控訴人は、原審の被告準備書面（1）22頁において、「被告は、原告が本件追悼碑を設置・管理することが適当でな……いと判断し」としているとおり、被控訴人が本件追悼碑を管理する能力及び適性を欠いていることを本件更新不許可処分の理由の一つとしていたことを当初から指摘していた。

仮に、被控訴人が本件追悼碑を設置・管理する能力及び適性を欠いていることが本件更新不許可処分の理由の一つとされていたと認められない場合には、控訴人は、本件更新不許可処分の理由として、被控訴人が本件追悼碑を設置・管理する能力を欠いていること（法5条2項所定の要件の不充足）を追加する。

なお、取消訴訟においては、別異に解すべき特別の理由のない限り、行政庁は当該処分の効力を維持するための一切の法律上の主張及び事実上の根拠を主張することが許される（最高裁判所昭和53年9月19日第三小法廷判決・裁判集民事125号69頁）。したがって、処分理由の追加は許される。

イ　被控訴人

（ア）控訴人が被控訴人の本件追悼碑を設置・管理する能力及び適性性を争点とすることは、第1審段階で十分に可能であったことからすれば、時機に後れた攻撃防御方法として却下されるべきである。

（イ）行政庁が処分の実体要件の存否について第一次的判断権を行使していない場合には、取消訴訟において、裁判所がその存否について妥当性を判断すべきではない。本件通知書では被控訴人の設置管理者としての能力又は適性については何ら触れられておらず、控訴人は第一次判断をしていないのであるから、理由の追加は許されない。

（ウ）控訴人は、被控訴人に対し、本件更新不許可処分の理由について、本件追悼碑が、都市公園にあるべき施設としてはふさわしくないため、法5条2項1号及び2号の施設には該当しないと説明していたのであり、被控訴人が本件追悼碑を設置・管理する能力及び適性を欠いていることは理由としていなかった。控訴人が、本件更新不許可処分に際して示した理由と異なる理由を主張することは、被控訴人に対する不意打ちとなり、訴訟上の信義則の観点からも許されない。

（エ）行政庁には、事実関係及びそれに適用される法律上の見解について公正かつ慎重に調査検討すべき義務があり、その義務に重大な違反がある場合には、行政処分の取消事由になる。控訴人は、法5条2項が設置管理者に対し能力及び適性を備えていることを要求しているか否かという法律上の見解やこの点に関する事実関係について公正かつ慎重に調査検討をしなかったから、慎重判断義務違反、公正判断義務違反がある。

（オ）そもそも、法5条2項は、公園施設の設置・管理者の管理能力や財政的基礎を設置許可の直接の要件としていない。

（カ）仮に、本件追悼碑についての管理能力の有無が争点になるとしても、本件追悼碑の管理行為として最低限必要となるのは、本件追悼碑及びその敷地の清掃と本件追悼碑の倒壊や破損等の危険等に対する安全点検に尽きる。被控訴人は、団体としての組織を備え、会則及び独立した財産を有する、法人でない社団であって、本件追悼碑の維持・管理を目的として存続し、５００名から６００名の会員があり、上記のような管理行為を行う能力を十分持ち合わせている。

これに対し、本件追悼碑の前で追悼式等の集会を開催することは、公園管理者の許可を得れば、被控訴人でなくとも可能であり、被控訴人であっても、別途公園管理者の許可を得なければ不可能であるから、被控訴人が本来的に行うべき管理行為に含まれない。したがって、控訴人が主張する本件許可条件違反の行為は、被控訴人の管理能力や適格性とは無関係であり、本件許可条件違反を理由に被控訴人が管理能力を欠いていたということはできない。

（キ）被控訴人は、本件追悼碑を設置する際、控訴人から

「政治的行事」の具体的内容の説明を受けておらず、平成25年10月頃まで追悼式における発言について問題視されたこともなかったため、追悼式において「強制連行」との発言をするだけで本件許可条件違反になるとは想定していなかった。また、被控訴人は、控訴人から、本件追悼碑の管理能力又は適性に関する事項について具体的な指導を受けたことは一切なかったのであり、控訴人は、被控訴人に対し、何ら改善指導をしないままに被控訴人の管理能力又は適性を否定することはできない。被控訴人は、平成25年4月の追悼式に関しては本件追悼碑前での追悼式を自粛するなど控訴人に協力したほか、本件追悼碑前での追悼式の自粛を含む代替案を提案するなど柔軟な姿勢も見せていたのであるから、被控訴人には本件追悼碑を管理する能力が認められる。

(2) 本件更新不許可処分について、裁量権の範囲の逸脱等があったといえるか（以下「争点（2）b」という。）

ア　控訴人

(ア) 法5条は、本来、公園施設については、公園管理者が設置、保有、管理すべきところ、費用負担及び管理の効率等を勘案し、私人に設置管理させた方がよい場合があることを想定して定められたものである。同条1項は、私人が、公園管理者が管理する公共用物である都市公園内に公園施設を設け、当該公園施設の設置場所を独占的に使用する場合に、公園管理者の許可が必要であることを定め、同条2項は、許可要件を定めたものである。公園管理者の許可は、講学上の特許に当たり、同項の趣旨は、専門的技術的及び総合考慮的な判断の下で許可を与えるか否かに関する第一次的な判断権を公園管理者に付与する点にある。公園管理者には、許可に当たって広範な裁量（効果裁量）が与えられており、同条1項による許可の申請があった場合において、同条2項の許可要件を満たすときに、当該申請を許可すべき義務を負うわけではない。仮に許可要件の全てを満たしているようにみえる場合でも、許可しないことが申請者にとって看過できない損害をもたらすこと、公園管理者の判断の過程で殊更重要でない事実を重要と捉え、又は重要な事実を看過するなどの著しく不合理な点があることなどの特段の事情がある場合を除いて、裁量権の範囲の逸脱又は濫用の違法があるとして不許可処分を取り消すべきではない。

(イ) 仮に、本件追悼碑が法2条2項の「公園施設」に該当し、法5条2項の許可要件を満たしたとしても、被控訴人には、本件公園に本件追悼碑を設置することを内容とする表現活動を行う利益（既得権）はなく、法5条1項の許可を行うに当たって、公園管理者には広範な裁量（効果裁量）が認められるべきであり、許可しないことが申請者に対して看過できない損害をもたらす等の特段の事情がある場合を除き、裁量権の範囲の逸脱又はその濫用の違法があるとして不許可処分を取り消すべきではない。そして、本件追悼碑が設置されて10年が経過し、日韓・日朝の友好に資するという被控訴人の目的は、一定程度は達成できたと評価することができる上、本件更新不許可処分によって本件公園内で本件追悼碑を設置・管理できなくなったとしても、被控訴人の目的である本件追悼碑に記載された歴史的事項を広く一般に知らせ、日韓・日朝の平和的共存を図る活動を行うことは十分に可能であることからすれば、許可しないことが被控訴人に対して看過できない損害をもたらす等の特段の事情があるとはいえない。

加えて、日韓・日朝関係を始めとする社会情勢が本件追悼碑の設置当初から大きく変化し、群馬県議会は本件追悼碑の設置許可取消し等を求める3つの請願を採択し、本件追悼碑を巡って街宣活動、抗議活動が活発化しているところ、これらは、本件追悼碑が群馬県内外で議論の対象となっていることを推認させる事項であり、都市公園の設置目的である「主として一つの市町村の区域内に居住する者の休息」（法施行令2条1項4号）を具体化したものである「都市住民の公共の福祉の増進」という本件公園の効用を阻害する事項である。これらを考慮することは裁量権の行使の違法とはならず、これらをも鑑みれば、本件更新不許可処分は控訴人の合理的裁量の範囲内であったことは明らかである。

（ウ）本件においては、被控訴人は、本件追悼碑を設置し、本件公園を利用する法的権利を有しているわけではなく、被控訴人に法的保護に値する具体的利益が生じていたとはいえないから、更新であることを理由とする効果裁量の制限はない。

（エ）なお、要件不充足を理由とする不許可処分と効果裁量を理由とする不許可処分は、いずれも法5条2項に基づく処分であるから、効果裁量の主張の追加が認められるべきである（前掲最高裁判所昭和53年9月19日第三小法廷判決）

また、控訴人は、原審・被告準備書面（1）26頁において、被控訴人の主張について、本件追悼碑が法2条2項及び5条2項各号の要件に該当することを前提とする点に誤りがあると指摘した上で、これらの要件に該当する場合でも更新義務がないことを主張していた。これは、控訴人が、原審段階から、効果裁量があることを前提として効果裁量の内容に関する主張をしていたものであるから、効果裁量に関する主張が時機に後れているとの被控訴人の主張は理由がない。

イ　被控訴人

（ア）控訴人が、原審において効果裁量の主張を一切していなかったにもかかわらず、当審において効果裁量の主張をすることは、故意又は重過失により時機に後れて攻撃防御方法を提出するものであり、訴訟の完結を遅延させることが明らかであるから、却下されるべきである。

（イ）控訴人は、当審において、本件更新不許可処分の根拠として、社会情勢の変化、本件設置許可処分の取消し等を求める請願の採択、抗議活動の活発化を挙げる。しかし、これらを根拠とする本件更新申請に対する不許可処分（効果裁量を理由とする不許可処分）と本件許可条件違反を理由とする本件更新不許可処分（要件不充足を理由とする不許可処分）とは社会的な事実として両立し得ず、処分の同一性が認められない。

（ウ）効果裁量に関する主張は本件通知書に何ら記載がなく、控訴人の第一次判断権が行使されていない。行政庁の第一次的判断権が行使されていない事項について裁判所が判決の対象とすることはできないから、効果裁量に関する主張は制限されるべきである。

（エ）控訴人は、原審において、本件更新不許可処分に際し、請願の採択、抗議活動等を重要な事実として考慮してはいないと主張し、○○副知事及び○○ ○○（以下「○○」という。）都市計画課長（当時）がこれに沿う供述をしていたにもかかわらず、当審において、社会情勢の変化、請願の採択及び抗議活動の活発化を考慮要素であると主張することは、訴訟上の信義則（禁反言の原則）に反し制限されるべきである。

（オ）行政庁には、事実関係及びそれに適用される法律上の見解について公正かつ慎重に調査検討すべき義務があり、その義務に重大な違反がある場合には、行政処分の取消事由になる。控訴人は、当審において、本件更新不許可処分の理由として抗議活動や群馬県議会の請願の採択を追加しているが、上記（エ）のとおりこれは原審における主張立証と矛盾するものであり、本件更新不許可処分の理由について公正かつ慎重に調査検討していれば、このような矛盾した理由の追加をすることはなかったというべきであるから、この点につき、慎重判断義務違反、公正判断義務違反がある。

（カ）控訴人は、公園管理者の許可は講学上の特許に当たり、公園管理者には許可に当たって広範な裁量（効果裁量）が与えられている旨主張するが、争点（2）アに関する被控訴人の主張（付加訂正後のもの）のとおり、群馬県知事は、原則として更新すべき義務がある。

また、控訴人は、社会情勢の変化、請願の採択、抗議活動の活発化を考慮したと主張するが、本件公園周辺で都市公園としてふさわしくない混乱が生じるなどの具体的支障は生じておらず、「主として一つの市町村の区域内に居住する者の休息」という設置目的は阻害されていない。仮に、本件追悼碑が議論の対象となっているとしても、それは民主主義国家、社会において当然のことであり、害となるものではない。

さらに、更新するか否かを判断するに当たっては、本件追悼碑それ自体の性質こそ重視されるべきである。控訴人は、上記のような周辺的な事情、被控訴人が管理能力を失ったことなどを主張するが、これらを重視すべきではない。

そもそも、控訴人は、原審において上記のような事情は考慮していなかった旨主張し、本件更新不許可処分の正当化根拠として否定していたものである。

したがって、控訴人は、本来重視すべきでない事情を重視し、本来重視すべき本件追悼碑の価値を十分に考慮せず、本件更新不許可処分をしたことが明らかであるから、効果裁量に係る裁量権の行使としても逸脱濫用がある。

第3　当裁判所の判断

1　認定事実

※原則的に第一審判決の「事実及び理由」第3の1に記載のとおりであるから、省略する（筆者）。

（原判決の付加訂正）

※紙幅の関係で省略する（筆者）。

2　争点（1）について

※この問題は本件の中心論点ではないので省略する（筆者）。

3　争点（2）アについて

当裁判所も、控訴人は本件追悼碑の設置について更新申請を許可すべき一般的な義務を負わないものと判断する。

※その理由は、原則的に第一審判決の「事実及び理由」第3の3に記載のとおりであるから、省略する（筆者）。

（原判決の付加訂正）

※紙幅の関係で省略する（筆者）。

（当審における補充主張に対する判断）

原判決の「事実及び理由」第3の3に説示するとおり、控訴人は、本件追悼碑が法2条2条の「公園施設」に該当し、かつ、法5条2項の許可要件を具備する場合に限り、被控訴人に継続して本件追悼碑の設置又は管理を行わせるべきでない十分な理由がない限り、本件更新申請を許可すべきものと解すべきであるから、争点（2）アに関する補充主張については、争点（2）カ及び争点（2）ａについての判断をした後に、必要に応じて判断することとする。

4　争点（2）イについて

当裁判所も、本件許可条件は憲法21条1項に違反せず、無効ではないものと判断する。

※その理由は、原則的に第一審判決の「事実及び理由」第3の4に記載のとおりであるから、省略する（筆者）。

（1）被控訴人は、本件許可条件に、表現の自由に対する規制目的としての正当性は認められない旨主張する。

しかし、本件設置許可処分は、本件公園における本件追悼碑の設置許可にすぎず、被控訴人が本件追悼碑の設置の方法によって本件公園において表現活動をすることを許可したものではなく、本件公園における被控訴人の表現活動自体に関わるものではない。また、本件設置許可処分に付された本件許可条件は、控訴人が、「朝鮮人・韓国人強制連行犠牲者追悼碑を建てる会」という名称であった旧建てる会に対し、①追悼碑設置を申請する団体の名称を「群馬県労務動員朝鮮人労働犠牲者追悼碑を建てる会」とすること、②碑文案にある「強制連行」の文言を「労務動員」に改めることなどを助言し、旧建てる会がこれを了承したという経緯を踏まえ、本件追悼碑が本件公園に設置される公園施設として許容されるためには、宗教的・政治的に中立なものであることが必要不可欠であると考えられることから定められたものであり、本件公園における被控訴人の表現活動自体を制約する趣旨のものではない。被控訴人の上記主張は、その前提を欠き、採用することができない。

（当審における補充主張に対する判断）

※紙幅の関係で省略する（筆者）。

（原判決の付加訂正）

被控訴人は、法8条の解釈として、本件許可条件の趣旨目的が他の公園利用者による公園の利用を現実に損なうような宗教的・政治的行事を禁止するものと解せば、これを正当化することができるところ、被控訴人が本件追悼碑前で開催した各追悼式によって、本件公園の他の利用者が本件公園の利用を妨げられた事実はないから、控訴人の本件許可条件の適用は憲法21条1項に違反する旨主張する。しかし、法8条（旧8条を含む。）の解釈として、本件許可条件の趣旨目的が他の公園利用者による公園の利用を現実に損なうような宗教的・政治的行事を禁止するものであるとの限定的な解釈を採ることはできないし、そのような解釈を採らないことが違憲又は違法であるということもできない。被控訴人の上記主張は、前提において失当であり理由がない。

（2）被控訴人は、「政治」、「政治的」という概念はそれ自体広汎な概念であり、具体的な定義や説明がなければ「政治的行事」の範囲が明確化されることはなく、本件許可条件は、明確性原則に違反するなどと主張する。

しかし、本件許可条件は、不特定の者を名宛人とするものではなく、直接には本件設置許可処分を受けた建てる会を、実質的には、本件設置許可処分時に本件追悼碑の管理に当たることが予定されていた被控訴人を名宛人とするものであったと認められるところ（原判決の

「事実及び理由」第3の1（以下「認定事実」という。）（1）エからキまで参照）、「強制連行」という用語は日本政府が認知しないものであり、「労務動員」を「強制連行」と評価することは日本政府の見解に反することになるという控訴人及び旧建てる会の共通認識の下、認定事実（1）ウからキまでの経緯を経て本件設置許可処分に至ったものであり、原判決の「事実及び理由」第3の4（2）に説示するとおり、本件許可条件にいう「政治的行事」には、少なくとも本件追悼碑に関し、政府の見解に反して「強制連行」という用語を使用し、歴史認識に関する主義主張を訴えることを目的とする行事（国内外の政治問題にまで発展することもあり得るものである。）を含むことを、旧建てる会の後継組織であり、旧建てる会の構成員らによって結成された被控訴人も認識していたと認められる。そうすると、被控訴人においては、追悼式において「強制連行」という用語を使用した発言があった場合には、当該追悼式が本件許可条件にいう「政治的行事」に該当し得ることを認識していたと認められる。

〇〇の供述（証人〇〇）中、上記認定に反する部分は、上記本件設置許可処分に至る経緯に照らし、採用することができない。また、控訴人が、旧建てる会、建てる会及び被控訴人に対し、本件許可条件にいう「政治的行事」の内容を具体的に説明した事実がなかったことは、被控訴人の認識に関する上記判断を左右しないというべきである。

以上によれば、本件許可条件が明確性原則違反を理由に憲法21条1項に違反するということはできない。

（3）被控訴人は、来賓の発言に強制連行の文言があれば、それだけで追悼式が政治的行事とされることとなり、過度に広範な規制となるなどと主張する。

しかし、追悼式の臨席者が政治的発言をした場合に本件許可条件の違反の有無を判断するに当たっては、当該政治的発言をした者と追悼式の主催者である被控訴人との関係、当該政治的発言の状況等を考慮して、本件のように追悼式が政治的行事であると認められる場合に限り、本件許可条件違反とされるのであるから、過度に広範な規制になるということはできず、被控訴人の上記主張を採用することはできない。

5　争点（2）ウからオまでについて

当裁判所も、本件更新不許可処分は憲法21条1項及び31条に違反せず、被控訴人が開催した追悼式のうち、本件発言2、本件発言3及び本件発言5があったものは、いずれも政治的行事に該当し、被控訴人は本件許可条件に違反したものと判断する。

※その理由は、原則的に第一審判決の「事実及び理由」第

3の5から7までに記載のとおりであるから、省略する（筆者）。

（原判決の付加訂正）

※紙幅の関係で省略する（筆者）。

6　争点（2）カについて

当裁判所は、原審と異なり、控訴人が、本件追悼碑が本件公園の効用を全うする機能を喪失し、「公園施設」（法2条2項）に該当するものではなくなったと判断したことに違法はないものと判断する。その理由は、次のとおりである。

（1）ある施設が都市公園の効用を全うするか否かは、個々の公園の特殊性に応じて、具体的に決すべきであると解される。そして、引用に係る前記前提事実（2）及び（3）のとおり、本件公園は、都市住民全般の休息、鑑賞、散歩、遊戯、運動等総合的な利用に供することを目的とする総合公園であり、都市における良好な景観の形成、緑とオープンスペースの確保を通じて豊かな人間性の確保と都市住民の公共の福祉増進をはかることを設置目的としており、本件追悼碑は、わが国と近隣諸国、特に日韓・日朝との過去の歴史的関係を想起し、相互の理解と信頼を深め、友好を推進するために有意義であり、歴史と文化を基調とする本件公園の効用を全うするものとして設置されたものである。

（2）引用に係る前記前提事実及び認定事実のとおり、控訴人は、戦時中に群馬県内で亡くなった朝鮮人、韓国人の追悼碑を本件公園に設置することを希望していた旧建てる会との協議において、当該追悼碑に関し、日本政府の見解として認められていない「強制連行」の文言を使用して歴史認識に関する主義主張を訴える行為をすべきではないとの考えの下、当初、申請団体名及び碑文にあった「強制連行」の文言を見直すように助言したところ、旧建てる会がこれを了承し、碑文の「強制連行」の文言も「労務動員」という言葉が使われることになったものであり、このような経緯の後、群馬県知事は、建てる会からの申請に対し、「設置許可施設については、宗教的・政治的行事及び管理を行わないものとする。」との条件（本件許可条件）を付した上で本件設置許可処分をしたものである。このように、群馬県知事が本件許可条件を付したのは、本件公園が地方自治体である控訴人の設置、管理する都市公園であり、その効用を全うするために設けられる公園施設（法2条2項）も一般公衆の自由な利用に供する目的をもって設置されるべきであるところ、本件追悼碑は、本件設置許可処分により本件公園の敷地の一部を相当長期にわたり占有することになることから、宗教的・政治的に利用されるものではないことが必要不可欠であると判断したものと考えることができる（原判決の「事実及び理由」第3の4）。この点は、証人○○が、県立公園は県民一般の皆さんが遊びに来る憩いの場であるのに、それが特定の人の考え方を発表する場であったり、特定の宗教のために利用される場であったりすると、それを不快に感ずる方たちも出てくるから、公園管理者の県としては、それを防ぐため、あらかじめ特定の政治活動、特定の宗教活動に使われないようにする趣旨の条件を付したと思う旨を証言しているとおりであり、また、控訴人が、「記念碑」（法2条2項6号、法施行令5条5項1号）は、「たとえ平穏な態様であっても、政治上の目的又は宗教上の目的等のために利用されるものであってはならないと解される」（原判決の「事実及び理由」第2の4（2）イの控訴人の主張）とか、「政治上の目的又は宗教上の目的等のために利用されるものではないものに限定されるというべきである」（原判決の「事実及び理由」第2の4（2）ウの控訴人の主張）とかと主張し、あるいは「法の沿革及び目的、都市公園が、一般公衆の自由な利用に供する目的をもって設置される公共施設であること並びに関係法令において、都市公園を住民の思想伝達の場として機能させることに着目した規定が見当たらないことから、政治上の目的又は宗教上の目的等、特定の目的のために利用される記念碑は、一般的に都市公園の効用を全うしないと考えられるためである」と主張していることからも、理解することができる。

そして、本件設置許可処分の根拠となっている法5条は、公園管理者以外の者が公園施設を設け又は管理しようとする場合、当該施設が「当該公園管理者が自ら設け、又は管理することが不適当又は困難であると認められるもの」又は「当該公園管理者以外の者が設け、又は管理することが当該都市公園の機能の増進に資すると認められるもの」のいずれかに該当するときに限り申請が許可される旨を規定しているが（同条1項、2項）、この規定は、法2条に規定する公園施設の設置、管理を公園管理者以外の者に委ねたにすぎないものであって、公園管理者以外の者に対して表現活動の場を設定するなど表現活動への援助の仕組みを設定したものということはできない。また、法8条（旧8条）は、公園管理者は、法5条1項（旧5条2項）の許可に都市公園の管理のため必要な範囲で条件を付することができると定めていることは、既述のとおりである。そうすると、被控訴人が公園管理者以外の者として公園施設である本件追悼碑の管理をすることになること、本件追悼碑が本件公園の敷地の一部を相当長期にわたり占有することになること、公園管理者である控訴人としては、本件追悼碑について、宗教的・政治的に中立な存在であることや都市公園内にある教養施設としての効用を全うすることを確保する必要があること（なお、控訴人自身が、公園施設について宗教的・政治的行事及び管理を行ってはならないことはもちろんのことである。）等の事情に照らせば、群馬県知事が本件設置許可処分をするに当たり「設置許可施設については、宗教的・政治的行事及び管理を行わないものとする。」との本件許可条件を付したことには十分な根拠があり、本件許可条件の付与は適法なものということができる。

それにもかかわらず、旧建てる会の後継団体である被控訴人が平成17年、平成18年及び平成24年に本件追悼碑の前で開催した各追悼式において、被控訴人の事務局長、共同代表又は来賓が、「強制連行」という文言又はその趣旨が含まれる本件発言2、本件発言3及び本件発言5をしたものであり、これらが政治的発言に当たり、本件追悼碑を管理する被控訴人自身が、その碑文に記された事実の歴史認識に関する主義主張を訴えるための行事（政治的行事）を行ったものといえることは既述のとおりである。このような被控訴人の行為により、本件追悼碑は、政治的争点に係る一方の主義主張と密接に関係する存在とみられるようになり、中立的な性格を失うに至ったものというべきであって、その結果、本件追悼碑の設置期間が満了する平成26年1月31日の時点において、公園施設（法2条2項6号にいう教養施設）として存立する上での前提を失うとともに、設置の効用（日韓、日朝の相互の理解と信頼を深め、友好を促進するために有意義であり、歴史と文化を基調とする本件公園にふさわしいもの）も損なわれたものということができる。被控訴人が上記の本件許可条件違反をした後の平成24年5月以降、認定事実（5）ウからキまでのとおり、本件追悼碑を巡って街宣活動、抗議活動等が活発化し、本件公園内及び本件公園付近でも街宣活動等が行われ、平成25年の追悼式については公園利用者の安全の確保の観点から本件追悼碑の前で行うことを回避せざるを得ない状況に陥ったことが認められるが、これらの事態は、被控訴人が本件許可条件に違反する行為をしたことに起因して招来されたものというべきである。

以上のような経緯を踏まえ、群馬県知事は、本件更新不許可処分において、本件各発言が「政治的行事及び管理」を禁止した本件許可条件に違反する行為であること、このような違反行為が繰り返し行われた結果、本件追悼碑の目的は、日韓、日朝の友好の推進という当初の目的から外れてきたこと、本件追悼碑は、存在自体が論争の対象となり、街宣活動、抗議活動などの紛争の原因になっており、都市公園にあるべき施設としてふさわしくないことを理由として、本件追悼碑が法2条2項の公園施設に該当しないし、法5条2項1号、2号の公園施設にも該当しないと判断したものであるが、既に述べたところからすれば、本件追悼碑はその設置期間が満了する平成26年1月31日の時点で既に法2条2項の公園施設に該当しないものとなっていたから、群馬県知事の上記判断には正当な理由があるというべきである（本件発言1及び本件発言4が前記のとおり本件更新不許可処分の理由として用いることができないとしても、本件更新不許可処分の判断は、本件発言2、本件発言3及び本件発言5がされたことなど、既に述べた事情に基づいて維持することができるものというべきである。）。

なお、認定事実（5）イ、ク及びコのとおり、控訴人の担当職員である○○は、平成24年5月頃には、既に同月15日付けの朝鮮新報の記事を確認していたのに、控訴人は、平成25年10月頃に、平成17年5月14日付け、平成18年4月25日付け及び平成24年5月15日付けの各朝鮮新報の記事を確認するまで何らの調査を行わず、平成25年12月24日頃に、上記各朝鮮新報の記事が事実と相違ないかについての報告を求めるまで被控訴人に対する事実確認をしていない。しかし、一方で、○○は、証人尋問において、平成24年5月頃に朝鮮新報の記事を確認した後、約1年半もの間、調査及び事実確認を行わなかった理由について、本件更新申請がされた段階で処理すればよいと考えていた旨供述しているし、控訴人としても、平成25年12月24日頃には被控訴人に対する事実確認もしているのである。このように、○○が、本件設置許可処分を取り消す対応を考えておらず、本件更新申請がされた段階で処理することを考えており、控訴人もこのような考えに沿った対応をしていた事実があるとしても、これらのことが、控訴人が被控訴人の本件許可条件違反を放置したことや、軽く受け止めていたことを示すものとはいえないし、また、本件更新不許可処分の判断の適否に影響を及ぼすような事情であるということもできない。

（3）これに対し、被控訴人は、法2条2項の「公園施設」該当性について、その施設が都市公園の機能を増進させているか否かという観点から判断すべきであり、社会情勢の変化や群馬県議会での議論を考慮すべきではないなどと主張する。しかし、法2条2項が都市公園の効用を掲げていることからすれば、「公園施設」該当性については、その施設の効用又は機能ではなく、当該都市公園の効用を考慮すべきであり、現実に当該都市公園の効用を全うする機能を営むものであるか否かを当該都市公園の設置目的その他当該都市公園に関わる一切の事情を考慮して判断すべきものと解されるから、被控訴人の上記主張を採用することはできない。

被控訴人は、本件追悼碑は、過去の歴史を学び将来の平和に役立てようという記念碑であり、都市公園に設置する「教養施設」としてふさわしく、歴史と文化を基調とする本件公園の効用を全うするという機能は失われていないなどと主張する。しかし、本件追悼碑が設置された当時に上記のような性格や機能を有しており、また、本件条件違反によっても本件追悼碑に刻まれた碑文の文言に変わりがないとしても、その管理者である被控訴人が、本件追悼碑の前で、強制連行又はこれと同趣旨の文言を用い、その碑文に記された事実の歴史認識に関わる主義主張を訴える行事を繰り返し行ったことにより、本件追悼碑が政治的争点（歴史認識）に係る一方の主義主張と密接に関係する存在とみられるに至り、中立的な性格を失ったものということができる。そうすると、本件許可条件違反及び本件追悼碑を巡るその後の経緯によっても、本件追悼碑がなお教養施設としてふさわしく、かつ本件公園の効用を全うする機能を有するという被控訴人の上記主張は採用することができない。

上記の点に関し、原判決は、「政治的発言に該当する本件発言2及び本件発言3がなされていたにもかかわらず、平成24年5月15日付けの朝鮮新報が同年4月21日開催の追悼式に関する記事を掲載するまでは、被告に対しても本件追悼碑に関する抗議や意見の電話及びメールが寄せられたことはなかったのであり、原告が追悼式を開催及び運営するに当たって支障や混乱が生じたことを認めるに足りる証拠はないから、……原告が、本件追悼式について政治的行事を行った事実があることをもって、直ちに本件公園の効用を全うする機能を喪失していたということはできない。」と説示する。しかし、本件追悼碑が本件公園の効用を全うする機能を有するかどうかは、控訴人が本件追悼碑の前で追悼式を開催及び運営するに当たって支障や混乱が生じるかどうかという点のみが判断の基準ではないから、原判決の上記考え方を採用することはできない。

被控訴人は、特定の民族の犠牲者に対する記念碑は、多くの公立公園に存在し、地方自治体の管理する敷地にも存在する旨主張し、上記主張に沿う証拠を提出する。しかし、既に述べたとおり、本件追悼碑を管理する団体である被控訴人が、繰り返し本件追悼碑の前で政治的行事を行うという本件許可条件に違反する行為をしたことにより、本件追悼碑が、政治的争点（歴史認識）に係る一方の主義主張と密接に関係する存在とみられるようになり、中立的な性格を失うに至ったものであること、しかも、本件追悼碑を巡って街宣活動等が活発化したことから、群馬県知事は、本件追悼碑の目的が、日韓、日朝の友好の推進という当初の目的から外れてきたこと、本件追悼碑は、存在自体が論争の対象となり、街宣活動、抗議活動などの紛争の原因になっており、都市公園にあるべき施設としてふさわしくないことを理由として、本件更新不許可処分をしたものである。このように、本件更新不許可処分は本件追悼碑に係る個別具体的な事情に基づいてされたものであるから、被控訴人の上記主張によっても、その公園施設該当性に係る結論が左右されるものではない。

被控訴人は、平成24年4月21日に開催された追悼式の後、本件追悼碑前で追悼式を一切行っておらず、仮に、本件許可条件に違反し本件追悼碑が政治的性質を多少なりとも帯びた事実があったとしても、本件更新不許可処分がされた平成26年7月22日までに2年3か月が経過しており、本件追悼碑が帯びた政治的性質は消失した旨主張する。しかし、本件全証拠によっても、被控訴人が開催した追悼式を契機として現実化した政治的な紛争が、その後の時の経過により落着していたと認めるに足りず、上記説示のとおり本件追悼碑がもともと政治的な対立をもたらす潜在的な危険性を有するものであることも考慮すれば、被控訴人の上記主張を採用することはできない。

なお、○○及び○○副知事の供述中には、本件更新不許可処分に当たり、本件追悼碑に関する抗議活動や本件設置許可処分の取消し等を求める請願の採択の影響を受けてない旨を述べるかのような部分がある。しかし、これらの部分が、本件更新不許可処分について、控訴人に対する抗議活動等に屈し、又は群馬県議会における請願の採択に盲従したものであることを否定するにとどまり、本件公園内及び本件公園付近での街宣活動等の事実や請願の採択を考慮したことを否定する趣旨でないことは、○○及び○○副知事の供述全体を検討すれば明らかである。

（4）さらに、被控訴人は、被控訴人が控訴人に示した代替案には、当分の間、本件追悼碑前での追悼式の開催を自粛するという案が含まれていたから（認定事実（5）ス）、控訴人は代替案を真摯に検討すべきであった旨主張するが、上記（3）に説示したとおり、追悼式を契機として現実化した政治的な紛争がその後の時の経過により落着していたとは認められないこと、本件追悼碑がもともと政治的な対立をもたらす潜在的な危険性を有するものであることからすれば、控訴人が被控訴人の代替案を採用しなかったことをもって、本件更新不許可処分に裁量権の逸脱濫用の違法があるということはできない。

被控訴人は、本件追悼碑の撤去は、村山談話や日朝平壌宣言において示された過去の植民地支配に対する謝罪と反省の意思を否定する行為である旨主張する。しかし、本件追悼碑が公園施設としての効用を失い、公園施設に該当しなくなったことに基づいて控訴人が本件更新不許可処分をしたことは、本件公園の公園管理者として法律に従った行為をしたにすぎないのであり、村山談話や日朝平壌宣言の内容についての賛否を示す行為をしたものではない。また、村山談話及び日朝平壌宣言の内容を検討しても、本件公園の設置目的又は効用を損なう存在となり、法2条2項の公園施設に該当するものでなくなった本件追悼碑について、本件更新不許可処分の結果、被控訴人においてその撤去を余儀なくされることになったとしても、村山談話及び日朝平壌宣言の趣旨に反するということはできない。被控訴人の上記主張を採用することはできない。

その他、本件更新不許可処分について、群馬県知事がその裁量権を逸脱したことを基礎付けるような事情を認めることはできない。

(5) 以上によれば、本件追悼碑は、本件公園の効用を全うする機能を喪失し、「公園施設」(法2条2項)に該当するものではなくなっていたから、本件更新不許可処分は適法である。

7 争点(2)aについて

上記6のとおり、本件追悼碑は法2条2項の「公園施設」に該当するものではないから、被控訴人は、法5条2項の許可要件中「公園施設」であること以外の許可要件の具備の有無にかかわらず、同条1項の許可を受けることはできないことになるが、事案に鑑み、念のため、これらの許可要件の具備についても判断することとする。

(1) 法2条2項の「公園施設」の中には、売店、飲食店、宿泊施設等のように公園管理者が自ら経営するのが必ずしも適当でないものがあり、財政上、技術上その他の理由により公園管理者が自ら設け、又は管理することが困難であったり、意欲のある地域住民が公園の管理に参画することや専門的ノウハウを有する民間事業者等が設置、管理を行うことなど、公園管理者以外の者が設け、又は管理する方が都市公園の機能の増進に資するものもあることから、法5条は、公園管理者が第三者に公園施設を設け、又は管理させることができるとし、他方で、都市公園の自由利用の原則からして、第三者による公園施設の設置又は管理を無制限に認めることはできないことから、これを、①公園管理者が自ら設け、又は管理することが不適当又は困難であると認められるもの(同条2項1号)、②公園管理者以外の者が設け、又は管理することが当該都市公園の機能の増進に資すると認められるもの(同項2号)に限定したものと解される。

そうすると、法5条1項の許可は、講学上の特許に当たり、同項の申請をした者の人格、識見、経験、技術、手腕、財力等を考慮して与えられるものであり、公園管理者は、申請に係る公園施設が同条2項において明文で定める許可要件を満たし、かつ、上記事項を考慮して、申請をした者に公園施設の設置又は管理をする者としての能力及び適格性があると認める場合に限り、許可をすることができると解される（争点（2）bに関する控訴人の主張のとおり、この場合でも許可をすべき義務を負うものではない。）。そして、同条1項の許可に付した条件に違反している者に対し公園管理者が当該許可を取り消すことができることを定める法27条1項2号に照らせば、法は、法5条1項の許可の申請があった場合において、公園管理者が、法8条により法5条1項の許可に都市公園の管理のため条件を付する必要があると認めるときは、許可を受けようとする者にその条件を遵守する意思及び能力があることについて審査することを予定していると解されるのであり、条件を遵守する意思及び能力の存在も上記能力及び適格性の一要素であると解される。この点について、控訴人が、法5条2項は公園施設の設置・管理者が公園施設を設置・管理する能力及び適性を備えていることも当然に要求している旨、被控訴人が本件許可条件に違反して本件追悼碑前で政治的行事を行ったことからすれば本件追悼碑を設置・管理する能力及び適性を欠いている旨主張するのは、上記解釈に沿うものである。また、認定事実（1）ウからキまでのとおり、控訴人が、本件追悼碑の設置許可の申請前に、旧建てる会に対し、追悼碑の構造、碑文の内容、追悼碑の維持管理、設置場所の周辺環境についても善良な注意を払うべきこと等のほか、「宗教的・政治的行事及び管理は一切行わない」ことを含む11項目の条件を提示し、碑名及び碑文のほか、申請団体の名称、追悼碑の管理に当たる組織の会則の整備、施設撤去費の留保等についても助言を与えるなどして、追悼碑の設置を許可することができる状況を整えた上で、建てる会の本件追悼碑の設置許可の申請を受け、本件設置許可処分をしたことも、上記解釈に沿うものと認められる。

（2）被控訴人は、本件追悼碑の設置・管理の能力及び適性に関する控訴人の主張が時機に後れた攻撃防御方法に当たると主張する。しかし、控訴人が被控訴人に本件追悼碑を設置・管理する能力及び適性が欠けることを根拠付ける事実として主張するのは、被控訴人が本件許可条件に違反して本件追悼碑前で政治的行事を行ったという事実であり、これは、原審以来、争点（2）オ等に関し十分に主張立証がされてきたところである。また、法5条2項は公園施設の設置・管理者が公園施設を設置・管理する能力及び適性を備えていることも当然に要求している旨の控訴人の主張は、上記（1）に説示したとおり正当なものであって特異なものではない。そして、一般に、取消訴訟においては、別異に解すべき特別の理由のない限り、行政庁は当該処分の効力を維持するための一切の法律上及び事実上の根拠を主張することが許されるものと解すべきところ（最高裁判所昭和53年9月19日第三小法廷判決・裁判集民事１２５号69頁参照）、本件においては、上記特別の理由があるものとは認められず、控訴人が、本件更新不許可処分の理由の一つとして、被控訴人に本件追悼碑を設置・管理する能力及び適性が欠けていることを追加して主張することは許されるというべきである。被控訴人は、控訴人は被控訴人の管理能力や適性について第一次的判断をしていないから、上記のような主張（理由）の追加は許されない旨主張するが、控訴人が法2条2項の「公園施設」該当性及び法5条2項の許可要件の具備について第一次的判断をして本件更新不許可処分をしたことは明らかであり、法5条2項の許可要件の範囲内で主張（理由）の追加をすることは許されるというべきであるから、被控訴人の主張を採用することはできない。

そうすると、本件通知書において、被控訴人に本件追悼碑を設置・管理する能力及び適性が欠けることが本件更新不許可処分の理由として明示されておらず、○○及び○○副知事の供述中にも、法5条2項の許可要件の一つとして被控訴人の本件追悼碑の設置・管理の能力及び適性の有無を審査したという趣旨の部分が見当たらないという事情を考慮しても、被控訴人に対し、更なる主張立証の機会を与える必要があるとは認められないから、本件追悼碑の設置・管理の能力及び適性に関する控訴人の追加主張を許すことにより、訴訟の完結を遅延させることとなるとは認められない。

したがって、被控訴人の行政事件訴訟法7条、民事訴訟法２９７条本文、１５７条１項の申立ては却下することとする。

（３）被控訴人は、本件追悼碑の設置・管理の能力及び適性に関する控訴人の追加主張は著しい不意打ちであり、訴訟上の信義則に違反し許されないとも主張する。しかし、上記（２）に説示したところからすれば、控訴人の追加主張が、訴訟法上の信義則に違反し許されないと解すべき理由はない。

（４）被控訴人は、控訴人には、本件更新不許可処分をするに際し、事実関係及びそれに適用される法律上の見解について公正かつ慎重に調査検討すべき義務があり、その義務に重大な違反がある場合には、本件更新不許可処分の取消事由になる旨主張する。しかし、認定事実（５）に認定した本件更新不許可処分に至る経緯からすれば、控訴人は事実関係について公正かつ慎重に調査検討をしたというべきであり、法2条2項の「公園施設」該当性及び法5条2項の許可要件の具備についての判断に裁量権の逸脱濫用があったとも認められない。そうすると、仮に、被控訴人が主張するような義務を控訴人が負うものとしても、当審において被控訴人に本件追悼碑を設置・管理する能力及び適性が欠けていることを追加して主張したことをもって、控訴人に本件更新不許可処分を取り消さなければならないような重大な義務違反があったと評価する余地はないというべきである。

（5）そこで、前記（1）の解釈に従い検討すると、原判決の「事実及び理由」第3の7に説示するとおり、平成17年4月23日、平成18年4月22日及び平成24年4月21日各開催の追悼式はいずれも政治的行事に該当するものであって、これらを開催した被控訴人は本件許可条件に違反したものというべきであり、本件許可条件が付された経緯にも照らして考えれば、被控訴人に本件許可条件を遵守する意思又は能力があるとは認め難く、法5条2項の許可要件を満たさないというべきである。

　したがって、本件更新不許可処分に裁量権の逸脱濫用の違法があったということはできない。

　被控訴人は、公園施設の設置及び管理の能力に関し、被控訴人に本件追悼碑及びその敷地の清掃と本件追悼碑の倒壊や破損等の危険等に対する安全点検の能力がある旨主張するが、前記（1）に説示したところからすれば、このような能力の存在は、許可の必要条件ではあっても十分条件ではないというべきである。また、被控訴人は、本件追悼碑の前で追悼式などの集会を開くことは、公園管理者である控訴人の許可を得れば被控訴人でなくとも可能であり、許可がなければ、被控訴人であっても集会を開けないのであるから、本件追悼碑の管理には含まれない旨主張するが、本件追悼碑の維持管理のために結成され、これを目的とする被控訴人の会則において、その任務及び事業として、本件追悼碑を常に美しく保存し、維持管理補修を行うことに加え、年1回以上の追悼行事を行うこと等も掲げられており（2条）、被控訴人は追悼式を本件追悼碑の維持管理と密接不可分のものと位置付けているものと認められ、現に追悼式を主催したのであるから、被控訴人の上記主張を採用することはできない。

　なお、控訴人が、本件更新申請前に、被控訴人に対し、本件追悼碑前の追悼式における発言について具体的に指導したことがあったとは認められず、また、控訴人は、平成24年5月頃に同月15日付けの朝鮮新報の記事を確認した後も平成25年10月頃までその余の記事の確認をすることもなかったものであるが、このような事情は、本件更新不許可処分時における被控訴人の本件追悼碑の設置・管理の能力及び適性の有無に関する判断を左右しないというべきである。

（6）以上のほか、本件追悼碑が法2条2項の「公園施設」

に該当するものではないことからすれば、本件追悼碑が法5条2項各号に該当する余地はないから、本件更新不許可処分中、この点の判断についても、裁量権の逸脱濫用の違法はないというべきである。

8　争点（2）キ及び当審における争点（2）アの補充主張について

（1）被控訴人は、本件追悼碑の設置期間の更新に対する合理的な期待や利益があったとして、群馬県知事は、被控訴人に対し、本件更新不許可処分をせずに、将来に向けての指導や一定期間について更新を認めるなどの配慮をすべき義務があった旨主張する。

しかし、被控訴人は、認定事実（1）エ及びオのとおり、控訴人の助言を踏まえて、原状回復のために必要な資金として50万円を留保しており、更新許可を受けられない事態を想定していたと認められるし、原判決の「事実及び理由」第3の3に説示した法5条3項の趣旨からすれば、本件追悼碑が法2条2項の「公園施設」に該当せず、法5条2項の許可要件を満たさないと認められる場合に、控訴人において、設置期間の更新に対する被控訴人の期待や利益に配慮し、被控訴人に対し、将来に向けての指導や一定期間について更新を認めるなどの義務があったと解することはできず、被控訴人の上記主張を採用することはできない。

なお、本件更新不許可処分により本件公園の公園施設としての設置が認められないとしても、本件追悼碑を他の場所に移転することは可能であり、本件公園に設置されるのと全く同一の態様であるとまではいえないとしても、その建立の趣旨を活かすことができるものというべきである。

（2）また、被控訴人は、①本件追悼碑は、碑文に労務動員による犠牲者に哀悼の意を示し、それの反省及び日韓・日朝の友好を推進していくという内容が刻まれており、表現活動としての実体があるが、国家は、自ら設定した表現活動の場から恣意的に表現活動を追い出したり、拒否したりすることは許されない、②本件追悼碑は創造的な彫刻であり、有形文化財としても評価し得るものであるところ、控訴人の文化基本条例によれば、控訴人が、本件追悼碑の設置期間の更新について、その表現内容を理由に不利益処分を行うことは許されない、③歴史と文化を基調とする本件公園の管理者である控訴人は、設置許可を受けた本件追悼碑に対し不当な差別的取扱いをすることは許されない、④本件追悼碑は、建てる会が570万円の費用を投じて設置したもので、過去の事実を後世に残すために相当長期の設置が見込まれていること、被控訴人は、本件追悼碑の前での追悼式における発言について指導を受けたことがないこと、法5条3項が定める期間の更新は、これを拒否すべき特別な理由がない限り認めるべきものとされていることからすると、被控訴人は設置期間の更新について合理的期待を有しており、かつ、その期待は法的保護に値する人格的利益に当たるとして、上記①～④の事情によれば、控訴人は本件追悼碑の設置期間を更新すべき義務があると主張する。

しかし、既に述べたとおり、本件追悼碑を管理する団体である被控訴人が、繰り返し本件追悼碑の前で政治的行事を行うという本件許可条件に違反する行為をしたことにより、本件追悼碑が、中立的な性格を失うとともに、政治的争点に係る一方の主義主張と密接に関係する存在となり、しかも、本件追悼碑を巡って街宣活動等が活発化したことから、群馬県知事は、本件追悼碑が本件公園の効用を全うする機能を喪失し、公園施設に該当しなくなったものと判断して本件更新不許可処分をしたものである。そうすると、群馬県知事が判断の根拠とした上記の事情は法5条3項が定める期間の更新を拒否すべき十分な理由に当たるということができるのであり、たとえ本件追悼碑の碑文に労務動員による犠牲者に哀悼の意を示し、それへの反省及び日韓・日朝の友好を推進していくという内容が刻まれており、その彫刻としての価値が高く、被控訴人が本件追悼碑の設置の更新について合理的期待や法的保護に値する利益を有していたなど被控訴人主張に係る事情があるとしても（なお、旧建てる会の後継組織である被控訴人が、追悼式において「強制連行」という用語を使用した発言があった場合には、当該追悼式が本件許可条件にいう「政治的行事」に該当し得ることを認識していたと認められることは、前記4の当審における補充主張に対する判断（2）で説示したとおりである。）、これらが群馬県知事による本件追悼碑の公園施設該当性の判断や本件更新不許可処分の当否に影響を与えるものということはできない。

9　争点（2）クについて

被控訴人は、本件追悼碑前で政治集会が開催されなければ公園利用者の安全等が害される危険は生じないから、被控訴人に対し本件追悼碑前での追悼式を行わないように指導すれば足り、本件追悼碑を撤去する必要性はなく、本件更新不許可処分は本件許可条件の目的を達成するための手段として必要な限度を超えており、比例原則に反し違法である旨主張する。

しかし、本件更新不許可処分は、本件許可条件の目的を達成するための手段としてされたものではなく、本件更新申請に対し、本件追悼碑が法2条2項の「公園施設」に該当せず、法5条2項の許可要件を満たさないという判断に基づきされたものである。そして、前記6に説示したとおり、この判断が被控訴人の本件許可条件違反（本件追悼碑前での追悼式における政治的発言）の事実のみならず、本件追悼碑自体が政治的な紛争の原因となっていることを考慮したものであることからすれば、被控訴人の上記主張を採用することはできない。

10　本件取消しの訴えについて（小括）

以上のとおり、控訴人が、本件追悼碑は法2条2項の「公園施設」に該当せず、法5条2項の許可要件を満たさないと判断したことに違法はないから、効果裁量に関する争点（2）bについて判断するまでもなく、本件更新不許可処分は適法であり、本件取消しの訴えは理由がない。

11　本件義務付けの訴えについて（争点（3））

本件義務付けの訴えは、行政事件訴訟法3条6項2号に規定する義務付けの訴えであり、同法37条の3第1項各号に掲げる要件のいずれかに該当するときに限り提起することができるところ、本件においては、本件更新申請に対し本件更新不許可処分がされ、かつ、本件更新不許可処分は取り消されるべきものではないから、本件義務付けの訴えは、上記要件のいずれにも該当せず、不適法なものというべきである。

12　結論

よって、本件更新不許可処分は適法であり、本件取消しの訴えは理由がないから、控訴人の本件控訴に基づいて、原判決中、本件更新不許可処分の取消しに係る請求認容部分を取り消した上、当該部分に係る請求を棄却すべきであり、これによれば、本件義務付けの訴えは不適法であるから、行政事件訴訟法7条、民事訴訟法３０４条にかかわらず、原判決中、本件義務付けの訴えに係る請求棄却部分を取り消した上、本件義務付けの訴えを却下すべきであり、また、本件附帯控訴は理由がないから、これを棄却することとして、主文のとおり判決する。

東京高等裁判所第10民事部
裁判長裁判官　〇〇　〇〇
裁判官　〇〇　〇〇
裁判官　〇〇　〇〇

⑤ 上告審・最高裁決定

調　書（決定）

決定日　令和4年6月15日
裁判所　最高裁判所第二小法廷
裁判長裁判官　〇〇　〇〇
裁判官　〇〇　〇〇
裁判官　〇〇　〇〇
裁判官　〇〇　〇〇

裁判官全員一致の意見で、次のとおり決定。

第1　主　文

1　本件上告を棄却する。
2　本件を上告審として受理しない。
3　上告費用及び申立費用は上告人兼申立人の負担とする。

第2　理　由

1　上告について

民事事件について最高裁判所に上告をすることが許されるのは民訴法312条1項又は2項所定の場合に限られるところ、本件上告の理由は、明らかに上記各項に規定する事由に該当しない。

2　上告受理申立てについて

本件申立ての理由によれば、本件は、民訴法318条1項により受理すべきものとは認められない。

令和4年6月15日
最高裁判所第二小法廷

■著者紹介

藤井 正希（ふじい まさき）

出身 群馬県
1996年 早稲田大学大学院法学研究科／修士（法学）
2008年 早稲田大学大学院社会科学研究科／博士（学術）
群馬大学情報学部准教授
専門分野 憲法学

主な編著 『行政救済法論』（共著・2015年）、『マスメディア規制の憲法理論』（2016年）、『人権保障と国家機能の再考―憲法重要問題の研究』（共著・2020年）、『はじめの一歩　法学・憲法』（共著・2020年）、『憲法口話』（2020年）、『公法・人権理論の再構成（後藤光男先生古稀祝賀）』（共編・2021年）、『現代行政法25講』（共著・2022年）など。

令和5年（2023）12月25日 初版第一刷発行

《検印省略》

検証・群馬の森朝鮮人追悼碑裁判
―歴史修正主義とは？―

著　者　藤井正希
発行者　宮田哲男
発行所　株式会社 雄山閣
〒102-0071　東京都千代田区富士見2-6-9
TEL　03-3262-3231／FAX　03-3262-6938
URL　https://www.yuzankaku.co.jp
e-mail　info@yuzankaku.co.jp
振　替：00130-5-1685
印刷・製本　株式会社ティーケー出版印刷

ISBN978-4-639-02958-8　C0036
N.D.C.316　248p　19cm